BIBLIOTHÈQUE COLONIALE ET DE VOYAGES

VERS LES GRANDS LACS
DE L'AFRIQUE ORIENTALE

1re Série.

Chefs zanzibariens à Taborah.

COLLECTION PICARD

BIBLIOTHÈQUE COLONIALE ET DE VOYAGES

GEORGES RÉVOIL

VERS LES GRANDS LACS

DE

L'AFRIQUE ORIENTALE

PAR

LUCIEN HEUDEBERT

D'après les notes de l'Explorateur

ILLUSTRÉ DE 70 GRAVURES DANS LE TEXTE ET HORS TEXTE

PARIS

LIBRAIRIE D'ÉDUCATION NATIONALE

11, RUE SOUFFLOT, 11

Tous droits réservés.

Il a été tiré de cet ouvrage 20 exemplaires sur papier vélin au prix de 20 fr. (épuisé).

VERS LES GRANDS LACS
DE L'AFRIQUE ORIENTALE

CHAPITRE PREMIER

Départ de Marseille. — But de la mission. — A bord du *Calédonien*. — Traversée du canal de Suez. — La mer Rouge. — Obock. — Aden. — Promenade dans la ville. — En route pour la Réunion. — Mahé. — Saint-Denis de la Réunion. — Les cyclones de l'Océan Indien. — Tamatave. — Diégo-Suarez. — Mayotte. — En vue de Zanzibar. — Intrigues allemandes et anglaises. — M⁽ᵐᵉ⁾ Ruete. — La ville. — Les habitants. — Organisation de la caravane. — Sewa Hadji pourvoyeur de la mission. — Départ de Zanzibar. — Débarquement à Bagamoyo. — Répartition des charges aux porteurs.

C'est le 23 septembre 1885 que nous sommes partis de Marseille sur *le Calédonien*, des Messageries Maritimes, accompagnant M. Georges Révoil, que le gouvernement français avait chargé d'explorer la région des lacs de l'Afrique orientale.

La mission de M. Révoil avait un but purement scientifique : il s'agissait d'étudier ces pays à peine connus, aux points de vue géographique et ethnographique. Cependant le voyageur ne devait pas perdre de vue les intérêts français dans la région qu'il allait visiter et où il pourrait acquérir des sympathies à la France en profitant des jalons déjà plantés par nos missionnaires, dans leurs itinéraires vers l'Ouganda.

Ce grand et riche royaume, alors indépendant, s'étendait sans limites précises au nord du lac Victoria, et il était regardé comme un des plus civilisés, sinon comme le plus civilisé de l'Afrique centrale. De nombreux voyageurs qui l'avaient visité en étaient revenus pleins d'admiration pour les ressources de son sol, pour la puissance et le faste de son roi M'Tésa.

M'Tésa aimait les Européens et suivait volontiers leurs avis : il était païen, mais il recevait avec faveur nos missionnaires et leur permettait de s'établir dans ses états.

Ce monarque était mort récemment, laissant le spectre à son fils Muango, qui avait paru d'abord vouloir marcher sur ses traces. Or, le père ayant manifesté quelques années auparavant à nos missionnaires le désir de conclure un traité d'amitié avec la France, il était permis d'espérer que Muango éprouverait les mêmes sentiments à l'égard de notre pays.

D'ailleurs les récents événements du Soudan égyptien donnaient une importance particulière à l'Ouganda. La chute de Khartoum avait fortifié la puissance des Mahdistes ; mais les Anglo-Égyptiens au nord et l'Abyssinie à l'est s'opposaient à leur expansion vers la mer Rouge. Il était à craindre que ne pouvant étendre leur domination de ce côté, ils ne cherchassent à déborder sur l'Afrique centrale par la vallée du Haut-Nil et par conséquent par l'Ouganda. Cet état pouvait, dans ce cas, rendre de grands services à la civilisation et à l'humanité en barrant la route au flot de fanatiques qui portaient partout où ils passaient la dévastation et la famine. Il était donc nécessaire que l'on se préoccupât de connaître les intentions de Muango, de l'éclairer et au besoin de le fortifier dans ses résolutions, de lui montrer enfin les avantages qu'il trouverait pour le commerce et la sécurité de son pays dans une alliance amicale avec l'une des plus grandes nations du monde.

Comme d'un autre côté la Conférence de Berlin ne s'était pas occupée de la région située entre le Nyanza et le Haut-Nil, la France croyait pouvoir, sans porter ombrage à personne, non pas y planter son drapeau, mais s'y créer des amitiés et y introduire sans arrière-pensée d'intérêt, les bienfaits de la civilisation.

Telles étaient les considérations dont l'explorateur devait

s'inspirer dans les relations qu'il aurait probablement avec le monarque africain, au cours de l'accomplissement de sa mission scientifique.

Cette mission, le gouvernement ne l'avait pas confiée à Georges Révoil à la légère : on connaissait l'homme ; il avait fait ses preuves. Bien qu'âgé seulement de trente-trois ans, il avait déjà à son actif plusieurs explorations dont deux entr'autres, toutes récentes, dans les pays Somalis, avaient duré trois années chacune.

Georges Révoil, officier démissionnaire, joignait à l'intrépidité, à l'activité d'un soldat, l'esprit d'initiative, la patience, les nombreuses connaissances scientifiques nécessaires à un explorateur. Il avait saisi avec empressement l'occasion que lui offrait ce voyage, de rendre à son pays et à la science de nouveaux services ; il partait, plein d'enthousiasme et plein d'espoir, pour ces pays mystérieux que des explorateurs avaient traversés avant lui, à vrai dire, mais sans les parcourir attentivement, sans les étudier comme il était chargé de le faire. C'était au mois de juillet précédent que Georges Révoil, mandé au ministère des Affaires Étrangères, avait appris ce que le gouvernement attendait de lui ; ainsi, deux mois lui avaient suffi pour préparer son départ : ce n'est cependant pas un mince souci, que d'organiser une mission destinée à des contrées presqu'inconnues : l'absence devait durer près d'un an et demi. Il faut se munir, pour tout le temps presque que durera un voyage de ce genre, de vivres de conserves, de pharmacie, de vêtements, de provisions de toute sorte. Il faut songer aux cadeaux, car en Afrique tout le monde mendie, depuis le roitelet le plus arrogant jusqu'au plus humble porteur de charge : au reste, ce que l'on appelle un *cadeau* est en réalité un *tribut* que le potentat exige de nous en échange du droit de passage sur ses terres et de la sécurité précaire que vous n'y trouvez pas toujours. On doit donc emporter, pour les *cadeaux*, certaines étoffes par ballots, des verroteries, des armes, de la bijouterie, les choses les plus disparates, les plus étranges, les plus invraisemblables quelquefois ; mais il ne faut pas croire que l'on puisse n'emporter que des marchandises dépréciées ou sans valeur : si mince que soit la lueur de civilisation tombée de l'Europe sur le Continent noir, elle a suffi pour éclairer l'indigène sur la valeur des objets qu'il exige du voyageur. Dans certaines contrées, les premiers explorateurs qui les parcoururent purent, comme on dit, « donner un œuf pour avoir un bœuf » ; mais ceux qui vinrent ensuite se virent trop souvent obligés, au contraire, d'abandonner un bœuf en échange d'un œuf. Et les noirs se montrent d'autant plus exigeants que vous leur semblez plus pressés de franchir leur domaine, ou que vous paraissez avoir plus grand besoin de leurs services.

D'ailleurs les marchandises que l'on emporte ne servent pas seulement pour les *cadeaux*. Il en faudra aussi pour les échanges. Dans les deux tiers du continent africain, on ignore l'usage et la valeur de la monnaie ; avec une coudée de mauvaise cotonnade, avec un miroir ou quelques perles de verroterie, on peut se procurer plus de vivres qu'avec une pleine bourse d'or.

Il faut encore se munir de tentes, d'objets de campement, car les gîtes sont rares, et même quand on en trouve, il vaut mieux souvent dormir sous une tente mal close que sous la hutte indigène où la vermine vous assiège. Il ne faut point oublier certains outils : des haches, des scies, des pics, suivant les régions où l'on doit pénétrer ; partout où l'on ira, il faudra lutter contre la nature : ici, c'est la paroi d'une montagne qui se dresse devant l'explorateur comme une muraille et qu'il faut escalader ; là, c'est la forêt vierge, avec sa végétation touffue, impénétrable, dans laquelle il faut creuser, plutôt que tailler, son passage : ailleurs, c'est le torrent ou le fleuve sans gués, sur lesquels on devra lancer un radeau pour transporter d'une rive à l'autre les hommes et les charges. Enfin, et surtout, il faut penser aux armes : c'est principalement en Afrique que l'on peut dire aux explorateurs : « Si vis pacem, para

Georges Révoil.

bellum. » On peut à la rigueur partir pour le centre de l'Afrique sans emporter de vivres : mais si l'on ne peut emporter ni cadeaux ni fusil, il vaut mieux rester chez soi.

Georges Révoil était trop accoutumé aux voyages en pays sauvages, pour avoir négligé cette partie du matériel : nous emportions donc trente fusils Gras et des mousquetons d'artillerie avec les munitions suffisantes, que le ministère de la Guerre avait

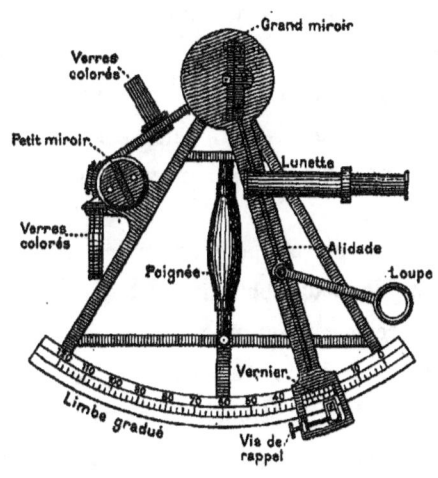

Sextant.

confiés à la mission : avec cela nous pouvions, là-bas, armer quelques-uns de nos hommes, constituer une petite armée qui nous protègerait et ferait respecter partout où nous passerions le drapeau de la France.

Le chef de la mission emportait de plus une boussole, un sextant, un chronomètre, un compteur : baromètres, thermomètres, etc. Le chronomètre, le compteur et le sextant servent à faire chaque jour le *point*, comme en mer, et ainsi à déterminer exactement la position géographique du lieu où l'on se trouve. Le baromètre, outre qu'il annonce les changements de temps, sert à mesurer les altitudes. Les indications recueillies à l'aide de ces instruments avec, dans une certaine mesure, celles que fournit le thermomètre, permet plus tard de dresser la carte des pays parcourus par l'explorateur qui, du reste, a eu le soin de faire, tout en s'avançant dans l'inconnu, des *levés* sommaires des régions traversées.

Je passe bien des objets nécessaires pour entreprendre une exploration scientifique. J'ai voulu seulement donner ici un aperçu de ce que, pour notre part nous emportions. Et ce n'était pas tout : nous devions compléter notre matériel à Zanzibar, engager dans cette ville des porteurs, et partir de là avec un autre membre de la mission qui nous y attendait, pour Bagamoyo, où se distribueraient les charges aux noirs, où la caravane se formerait et d'où, enfin, nous partirions pour tout de bon vers les Grands-Lacs, vers l'inconnu !

La ligne la plus directe pour se rendre à Zanzibar, par Aden, est desservie par des paquebots anglais. Bien que Georges Révoil fût impatient d'arriver au premier but de son voyage, il préféra cependant prendre la ligne française de Marseille à la Réunion, Madagascar et Zanzibar par transbordement à Mahé : cet itinéraire était beaucoup plus long, mais il nous évitait les difficultés de toute sorte que nos armes, munitions et provisions nous eussent suscitées sur un paquebot étranger, sans compter les indiscrétions possibles.

C'est ainsi que nous nous trouvions à bord du *Calédonien*, en route pour la mer des Indes.

Les premiers jours de la traversée avaient été tristes. Ce n'est pas sans un profond serrement de cœur, si habitué que l'on soit aux voyages, que l'on voit les rivages de sa patrie disparaître à l'horizon, tandis que le navire poussé par sa puissante hélice, gagne la haute mer. Si résolu que l'on soit, quel que soit le but qui vous attire, on ne quitte pas sans une pénible émotion les êtres qui vous sont chers, les milieux qui vous sont familiers : au moment de vous séparer de ce que vous aimez, une inquiétude vous étreint, une mélancolie vous envahit : retrouvera-t-on ceux que l'on quitte, et reviendra-t-on, même, auprès d'eux.

Peu à peu cependant la vie du bord, le spectacle de la mer, l'accoutumance, dissipent la tristesse des récents adieux. Sur un paquebot, le temps passe agréablement pour les passagers, toujours plus ou moins nombreux. L'activité qui règne à bord, les relations qui s'établissent vite entre passagers de la même classe, les longues séances au fumoir, la conversation au salon, les repas, les lunchs, les promenades sur le pont, et les siestes paresseuses remplissent les longues journées : et puis, le tableau de la mer change à tout instant : au large on s'intéresse au passage des bandes de marsouins et de thons, au vol des exocets, aux voiles aperçues : près de terre, on examine curieusement les rivages, tantôt doucement inclinés vers la mer, tantôt abrupts et comme farouches. S'il fait mauvais temps, on ne se lasse pas de regarder, du haut des promenoirs à l'abri des embruns, l'agitation des flots : s'il fait beau on admire encore la mer, dont les molles ondulations se déroulent à perte de vue, et miroitent au loin sous le soleil.

Nous avons un temps superbe : la mer est calme, la température très douce : il n'y aurait presque pas de vent si la vitesse du paquebot ne créait de l'avant à l'arrière une brise factice. *Le Calédonien* longe l'île de Crète qui se profile à bâbord comme un énorme massif noirâtre surmonté de pics informes, couronnés de neige. La neige brille au soleil, au-dessus des nuages qui flottent à mi-hauteur des pics.

Encore trente et quelques heures et nous arrivons à Port-Saïd où *le Calédonien* s'arrête à quelque distance des quais. Aussitôt, d'énormes chalands pleins de charbon viennent se ranger le long du bord de chaque côté du navire, tandis qu'une horde de nègres demi-nus qu'ils ont amenés s'empresse à remplir les vastes soutes du steamer, déjà presque vidées par la traversée depuis Marseille.

Nous ne restâmes là que quelques heures : bientôt *le Calédonien* appareille et s'engage dans le Canal de Suez.

Le canal est creusé en plein sable : les berges en sont basses et friables : le chenal est étroit : aussi les bâtiments y marchent-ils à très petite vitesse car sans cette précaution le remous que leur déplacement occasionnerait irait battre les rives qui s'ébouleraient rapidement. Elles s'éboulent déjà du reste, çà et là, par la seule action de leur poids, du vent qui balaie leur crête, et du léger clapotis des eaux du canal ; et des ouvriers indigènes sont constamment occupés à les relever, ou à creuser en d'autres endroits le chenal ensablé.

Le canal de Suez est long de 160 kilomètres, et les navires le traversent en une vingtaine d'heures : la durée du parcours dépend de l'affluence des bâtiments ; en effet, le chenal n'est pas assez large pour que deux navires y puissent passer à la fois : mais il existe de distance en distance des gares d'eau, où l'un se range pour livrer passage à l'autre. Ces garages, de même que toutes les circonstances de la navigation dans le canal, sont régis par un règlement particulier, très sévère.

Jusqu'ici la température avait été clémente : à Marseille, au mois de septembre, il fait encore très chaud ; nous n'avions pas eu à subir de transition brusque en nous éloignant de l'Europe, et si la différence entre la température du midi de la France et celle de l'Égypte était alors considérable, nous n'en avons rien su, car c'est progressivement que nous nous sommes rapprochés de Port-Saïd. Mais dans le canal, la chaleur est devenue brusquement étouffante : de chaque côté, d'immenses plaines de sable brûlant exhalent une atmosphère de feu. Dans les salons, des domestiques nègres actionnent sans repos les pankas.

Au sortir du canal, après avoir dépassé Suez, nous retrouvons dans la mer Rouge un peu de brise. Nous voguons sur une mer unie, entre deux contrées dont l'aspect est également désolé et aride ; à

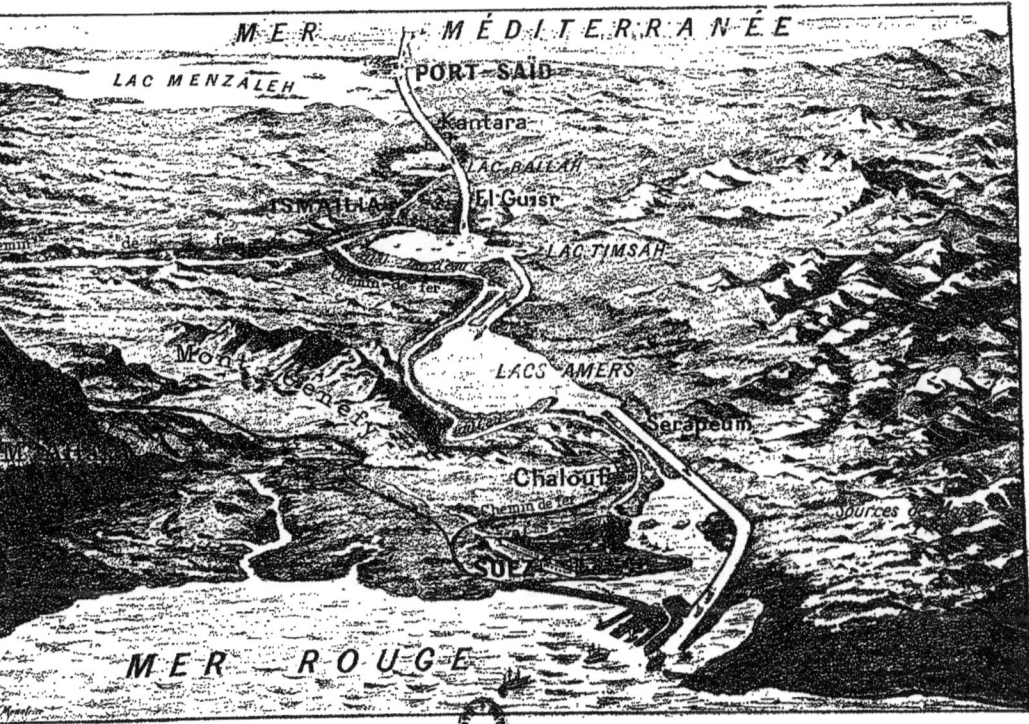

Plan du canal de Suez.

droite l'Égypte, à gauche la terre d'Arabie que domine le massif énorme du Sinaï ; mais bientôt on perd les côtes de vue, et *le Calédonien* descend rapidement vers Obock. La mer Rouge est un grand golfe allongé, de 2600 kilomètres, sur environ 240 de largeur moyenne. Ce nom lui vient de la terre *tesher* ou *rouge* qui s'étend à son sommet, entre ses bords et le Nil, et non de ses eaux, qui sont tantôt vertes, et tantôt d'un bleu foncé. De toutes les mers du globe, celle-ci est peut-être celle où la vie est le plus intense. Sur le fond, les zoophytes, les madrépores forment des couches épaisses ; les poissons s'y ébattent par bandes innombrables : non seulement on

Huître perlière.

trouve là presque toutes les espèces communes aux autres mers, mais encore des espèces bizarres, que l'on dirait enfantées par la nature dans un moment d'aberration. Les plantes marines y sont géantes et viennent à profusion dans ses mystérieuses profondeurs. La mer Rouge est par excellence le séjour des huîtres perlières et des univalves dont quelques-uns atteignent des proportions monstrueuses.

Il est superflu de dire que les requins foisonnent dans ces parages, ainsi qu'une foule d'autres pirates marins. Lorsque l'hiver sévit sur les contrées de la zone tempérée, toute la gent ailée qui les habite vient se réfugier sur les rives de la mer Rouge, où l'on voit même accourir les cygnes et les canards sauvages qui peuplent, dans l'été, les solitudes de la Russie septentrionale et de la Laponie. Mais, en toute saison, on rencontre près de terre les oiseaux de proie, les corbeaux, le goéland et le gracieux martin-pêcheur.

Le soleil flambe sur la mer; un vent léger souffle de la côte d'Arabie, apportant la senteur âcre du sol. Au loin, sur les sommets pour nous invisibles qui bordent la péninsule arabique, le

Rade d'Obock.

tonnerre gronde longuement. Le ciel est très haut, d'un bleu violent : de légers nuages blancs voguent à de grandes hauteurs.

De loin en loin, nous passons près de quelques petites îles, au-dessus desquelles tournoient des vols d'oiseaux marins; la mer est toujours calme, avec une longue houle qui remonte le golfe et à l'encontre de laquelle tangue *le Calédonien*.

Enfin, comme nous venons de passer contre un groupe d'îlots, bien loin devant nous, sur notre droite, la côte d'Afrique reparaît, elle semble émerger lentement de la mer où flotte une brume, et à mesure que nous en approchons, les détails de la côte apparaissent, se précisent : c'est un rivage bas, mais on voit, d'où nous sommes, de hautes montagnes se dresser au loin dans l'intérieur.

Au premier plan, une plage caillouteuse, très longue et très mince, se déroule jusqu'à une pointe que surmonte une bâtisse blanche; un peu en arrière de la plage, une tache verte indique l'emplacement d'un bois peu étendu, puis des bâtiments sans architecture : caserne, pénitencier ou hôpital; enfin, un groupe de cases.

Vue de Steamer-Point, à Aden.

Partout du sable ou des rochers; et, sur ce paysage désolé, un soleil de flamme, tandis que de l'autre côté, la nappe bleue de la mer Rouge s'étend jusqu'à l'horizon couvert de vapeurs : nous sommes devant Obock, et *le Calédonien* jette l'ancre.

Il n'y a pas de port, les bâtiments mouillent sur une rade foraine, à un kilomètre et demi de terre. *Le Calédonien* doit débarquer à Obock un fonctionnaire, et pour enlever ses bagages, il vient plus de barques qu'il n'en faudrait pour mettre toute la cargaison du paquebot à la plage; elles sont montées par des Danakil deminus et criards qui, ne trouvant point de clients à transporter, demandent à grands cris aux passagers penchés sur les bastingages de leur jeter des sous; cependant, ils préfèrent les pièces blanches, et quand elles tombent dans l'eau, ils plongent à qui mieux mieux pour aller les recueillir. C'est une industrie pittoresque, mais qui ne doit pas être, pour ces braves nègres, excessivement lucrative.

En quittant la rade d'Obock, le paquebot se dirige vers l'est,

Tunnel d'Aden.

traverse le détroit de Bab-el-Mandeb et en quelques heures gagne Aden. Aden occupe l'extrémité d'une presqu'île formée d'un entassement de blocs rocheux qui dominent la mer à de grandes hauteurs.

Cela est nu, anguleux, poli et dur à l'œil comme des blocs de métal; nulle part, sur ces pentes abruptes, dans ces vallées que l'on dirait ouvertes par l'éclatement de la presqu'île, on ne voit trace de la moindre végétation, tout au plus trouve-t-on autour des citernes quelques maigres arbustes; c'est un miracle que d'avoir pu les planter là, c'en est un plus surprenant qu'ils puissent végéter sous le soleil torride qui calcine la presqu'île.

La presqu'île est coupée transversalement en deux parties par une haute montagne; du côté de la mer, c'est Steamer-Point, où s'élève la ville blanche. On y voit de belles maisons, de beaux hôtels; le commerce, dans les rues droites et spacieuses, est représenté par quelques magasins de bonne mine. Du côté de la terre,

Citernes d'Aden.

c'est *The Camp*, la ville indigène, où logent les cipayes de la garnison. Les deux villes communiquent par un tunnel creusé dans la montagne qui les sépare.

Sur les hauteurs, dans les vallées donnant sur la mer, ce ne sont que fortifications, et quelles fortifications! Il y en a partout! La seule curiosité d'Aden, ce sont les citernes, elles sont construites dans un ravin dont on a utilisé la profondeur et les dispositions à force de ciment, mais avec beaucoup d'art; des canalisations, pratiquées dans la direction de toutes les collines voisines, y amèneraient de l'eau, s'il tombait de l'eau de ce ciel implacable qui fait songer à l'atmosphère solaire. Mais il ne pleut jamais que par gouttes, et le roc est tellement surchauffé que l'eau à son contact se volatiliserait. Ces citernes honoraires pourraient contenir vingt millions de litres d'eau, mais elles ne contiennent rien. C'est là que rôtissent tout vifs les arbres dont nous avons parlé. Il faudrait, dit-on, une pluie de trois jours consécutifs pour remplir ces vastes bassins; en attendant que cette pluie miraculeuse arrive, on boit à Aden de l'eau qui y est apportée de l'intérieur dans des outres, par des âniers ou des chameliers, ou celle que l'on obtient par la distillation de l'eau de mer.

Dans les rues des deux villes, une grande animation, comme si cette fournaise était un lieu de délices : des Arabes, des Juifs d'Arabie, des Indous, des Parsis, s'y pressent affairés; raides et sanglés, des soldats anglais déambulent gravement, avec leur stick à la main; âniers, chameliers, porteurs de toute sorte de choses, marchands ambulants, encombrent les rues. Il y a dans le port plusieurs vapeurs, des boutres, et une quantité de petits bateaux.

On quitte Aden avec le désir de n'y plus revenir et la satisfaction de ne pas être forcé d'y rester.

Maintenant, nous voici en route pour La Réunion, à travers l'Océan Indien. La mousson du sud-ouest touche à sa fin, le ciel reste chargé de nuages et des grains violents se déchaînent de temps à autre. La mer est grosse sans cause apparente, car entre les grains la brise est molle; *le Calédonien* s'avance majestueusement, comme un énorme navire insensible aux petites misères de la navigation. Cependant, les nuits sont belles, la voûte céleste est littéralement tapissée d'étoiles; elles répandent une telle clarté qu'on peut lire sur le pont. Quelques-uns de ces astres même se montrent avec la couleur que leur donne leur constitution; c'est ainsi que l'on voit à l'œil nu, dans ces parages, des étoiles bleues et rouges. Les autres scintillent comme ferait, dans une vitrine à fond bleu sombre, un semis de diamants.

Le tableau de la mer est, là, encore plus intéressant que dans la Méditerranée ou le golfe Arabique; toutes les bêtes qui s'ébattent par bandes au ras des flots : marsouins, souffleurs, bonites, poissons-volants, font songer par moments à une immense prairie où gambaderaient des troupeaux en liberté.

Nous rencontrons, de temps à autre, des baleines et des cachalots. Par contre, on n'aperçoit pas de navires. Il fait de plus en

Poisson volant.

plus chaud, car nous nous rapprochons de l'équateur à chaque tour d'hélice, et la mousson mollit de plus en plus, autant parce qu'elle est en plein déclin que parce que nous nous éloignons toujours davantage de son foyer. Les nuits sont égales aux jours; il n'y a point d'aurore ni de crépuscule, la lumière succède brusquement aux ténèbres, et le soleil est à peine couché que déjà l'obscurité règne sur les flots.

Nous devons toucher à Mahé, où nous quitterons *le Calédonien* pour prendre *le Dupleix*, qui nous transportera à Zanzibar par le chemin des écoliers. *Le Calédonien* poursuivra sa route vers l'Australie, et quand il repassera aux Seychelles, à son retour, nous serons peut-être à Bagamoyo. Le passage de la ligne n'a été marqué, sur le paquebot, par aucune cérémonie; autrefois, c'était une grande affaire. Les passagers et les marins qui n'avaient pas encore franchi l'équateur, devaient recevoir le « baptême de la ligne ». Pendant la journée où cet événement mémorable s'accomplissait, le navire était livré aux matelots, dont l'imagination désordonnée provoquait les scènes les plus burlesques... Ni l'âge, ni la condition, ni le grade, ne préservaient de leur baroque invention le voyageur... anabaptiste; puisqu'il franchissait l'équateur pour la première fois, il devait se soumettre aux caprices du « Père la Ligne » comme le dernier des mousses. C'était une des traditions les plus respectées de la vieille marine, et comme, en somme, il ne s'agissait que de se prêter à d'inoffensives farces, personne ne songeait à se soustraire à cet usage pieusement suivi.

Mais, aujourd'hui, ces divertissements, ces traditions, sont tombés en désuétude; les dieux s'en vont, on « passe la ligne » sans cérémonie et sans émotion.

D'ailleurs, sur les grands paquebots, il y a toujours un noyau de passagers cosmopolites qui changent d'hémisphère comme de chemise; les marins battent et rebattent le même itinéraire vingt fois par an, et quant aux personnes qui franchissent l'équateur pour la première fois, s'il fallait les *baptiser* toutes, on aurait fort à faire.

Mahé. Cette petite ville, la principale de la petite île du même nom et de tout l'archipel des Seychelles, ne peut fournir la matière d'une longue description. L'archipel des Seychelles est formé de celui de Mahé et de celui des Amirantes. Mahé, des deux, est l'île la plus grande, encore qu'elle ne mesure que trente kilomètres de longueur sur sept de largeur moyenne. Elle offre un aspect sauvage, avec des côtes rocheuses très découpées et les hautes montagnes abruptes qui la dominent. La chaleur y est tempérée par les brises du large; les orages y sont fréquents. Cependant le séjour en est agréable, paraît-il, surtout pour les gens qui n'aiment pas les distractions. C'est tout au plus si l'on y compte sept mille habitants, et, comme bien l'on pense, il ne s'y trouve ni théâtre, ni casino. La population se couche en même temps que ses poules et s'éveille pour voir se lever le soleil; sous cette latitude, l'aurore est inconnue, l'astre du jour ouvre lui-même les portes de l'Orient.

Les maisons de la ville sont construites en bois, entourées de jardins; on en voit d'assez coquettes. De monuments, point. Le port est vaste, sûr, bien abrité par un chapelet d'îlots qui s'égrène au-devant. Beaucoup de cocotiers; de la verdure partout, de frais ruisseaux dans toutes les directions.

Nous faisons nos adieux au commandant, aux officiers, aux personnes que nous « voyions » pendant la traversée. Notre maté-

Marsouin.

riel, bien entendu, change aussi de bateau, et ce n'est pas une petite affaire que le transbordement de tous ces colis : caisses, ballots, sacs, malles, paquets, etc.

Le chef de la mission s'assure que tout notre matériel a bien passé sur *le Dupleix*, et nous nous rendons enfin à bord de ce steamer vénérable qui a, même à l'ancre, l'air d'un train de marchandises.

Peu après, il appareille, sort du port, gagne le large, et il nous emporte tout doucement, habitué qu'il est à transporter des créoles qui n'aiment pas à être cahotés.

Bientôt, nous sommes en pleine région des vents alizés du S.-E., les grandes chaleurs ont fait place à une température égale;

4

au lieu des brises folles de l'équateur ou des derniers souffles de la mousson expirante, nous avons un vent régulier qui laisse le ciel dégagé et l'horizon clair; sous la ligne, dans les parages de calme, une longue houle soulevait la surface presque lisse de la mer; ici, la mer est « faite », et *le Dupleix* vogue à la surface, sans tangage et presque sans roulis. Toujours des bandes de bonites, de poissons-volants et de marsouins s'ébattant dans les écumes. Les nuits sont plus belles encore qu'au nord de la ligne. On dirait que les constellations, au ciel, sont plus nombreuses. Grâce à l'extraordinaire limpidité de l'atmosphère, elles se détachent nettement. Dans le ruissellement d'astres qui emplit la voûte céleste, les étoiles de la Croix-du-Sud jettent un éclat incomparable. On reste confondu, éperdu, en songeant que tous ces diamants sont autant de lointains soleils, vivant, animant des mondes à des distances inouïes de celui qui nous éclaire, et rien n'est passionnant comme la contemplation du ciel pendant les nuits sans lune entre les tropiques.

Quand la lune est au-dessus de l'horizon, elle y règne en maîtresse. Alors, sa clarté mélancolique argente au loin la crête des flots; par les nuits orageuses, son apparition apporte aux marins comme une sécurité, à mesure que son disque monte dans l'espace, les menaces du ciel s'évanouissent; sa présence ramène la paix sur les mers, et on la voit avec regret disparaître.

Nous passons en vue de l'île Maurice, quel dommage de ne pouvoir nous arrêter quelques heures ou quelques jours dans l'éden où se déroula le poétique roman de Paul et Virginie. De cette île si pittoresque, si hospitalière et si française, malgré le sort qui en fit une possession britannique, nous ne voyons que le profil, tout en cimes aiguës de pics, ou en lignes droites ou courbes, marquant la coupe des mornes.

. . . .

Mais voici que devant nous La Réunion, haute et massive, émerge des flots et, à mesure que nous en approchons, l'île nous apparaît comme une énorme corbeille de verdure, posée sur la nappe bleue de la mer. Elle est presque ronde, vue ainsi de loin ; des forêts en recouvrent toutes les hauteurs, tandis qu'à son pied un ressac incessant bat ses rivages caillouteux. De hautes cimes dominent sa base, entr'autres le Piton-des-Neiges, qui s'élève à 3 000 mètres d'altitude.

Saint-Denis de la Réunion.

Nous jetons l'ancre devant Saint-Denis, à bonne distance de terre, car la mer est fort grosse ; il n'y a point de port ; tout autour de l'île, les eaux sont profondes. Comme la côte est d'un accès difficile, on a construit une jetée en fer à jour, un *pier* qui s'avance assez loin au large. On débarque à l'extrémité de ce *pier*, assez élevé pour que la mer, quand elle est grosse, n'en puisse pas balayer le tablier. La large plate-forme circulaire qui termine la jetée est reliée au niveau de la mer par des échelles semblables à celles qui sont suspendues à la coupée des navires. Le débarquement par gros temps, dans ces conditions, n'est pas exempt de danger. Lorsque l'état de la mer le permet, on débarque dans le *banachois* plus commodément. On ne peut guère dire que le *banachois* soit un port; c'est une excavation assez vaste dans le rivage, communiquant seulement avec la mer par un couloir très étroit, que l'on peut fermer au moyen d'une sorte de porte, telle que celle de nos écluses. Cela permet de tenir le bassin à l'abri de l'agitation qui règne au dehors; les petits bateaux viennent s'y abriter, et c'est là que sont remisés les chalands dont on se sert pour transporter les cargaisons à bord des navires.

Saint-Denis est situé au vent de l'île; les navires y sont exposés à deux grands dangers : les raz de marées qui surviennent à l'improviste en toute saison, arrachent les ancres du fond et jettent les bâtiments à la côte comme des fétus, et les cyclones. Les cyclones se déchaînent d'octobre à avril et exercent leurs ravages aussi bien sur les Mascareignes que sur Madagascar, Zanzibar, Mahé et la côte d'Afrique. Au nord de la ligne, ils se déroulent jusque dans l'Inde. Ce sont des trombes atmosphériques qui se forment au sud et au nord de l'équateur, entre cette ligne et la zone des vents permanents. Leur diamètre qui est considérable et leur vitesse s'accroissent au fur et à mesure qu'ils s'avancent; ils sont ainsi animés d'un double mouvement de rotation et de translation. Ils se déplacent toujours de l'Est à l'Ouest; en arrivant à une certaine partie de leur course, leur trajectoire s'infléchit : vers le Sud, dans l'hémisphère sud, vers le Nord, dans l'hémisphère nord et ils reviennent vers l'Est jusqu'à ce qu'ils s'évanouissent. Leur rotation a lieu, dans l'hémisphère sud, dans le sens de la marche des aiguilles d'une montre, et dans l'hémisphère nord, dans le sens opposé. Leur centre est toujours placé sur la trajectoire qui est, comme on l'a vu, une parabole.

La trajectoire divise ainsi constamment le météore en deux

parties : celle qui est intérieure à la parabole et celle qui est extérieure. Au centre du cyclone, calme complet.

Pour bien comprendre ce phénomène, il faut se rappeler l'explication ingénieuse qu'un vieux sergent donnait à un conscrit :

— Comment, demandait le conscrit, fait-on « pour faire un canon ? »

— Pour faire un canon, répondit le grognard, on prend un trou, on met du bronze autour, et voilà le canon fabriqué.

Pour « faire » un cyclone, on pourrait procéder de même. Prenez un trou, mettez du vent autour, et vous aurez un de ces météores qui désolent trop souvent l'océan Indien. Le « trou » est le noyau central, circulaire, où règne un calme plat, tandis que le vent tourne autour avec une vélocité inouïe.

Le diamètre du cyclone est considérable; il embrasse des lieues et des lieues; le diamètre du noyau central varie entre 5 et 30 milles. La vitesse de rotation, plus grande vers le centre, atteint 150 milles à l'heure, tandis que le mouvement de translation s'effectue à la vitesse moyenne de 20 milles à l'heure.

Les navigateurs, surpris par un cyclone à la mer, s'efforcent de gagner le demi-cercle extérieur ou *maniable* du météore, car, dans cette partie, la rotation s'effectue en sens inverse de la translation, ce qui diminue un peu la vitesse du vent; de plus, ils peuvent ainsi manœuvrer de façon à se faire pousser par le vent hors de la zone d'action du tourbillon.

Voici une figure qui fera comprendre à nos lecteurs le mouvement des cyclones :

Quant au demi-cercle intérieur ou *dangereux*, il est redoutable parce que la rotation s'y fait dans le même sens que la translation et que la vitesse du vent en est ainsi accrue; les navigateurs qui se trouvent dans cette partie sont exposés à rester plus longtemps dans le champ du météore. Ceux qui se trouvent sur la trajectoire sont dans la position la plus périlleuse, car, après avoir reçu tout l'effort de la première « épaisseur » du cyclone, ils se trouveront dans le calme central, pour être brusquement assaillis ensuite par la deuxième « épaisseur » du météore.

Il est bien difficile de dépeindre un cyclone ; le vent est littéralement déchaîné ; il laboure profondément la mer, soulève des vagues énormes, mais qui sont comme affolées. Le ciel même, pendant les heures diurnes, est noir comme de l'encre ; l'obscurité qui est absolue pendant les heures nocturnes, est à peine atténuée durant ce qui devrait être le jour. De ce ciel horrible, il tombe à flots une pluie lourde, violente, chaude. Le tonnerre roule sans discontinuer, et son fracas est aussi brutal à l'oreille que si l'on se trouvait à deux pas d'une monstrueuse pièce d'artillerie. Le vent, de son côté, gronde, hurle, siffle ; il est puissant et lourd, comme le passage d'une trombe d'eau. La mer, furieuse, se rue de toutes parts contre le vaisseau. Des éclairs vous aveuglent. La chaleur lourde, l'atmosphère sursaturée d'électricité vous étreignent, vous oppressent. Cela dure, suivant la position que l'on occupe dans le champ du météore, deux, trois, plusieurs jours. Heureux encore quand on en réchappe après n'avoir perdu que la mâture, brisée par la foudre, les voiles arrachées, quoique ficelées, par le vent, les embarcations, les drômes, emportés par la mer.

Il n'y a pas de mots capables de décrire le spectacle que l'on voit là.

Et quand le cyclone tombe sur une île, sur une côte, c'est un autre genre d'horreurs ; dans les ports, les navires sont jetés à la côte et brisés ; à terre, le vent arrache tout, hache tout. Pas une maison, à moins qu'elle ne soit d'une solidité exceptionnelle, ne lui résiste. Les toitures se retrouvent à moitié enfoncées dans la boue à deux ou trois cents mètres des ruines des murs. La pluie saccage les plantations, brise les végétaux, fouille la terre ; plus tard, les beaux champs naguère soigneusement entretenus ressemblent à des mares de boue où les plants, les arbustes sont emmêlés, écrasés, brouillés dans un gâchis innommable avec la terre ravinée. Les ruisseaux se changent à l'improviste en torrents, les rivières en fleuves, les lacs, les étangs en mers tumultueuses et boueuses. Les eaux déchaînées envahissent tout, ravinent tout, détruisent tout, emportent tout. Le cyclone, à terre, dure moins longtemps que pour un navire, puisque le navire est emporté par lui pendant une partie de sa course, mais en quelques heures il fait des ravages effroyables, sème partout la dévastation, la ruine, la mort.

On dirait que la nature, au moment d'enfanter un cyclone, a conscience des malheurs qu'elle va répandre sur le monde; plusieurs jours avant la formation du météore, il est annoncé par des signes auxquels la bête elle-même reconnaît qu'un événement monstrueux se prépare et qui avertissent sûrement l'homme du danger prêt à fondre sur lui. D'abord, le ciel tout entier paraît se rapprocher de la terre; il semble que la coupole s'abaisse, tout en prenant une teinte cuivreuse et, tout au fond, le soleil apparaît comme une boule énorme et rouge au centre d'un immense halo orangé. L'air est étouffant, le vent tombe, l'électricité de cent orages latents circule dans l'atmosphère alourdie; la mer s'aplatit, comme écrasée sous le poids de ces forces, et une longue houle la soulève comme la respiration soulève et abaisse tour à tour la poitrine d'une personne endormie. Après une attente plus ou moins longue, des brises folles éventent la surface de la mer et, tout à coup, la furie du vent éclate sous le chaos de nuées qui s'avancent.

Nous nous sommes étendu sur cette description un peu plus peut-être que de raison; c'est que les détails que nous avons donnés ici, sont, croyons-nous, peu connus, et puisque nous sommes dans des parages à cyclones, nous avons cru qu'il serait intéressant pour nos lecteurs de connaître la physionomie de ces effroyables convulsions des éléments. Ajoutons que l'océan Indien, dans chaque hémisphère, est parcouru chaque saison par deux, trois ou quatre cyclones.

Et maintenant, revenons à La Réunion où nous n'eûmes pas à essuyer de cyclone, bien que nous fussions à l'entrée de la mauvaise saison. Cependant, la rade étant consignée, nous ne pûmes descendre à terre ; du bord, on ne voit presque rien de Saint-Denis, bâti au-dessus du niveau de la mer et adossé à des hauteurs.

La côte est bordée par une route pittoresque qui longe les falaises et ressemble au fameux chemin de la Corniche.

Le surlendemain, par un temps superbe, nous arrivons à Tamatave, où nous séjournerons quelques heures, ce dont nous profiterons pour aller voir la ville. Un fort énorme, bâti par les Hovas, mais mal entretenu, la domine ainsi que la rade, très vaste et sûre, abritée qu'elle est par d'immenses bancs de corail découverts à marée basse. La ville est construite sur le sable, presqu'en bordure de la mer ; elle prend de jour en jour un plus grand développement et c'est un centre commercial très actif. L'occupation française date de 1882, époque à laquelle l'amiral Pierre s'en empara ; mais Tamatave, ainsi que le reste de l'île, n'est sous le protectorat de la France que depuis le 17 septembre 1885 ; le traité a été signé ici même, à bord de *la Naïade*.

Tamatave s'étend le long d'une longue rue où l'on enfonce jusqu'à la cheville dans le sable. Cette rue principale, assez droite, est dans presque toute sa longueur bordée de palissades uniformes, peintes en vert, et qui servent de clôtures aux jardins, parmi lesquels s'élèvent les habitations des marchands et des notables indigènes. De beaux arbres étendent leur feuillage par-dessus les palissades et ombragent la rue. De loin en loin, on trouve quelques maisons en bordure même de la rue, à l'alignement de la palissade. Les maisons malgaches sont construites en bois et élevées de un pied et demi à deux pieds ; figurez-vous une ville bâtie sur pilotis, en terre ferme, au milieu d'une véritable forêt de manguiers, de cocotiers, de citroniers ; une longue ligne de pondemus se dresse le long de la plage.

Les rues secondaires offrent le même aspect que la principale artère, mais elles sont moins longues et plus étroites. Un peu partout des boutiques s'ouvrent sous des auvents dans les maisons qui bordent la rue et les ruelles; elles n'ont point de devanture et l'unique comptoir, très large, en plan incliné vers l'extérieur, fait saillie sur la rue; elles ne reçoivent de lumière que par la façade, aussi le fond en est-il sombre ou obscur. Le marchand, si c'est un

Tamatave.

Hindou, se tient sur le comptoir, assis sur ses talons, et il invite, avec les plus gracieuses inflexions de voix, les passants à entrer dans la boutique; on y pénètre par un étroit passage ménagé entre le comptoir et la paroi de la maison. Toutes ces boutiques se ressemblent. Le petit commerce local est entre les mains des Chinois et des Hindous. Ces derniers sont originaires de la côte du Malabar ou du celle du Coromandel; les Chinois sont obséquieux, les Hindous polis et affables; ceux-ci font de préférence le commerce des étoffes, de la mercerie, de la parfumerie. On trouve aussi chez eux la pacotille locale et de menus objets de fabrication européenne. Les Chinois vendent des victuailles et des spiritueux, des spiritueux surtout ; tout le monde noir, à Tamatave, abuse du gin, du brandy et autres breuvages corrosifs de la dernière qualité. C'est chez le Chinois qu'on trouve ce poisson salé ou séché dont Africains et Malgaches sont particulièrement si friands, les salaisons, les légumes secs, le riz, les conserves d'Europe, les épices, etc., etc. La boutique du Chinois peut se passer d'enseigne, grâce à la forte odeur qui s'en exhale.

Alors que le Malabar profite de ce qu'il n'a pas de clients pour flâner et fumer le gargoulé sur son comptoir, le Chinois, dans sa boutique, est toujours affairé.

Ni celui-ci, ni celui-là ne sont venus à Madagascar pour y faire souche ; ils amassent sou par sou une petite fortune avec laquelle ils reviendront plus tard dans leur pays. *Sou par sou* est mis ici par métaphore, car, en réalité, il ne passe guère de sous entre leurs mains — soignées, s'il s'agit des Hindous, sales, s'il s'agit des Célestes. La monnaie n'existe pas ou n'est pas encore d'un usage courant. Pour payer le plus minime achat, vous donnez un pièce de cinq francs française dans laquelle le commerçant taille, à l'aide d'un couteau, un morceau qu'il pèse dans une petite balance à main. Si le poids du fragment n'est pas suffisant, il en taille un autre. Mais si le premier morceau d'argent est trop lourd, il vous rend rarement ce qu'il a taillé de trop. Il faut avoir l'œil très exercé pour suivre son manège ; autrement, ce que l'on y voit de plus clair, c'est que la brèche faite à la pièce va toujours en s'élargissant. Du reste, en allant dans une autre boutique, vous continuez à payer vos achats sur votre pièce entamée ou avec les morceaux qu'on vous a rendus.

Le marché est assez vaste ; il est situé entre la ville et la mer ; c'est un terrain tout embarrassé d'herbes, avec des étaux grossiers abrités par des paillotes. On y vend des légumes, des fruits, de la viande, des bœufs, moutons, cabris, volailles, etc., ainsi que du poisson. Tout y est à très bon marché, surtout les fruits et la viande. On voit là des mandarines, des oranges, des bananes énormes, et aussi savoureuses que grosses.

La viande s'achète sans bascule ni balances; vous prenez la moitié, le quart d'un bœuf, on vous donne la peau avec. En effet, les bouchers indigènes ne se donnent pas la peine de dépouiller l'animal mort; ils l'égorgent sur la plage, jettent les intestins à l'eau et traînent le bœuf dans le sable jusqu'à leur étal où ils le débitent, comme on dit, à vue de nez.

A l'une des extrémités de Tamatave s'élève le faubourg, un village de cases habité par des pêcheurs, des journaliers, occupés dans la semaine aux travaux des navires. Ces cases, comme les maisons, sont élevées au-dessus du sol sur de forts pieux plantés en terre. L'architecture en est tout à fait rudimentaire; de forme rectangulaire, elles sont constituées par quatre montants entre lesquels de larges feuilles de ravanela, fixées sur un clayonnage, forment les parois. Le toit, à deux faces, est également fait de feuilles. Une seule porte, une seule petite fenêtre carrée. La porte, également en feuilles fixées sur un châssis, est à glissière.

L'ameublement est aussi primitif que la construction; dans un coin, une natte et un rondin de bois ou un sac de rabonne rempli de feuilles sèches servent d'oreiller et de lit; dans un autre coin, un tronc d'arbre creusé ou un vieux baril plein de cendres, ou une grande pierre creuse, servent de foyer. Çà et là, de grossières poteries, des calebasses. Quelquefois un coffre rudimentaire où le Malgache serre ce qu'il a de plus précieux. Mais le plus souvent le Malgache de cette condition ne possède rien que le lomba qu'il a sur le corps et le vieux chapeau qui le garantit indifféremment de la pluie et du soleil.

A l'entrée de la principale rue de la ville, du côté de la mer, on trouve quelques belles maisons bâties à l'européenne : la résidence de France, les consulats, quelques habitations de négociants européens.

L'heure du départ approche ; il faut regagner *le Dupleix*. En nous rendant à bord de notre paquebot, nous passons auprès de plusieurs voiliers venus à Tamatave pour chercher des bœufs vivants qu'ils emporteront à La Réunion et à Maurice. L'exploitation des bœufs vivants est très active à Tamatave ; on amène les animaux au bord de la mer, on les pousse à l'eau et ils suivent à la nage un de leurs congénères dressés à ce pilotage jusqu'au navire qui doit les emporter. Le long du bord, on leur passe une sangle sous le ventre et on les hisse au moyen d'un treuil. Malheureusement, tous les bœufs n'arrivent pas sans encombre jusque là, car la rade est infestée de requins qui en détruisent beaucoup.

En quittant Tamatave, *le Dupleix* se dirige vers le Nord en suivant la côte. Nous devons toucher à Sainte-Marie, puis à Diégo-Suarez, à Nossi-Bé et à Mayotte, escales qui n'offrent rien de remarquable, si ce n'est la disposition de la baie de Diégo-Suarez qui ressemble à un fjord norvégien et dont les côtes, à l'aspect désolé et aride, forment un contraste frappant avec les rivages verdoyants de Tamatave, de Sainte-Marie et des autres lieux de mouillage du paquebot.

De Mayotte, l'une des Comores, où *le Dupleix* s'arrête en dernier lieu, à Zanzibar, la navigation est difficile à cause des récifs dont l'Océan indien est parsemé. Cependant nous effectuons cette dernière partie de la traversée sans incident notable : la mer est belle, mais la chaleur est insupportable.

Avant de voir Zanzibar, « on a connaissance » suivant l'expression des marins, de la côte d'Afrique ; mais il faut l'œil exercé d'un navigateur pour la reconnaître, car elle est basse et pour peu que l'horizon soit masqué par des vapeurs, on ne la distingue pas.

Zanzibar apparaît au voyageur charmé comme un bouquet de

verdure sortant des flots. L'île, peu élevée, est comme posée sur un socle de madrépores. A mesure que nous en approchons, nous voyons se détacher de la verdure les constructions qui bordent la mer : des maisons blanches à deux, et parfois trois étages, dont une terrasse forme la toiture : un édifice de hautes proportions contre lequel s'élève une grande tour carrée, les domine : c'est le palais

Vue de Diégo-Suarez.

du sultan. Partout des arbres, surtout des cocotiers et des manguiers énormes. A moins d'un mille de terre, le paquebot stoppe et siffle : une pirogue bizarre se dirige vers nous ; elle est faite d'un tronc de gros arbre creusé, et porte transversalement à l'avant et à l'arrière deux longues pièces de bois dont les extrémités sont reliées, dans le sens de la longueur de la pirogue par deux madriers à plat; cet appareil est un double balancier, grâce auquel il est impossible que la pirogue chavire. Le balancier pour les bateaux de ce genre, est en usage dans tout l'Océan indien, et notamment à Ceylan, mais, là, le balancier est simple, tandis qu'à Zanzibar il est double. La pirogue qui va nous accoster est surmontée d'un pavillon sale au bout d'une perche : c'est le bateau pilote. Quatre ou cinq nègres qui manient les pagaies crient et gesticulent comme s'ils allaient nous prendre à l'abordage. Le pilote, un arabe métissé, se hisse à bord au moyen d'une corde qu'on lui jette, et *le Dupleix* reprend sa marche vers le port, où nous entrons bientôt. C'est un des ports les plus animés de la mer des Indes : il y a plusieurs navires de commerce au mouillage, voiliers et vapeurs; une foule de boutres de toutes dimensions, et tout près de terre, de petits bateaux, des embarcations, des pirogues.

Des canots, des chalands remorqués par des chaloupes à vapeur vont et viennent dans toutes les directions.

Un grand brouhaha vient jusqu'à nous, avec les mille bruits d'un port actif : des coups de sifflet, le tapage de chaînes brutalement remuées, les chants qui accompagnent les travaux des noirs occupés au déchargement des navires, le bruit des treuils, tout cela est joyeux et vivant. A l'écart de la marine marchande se tiennent les navires de guerre : il y a là toute une escadre allemande, dont la présence s'explique par les événements que nous raconterons un peu plus loin.

Dès que le paquebot a jeté l'ancre, nous prenons congé du commandant et des officiers, qui ont été remplis d'attentions pour nous pendant ce court voyage; nous descendons à terre, non sans quelque émotion, car Zanzibar est la dernière étape avant Bagamoyo, d'où nous *partirons* réellement pour l'intérieur de l'Afrique.

A Zanzibar nous sommes encore dans le monde connu sinon civilisé : à Bagamoyo s'ouvrira devant nous la porte du monde barbare et de l'inconnu. Tous nos colis vont être débarqués, et entreposés pour quelques jours dans les docks des Messageries Maritimes.

. . . .

Vue de Zanzibar.

Tout à l'heure, nous allons visiter la ville; il est imprudent pour les Européens de sortir entre midi et trois heures, à cause de l'ardeur du soleil, qui pourrait causer aux promeneurs téméraires de dangereuses insolations.

Donnons d'abord quelques détails sur le pays où nous nous trouvons. L'île fait partie du royaume, naguère florissant, de Zanzibar, qui comprenait encore en 1856 l'État de l'Oman, en Arabie, et en Afrique, le littoral de l'Océan Indien sur une certaine profondeur, entre Magadoxo et le cap Delgado, ainsi que les îles de Pemba et de Monfia.

Les possessions continentales n'étaient pas nettement délimitées, mais la suzeraineté des sultans de Zanzibar s'étendait jusqu'aux rives du Tanganyika et à la région du Victoria-Nyanza. Une grande partie de ces possessions avaient été conquises de 1741 à 1803 par le sultan arabe Sejjid Saïd, dont un descendant règne actuellement sous le protectorat que l'Angleterre lui a imposé depuis peu. Cependant à la mort de Sejjid Saïd, en 1856, le puissant royaume fut partagé entre deux de ses fils : à l'un, Thuwaïni échut l'Oman, l'autre, Medjid, conserva Zanzibar et les possessions d'Afrique. Ce dernier eut, en 1870, pour successeur son propre frère Sejjid Bargasch, qui proclama la suppression de la traite dans ses états et visita en 1875 Londres et Paris.

Cependant la situation exceptionnelle que Zanzibar occupe dans l'Océan Indien, aux portes de l'Afrique centrale et sur la route du trafic entre l'Inde et le canal de Mozambique, n'avait point échappé aux gouvernements européens. Ne pouvant prétendre tous à la fois à la possession de ce point important, et chacun étant pourtant désireux de ne pas laisser un rival s'en emparer, ils avaient garanti, en 1863, par une convention (anglo-franco-allemande) la neutralité du royaume de Zanzibar; en outre la suzeraineté de cet État sur la côte orientale d'Afrique entre Quilou et M'routi, fut reconnue par le traité de 1877. Mais les traités et les conventions, en matière coloniale surtout, n'inspirent pas aux contractants un respect éternel : aussi le sultan de Zanzibar a-t-il vu l'Allemagne s'emparer des pays vassaux de la côte, tandis que l'île elle-même, le berceau de la puissance de ses prédécesseurs, est tombée en 1890 sous le protectorat de l'Angleterre. Pour toute consolation ce souverain peut se dire que s'il n'eût pas accepté la suzeraineté des Anglais, il se fut vu obligé de subir celle des Allemands, mais il n'a même pas eu le choix de la sauce à laquelle il a été mangé.

Il est intéressant de raconter ici l'intrigue romanesque qui a failli faire passer le royaume tout entier de Zanzibar sous la domination allemande.

En 1884, le baron Joelst, agent secret de l'Allemagne, et sir John Kirk, consul général britannique, rentraient de Zanzibar en Europe par le même paquebot, sur lequel précisément Georges Révoil, de retour de son voyage au pays des Somalis avait pris passage.

L'Angleterre cherchait déjà le moyen de mettre la main sur le royaume de Sejjid Bargasch; mais le sultan avait été jusqu'alors assez habile pour éviter tout prétexte d'immixtion dans ses affaires dont les Européens s'occupaient déjà beaucoup trop, à son gré. Sir John Kirk, dont la diplomatie avait été déjouée par le prince arabe, s'en revenait donc fort mécontent d'avoir trouvé Sejjid Bargasch hostile aux projets de son gouvernement. Aussi ne se gênait-il point pour dire hautement que ce sultan étant atteint d'éléphantiasis, ne pourrait avoir d'héritiers directs, et que par conséquent à sa mort, sa succession deviendrait vacante.

Ce propos, s'adressant au baron Joelst, ne devait pas tomber dans l'oreille d'un sourd : l'agent allemand savait bien que si le sultan mourait sans enfants mâles, l'Allemagne n'en avait pas moins sous la main un héritier au trône, dans la personne du propre neveu de ce prince. Cet accès d'humeur du consul britannique allait peut-être décider du sort du royaume.

Voici comment :

Feu Sejjid Saïd, qui était mort centenaire, avait eu un nombre incalculable d'enfants, et lorsqu'il mourut, en revenant de visiter son royaume de l'Oman, il lui en restait encore une quarantaine, parmi lesquels Bibi Salmé, ou S. A. Salmé, fille d'une Circassienne, était remarquable sinon par sa beauté, au moins par un grand charme et une véritable intelligence.

Par suite de la mort de Sejjid Saïd, Medjid était monté sur le trône, mais il comptait des ennemis dans sa propre famille, et deux de ses sœurs ourdirent un complot dans le but de le détrôner au profit de Sejjid Bargasch. Cette conspiration faillit amener la guerre civile à Zanzibar, mais elle fut dénoncée à temps et n'eut pour toutes conséquences que le bannissement du prétendant. Le sultan pardonna à ses sœurs, mais celles-ci se virent mettre en quarantaine par les autres femmes de l'aristocratie zanzibarite, et Bibi Salmé qui avait été une des conjurées, commença à mener avec ses complices une vie pleine d'ennui. La maison de cette princesse était contiguë à celle d'un jeune négociant allemand, M. Ruete, qui représentait à Zanzibar une maison de commerce de Hambourg, et la proximité des terrasses autant que le désœuvrement de la princesse amena bientôt entre les deux jeunes gens des relations de bon voisinage, qui devaient donner naissance au sentiment le plus tendre.

M. Ruete songea à demander au sultan la main de sa sœur, mais il comprit bientôt que Medjid se soucierait médiocrement d'avoir pour beau-frère un représentant de commerce allemand. D'autre part, ce mariage d'une princesse musulmane avec un chrétien, n'eût pas manqué de soulever des tempêtes d'indignation dans la « société » mahométane, généralement orthodoxe, de Zanzibar. Les deux amoureux se résignèrent donc à recourir à l'enlèvement classique. Une première tentative échoua. Le négociant confia alors ses projets au consul d'Angleterre qui, à son grand étonnement, se montra prêt à les favoriser.

M. Ruete était loin de se douter que son amour romanesque favorisait la politique d'une des plus grandes puissances de l'Europe. En effet, l'Angleterre songeait déjà à s'implanter solidement à Zanzibar, et il ne déplaisait pas à cette nation qui prétend donner partout le spectacle de toutes les vertus, qu'une propre sœur du sultan se compromît dans une aventure scandaleuse avec un sujet allemand. N'était-ce pas montrer à l'aristocratie et au peuple zanzibarite que les Allemands étaient capables de porter le désordre jusque dans les familles et dans les harems les plus respectés ?

C'est ainsi qu'un officier de la marine royale fut mêlé à l'affaire : il prêta les mains à l'enlèvement, recueillit à son bord les fugitifs et cingla aussitôt pour Aden. A Aden, M. Ruete fit baptiser la princesse Salmé qui s'appela dès lors Emily ; il l'épousa, et l'emmena en Allemagne, où il lui fit donner une instruction et une éducation à l'européenne parfaites.

Malheureusement, au bout de trois ans de mariage, Mme Ruete resta veuve avec trois enfants, et elle dut, pour élever sa famille, donner des leçons d'arabe.

Sa conduite fut d'ailleurs exemplaire et pas une mère allemande n'éleva mieux qu'elle ses enfants. Elle n'osa pas retourner dans son pays où elle craignit de se voir traitée avec la réprobation que les musulmans témoignent aux renégats. En 1875, lorsque Sejjid Bargasch, qui avait succédé à Medjid, vint en Angleterre, elle espéra que ce frère, pour lequel elle avait autrefois conspiré et qui lui témoignait au temps de leur enfance une vive affection, la traiterait avec bonté, lui permettrait de rentrer à Zanzibar et lui rendrait sa part de l'héritage de leur père commun Sejjid Saïd. Elle accourut donc à Londres pleine d'espoir, pensant bien qu'elle pourrait compter aussi, dans cette circonstance délicate, sur les bons offices du gouvernement britannique qui s'était naguère montré si galamment obligeant pour elle et pour M. Ruete.

Mais le sultan était bien gardé par ses hôtes, et le gouvernement britannique ayant obtenu à Zanzibar une partie de l'influence qu'il convoitait, préférait maintenant ne pas évoquer le souvenir d'un incident plutôt désagréable pour l'amour-propre du souverain. Sir Bartle Frère signifia cela brutalement à Mme Ruete, et l'invita à regagner l'Allemagne sans retard, lui promettant d'ailleurs que si elle se montrait discrète, le gouvernement britannique ferait pour ses enfants tout ce qu'elle lui demanderait[1].

Naturellement l'Angleterre ne fit jamais rien pour elle, ni pour ses enfants, et Mme Ruete n'aurait peut-être jamais entendu reparler de Sejjid Bargasch si l'Allemagne ne se fut mise à convoiter à son tour quelques avantages à Zanzibar.

Différents prétextes furent mis en avant par cette puissance pour justifier ses tentatives d'immixtion dans les affaires du sultan Bargasch.

Parmi les plus plausibles il faut citer le massacre de l'expédition du baron de Deckens par les Somalis en 1865, massacre toujours resté impuni; puis un prétendu traité conclu avec le sultan de Lamô par le piqueur du baron, seul échappé au massacre, un nommé Brenner qui d'ailleurs ne savait ni lire ni écrire; les explorations des frères Denhart sur la Côte orientale; enfin, l'installation de comptoirs aux pays des Benadirs et des Bayouns par des maisons allemandes de Zanzibar.

Le premier but poursuivi par le gouvernement allemand consistait à neutraliser absolument le plus clair des douanes de Zanzibar au profit d'une société de colonisation allemande, en interceptant commercialement les arrivages de l'ivoire. Pour cela il fallait occuper Dar-es-Salaam, Lamô, etc. places de la côte où débouchaient les caravanes arrivant de l'intérieur.

Alors, au mépris du traité de 1877 qui reconnaissait au sultan de Zanzibar le protectorat de la côte orientale d'Afrique entre Quiloa

---

1. Ces détails sont extraits de l'ouvrage publié par Mme Ruete elle-même, en 1889, à Berlin : *Memoiren einer arabischen Prinzessin*, chez Luckhart, éditeur, 2 vol.

et M'Routi, l'Allemagne voulut imposer à Sejjid Bargasch la reconnaissance de ses prétentions.

En présence de la résistance bien naturelle du sultan, l'escadre allemande qui venait de manifester aux Philippines, s'embossa devant Zanzibar.

C'est alors que le gouvernement allemand se souvint du propos échappé dans un moment d'humeur à sir John Kirk, et que le baron Joelst avait soigneusement recueilli.

L'infirmité prêtée à Sejjid Saïd, et la perspective de voir ce souverain descendre au tombeau sans laisser de descendance mâle, n'étaient pas faites, si elles étaient réelles, pour le rendre populaire aux yeux de ses sujets. Si l'on ne voyait à Zanzibar aucun prince qualifié pour recueillir l'héritage du sultan Bargasch, l'Allemagne était prête, comme nous l'avons dit, à produire au moment voulu, un héritier, le fils de Mme Ruete, neveu de Sejjid Bargasch et petit-fils du vénéré Sejjid Saïd. Il est vrai qu'en droit musulman l'apostasie de la mère qui s'était convertie au christianisme, la religion du père du prétendant, et celle du prétendant lui-même[1], étaient des obstacles insurmontables à la réalisation de ce beau projet; mais le droit, même musulman, n'est jamais que le droit, et les canons sont les canons, le tout est d'avoir un prétexte bon ou mauvais pour s'en servir.

Or, de ces prétextes, on n'en manquait pas, seulement on voulait aussi agir sur l'opinion, et pour cela il ne pouvait être mauvais — croyaient les Allemands — de montrer à la population que la sœur du sultan Bargasch, la mère du prétendant éventuel au trône, la fille enfin du grand monarque dont les Zanzibarites bénissent encore la mémoire, avait adopté pour patrie leur pays, où elle était traitée par eux avec les grands égards dus à la fille de l'illustre patriarche. De plus, le grand intérêt que l'on témoignait subitement à

---

1. M. Ruete, ancien élève de l'École des Cadets, est actuellement officier dans l'armée allemande. Il a été élevé, ainsi que ses deux sœurs, dans la religion de son père.

cette pauvre femme (devenue du reste par son mariage sujette allemande) pourrait expliquer que l'on saisit le moment où l'on avait toute une série de questions à vider, pour réclamer à Sejjid Bargasch la part d'héritage dont elle avait été frustrée, ses biens ayant été confisqués en punition de sa fuite avec M. Ruete.

Pour toutes ces raisons, Mme Ruete, qui n'en pouvait croire ses yeux ni ses oreilles, fut expédiée en toute hâte de Berlin à l'escadre de Zanzibar. L'escadre la reçut en altesse royale; les officiers la promenèrent dans la ville pour ainsi dire en grande pompe, et ils donnèrent en son honneur des fêtes superbes qui impressionnèrent vivement la population. Le peuple, touché de ces marques de respect prodiguées à une fille de Sejjid Saïd, fit fête à la princesse; et le sultan Bargasch put croire un moment que les grands coups de fouet que l'on distribua par son ordre à ses sujets pour calmer leur enthousiasme, n'empêcheraient pas une révolution d'éclater en faveur de ce neveu dont il lui semblait peut-être voir la silhouette surgir derrière l'escadre embossée.

Bref, menacé d'un bombardement et peut-être d'une révolution, Sejjid Bargasch s'exécuta sur le point capital... pour les Allemands, et signa tout ce qu'ils voulurent, relativement à ses fiefs de la côte d'Afrique.

Quant à Mme Ruete elle ne recueillit pas la moindre bribe de l'héritage paternel et ses protecteurs ayant obtenu pour eux-mêmes ce qu'ils convoitaient, jugèrent inutile de se mettre sur les bras, à propos d'elle, une affaire avec l'Angleterre, que cette exhibition de princesse commençait à impatienter. Ils se souvinrent un peu tard que le droit musulman ne régit pas les héritages et les successions au trône comme le droit allemand, et que leur protégée, suivant la loi du Koran n'avait droit à rien, ni pour elle ni pour ses enfants. Et ils réexpédièrent à Berlin Mme Ruete, qui leur restait néanmoins reconnaissante de lui avoir procuré, en lui faisant revoir sa patrie, un des plus doux moments de sa vie.

C'est au lendemain de ces graves événements que notre mission était arrivée à Zanzibar : l'escadre était encore sur rade et trois expéditions allemandes se disposaient à gagner divers points de l'Afrique.

La population était encore sous le coup de l'effervescence qui l'avait secouée pendant quelques jours ; quant à Sejjid Bargasch, il dissimulait mal le chagrin de se voir ainsi abandonné par les puissances européennes, dont aucune n'avait rien tenté pour le soustraire aux procédés de l'Allemagne. Aussi, quand il reçut Georges Révoil, non seulement il ne le questionna point sur le but de sa mission, mais encore il lui donna spontanément des lettres de recommandation pour les gouverneurs et les chefs, ses vassaux, de l'intérieur, comme s'il eût voulu témoigner par là de sa profonde sympathie pour la France dont il n'avait jamais eu à se plaindre. On sait du reste ce qui arriva plus tard, et comment l'Angleterre imposa son protectorat à Zanzibar.

Maintenant, allons faire un tour dans la ville que cette digression politico-romanesque nous a fait pour un moment négliger. Vue du large, avec ses hautes constructions blanches encadrées dans la verdure des cocotiers, sous son ciel d'un bleu intense, Zanzibar ressemble à un décor de féerie. Mais à peine a-t-on pénétré dans la vieille cité arabe que l'on est désenchanté.

Ce n'est pas que le coup d'œil cesse brusquement d'être pittoresque, loin de là : ces rues étroites, bordées de hautes maisons aux façades muettes, d'une blancheur crue, sont remplies de passants de toutes races : partout, règne une animation étonnante : la diversité de la population est aussi un sujet d'étonnement pour le voyageur. Les nègres d'Afrique, ceux-ci du nord, ceux-là du sud, y coudoient des Hindous, Malabares, Beloutchis ou Cingalais ; les Parsis sont reconnaissables à leur mitre de toile cirée semée d'étoiles d'or : les riches portent la même coiffure mais en soie blanche richement brodée. Les Chinois sont assez nombreux, ainsi que les mulâtres de

Les quais à Zanzibar.

l'Inde et les Comoriens à l'aspect rude. Tous ces gens sont affairés et bruyants : leurs costumes multicolores, leurs coiffures compliquées, leurs ornements bizarres, forment un tableau inoubliable : de riches Arabes en robe noire brodée d'or aux poignets, au col et aux coutures, avec un poignard passé dans leur ceinture de soie, passent gravement parmi la foule : ailleurs ce sont des femmes empaquetées dans leurs manteaux et dans leurs voiles et dont on ne voit que les yeux ; ici, ce sont des femmes de l'Inde, avec leurs cheveux tressés en une longue natte pendante, leurs anneaux d'argent massif aux chevilles, leurs bracelets et leurs pagnes de couleur, gracieusement enroulés autour du corps. Les âniers bousculent les passants, les portefaix se heurtent à tout venant, les petits enfants demi-nus se jettent dans vos jambes, et les marchands de fruits et de curiosités indigènes vous poursuivent de leurs offres importunes. Ce n'est pas une foule, c'est un grouillement humain, et comme si ce n'était pas assez du tapage ambiant, on entend encore de loin en loin résonner les discordants instruments de musique nègre. Ainsi, le tableau de la rue est vivant et pittoresque, et l'on ne se lasserait pas de s'emplir les yeux de couleur si l'odeur effroyable des ruelles ne finissait pas par vous chasser dans un autre quartier — où vous retrouvez la même animation, les mêmes spectacles, et, hélas, la même puanteur. C'est que les égouts sont inconnus ici : et c'est sur la voie publique que les habitants se débarrassent des immondices. Les rues — on dirait volontiers les ruelles — sont tortueuses et étroites, avec leur sol raviné et boueux, où pourrissent des détritus de toute sorte. L'air y circule difficilement et le soleil n'y pénètre pas. Heureusement que l'on n'y court pas le risque d'être écrasé par les voitures, car il n'y a pas de voitures à Zanzibar. Le sultan, dit-on, en possède une, quelque vénérable landau sans doute, cadeau d'un souverain d'Europe ; mais il ne s'en sert jamais. En ville, tout le monde va à pied, depuis le nègre crépu qui souffle sous sa charge, jusqu'aux dames richement vêtues du harem impérial, que l'on rencontre parfois quand elles vont au bazar ou en visite. On ne voit du reste rien de leur personne : les croyants se jettent la face contre un mur quand elles passent, et que l'on soit croyant ou infidèle, le savoir-vivre zanzibarite veut que l'on se détourne à leur approche, que l'on affecte de ne pas les regarder. Au besoin, la trique des eunuques qui ouvrent et ferment la marche de leur nombreux cortège vous punirait de votre indiscrétion. Dans les rues trop encombrées, le cortège s'ouvre un passage à travers la foule à grands coups de bâton : le populaire se sauve dans toutes les directions, laissant la voie libre aux princesses. Il n'y a jamais de protestation.

A la campagne, on va à cheval ou à âne : mais on ne va guère à la campagne pour se promener : les habitants qui veulent prendre le frais montent le soir sur les terrasses de leurs maisons.

La ville proprement dite s'étend, ou plutôt se masse, derrière la rangée de palais qui bordent la mer, et qui font, du large, un si bel effet. Nous avons déjà vu que ce sont les palais du sultan, les consulats européens et quelques habitations de grands personnages. Les maisons sont hautes, avec de rares ouvertures sur la rue : les murs badigeonnés à la chaux produisent, par le grand soleil, une réverbération aveuglante : les portes, massives, sont curieusement sculptées et ornées de clous, avec des peintures criardes : par celles qui s'entr'ouvrent, on aperçoit de vastes cours intérieures avec des bouquets de palmiers au milieu. Ce sont là les habitations des notables : le peuple grouille entassé aux divers étages des maisons de moins bonne apparence.

Ici, comme dans tout l'Orient, ce qu'il y a de plus curieux à voir, c'est le bazar : nous retrouvons là les marchands hindous avec leurs petites boutiques sous un auvent, et le large comptoir sur lequel, tout en fumant, ils attendent le chaland. Ceux-ci vendent des armes, ceux-là des corroieries, des étoffes, des parfums : de curieux coffrets, des boîtes à ouvrage incrustées d'argent et d'ivoire que l'on fabrique dans l'Inde, des foulards, des babouches, etc. Au bazar des légumes et des fruits — que de fruits ! — de jolies hindoues vous offrent des bananes et des oranges, des ananas et des man-

Négresse de Zanzibar.

gues, des cocos et de la vanille. On ne se ruine pas à en acheter beaucoup à la fois, car tout cela coûte fabuleusement bon marché. les marchandes sont mises à la mode de leur pays : en guise de boucles d'oreilles elles portent des plaques d'argent travaillé à jour, curieusement ciselé, et qui descendent presque jusqu'aux épaules : ce serait très joli, si le poids de cet ornement n'allongeait démesurément le lobe de l'oreille.

Dans le quartier des orfèvres, on achète des théières, des sucriers, des plateaux, des tasses, mille objets d'argent massif, travaillés avec beaucoup d'art. On les achète leur poids de roupies, plus la moitié de la somme que cela représente, pour payer la façon.

Partout de la couleur, du bruit, de l'animation — partout des émanations méphitiques.

Combien y a-t-il d'habitants à Zanzibar? Cent mille? Peut-être.

Au sortir de la ville proprement dite, nous nous trouvons dans un faubourg. Plus de maisons, plutôt des cases ou des chaumières basses, dont les murs sont faits de briques ou de terre séchée, et qui sont recouvertes de feuilles de cocotier. Des artisans, des cultivateurs, habitent là : ce n'est pas plus propre qu'en ville, mais les mauvaises odeurs y sont moins fortes, l'air y circulant plus librement.

La campagne, autour de la ville du moins, est assez bien cultivée : ce que l'on voit le plus, ce sont des plantations de canne à sucre et de manioc. On cultive aussi les plantes à épices et le ricin. Partout des cocotiers balancent leurs cimes dans l'air pur.

C'est à Zanzibar que se forment les caravanes pour l'intérieur de l'Afrique, et qu'on trouve les intermédiaires nécessaires pour l'enrôlement des porteurs et la fourniture des pacotilles pour les échanges. Presque tous ces agents sont d'origine hindoustani.

Dès son débarquement la mission avait été accueillie de la façon la plus gracieuse par un vieil ami de Georges Révoil, M. Greffulhe, négociant français, agent particulier de l'Association internationale africaine. M. Greffulhe représentait à Zanzibar une importante maison de Marseille qui fait dans ce pays un trafic considérable, tant en exportation qu'en importation.

M. Greffulhe nous donnait l'hospitalité la plus cordiale et la plus confortable dans sa maison fort bien aménagée, vaste et bien montée, et où une armée de serviteurs noirs ou bronzés était à nos ordres.

Notre aimable compatriote fut très utile au chef de la mission pour le recrutement des porteurs que nous devions emmener dans l'Ouganda.

Dans les régions que nous avions à traverser, comme du reste dans toute l'Afrique barbare, on ne peut s'aventurer sans porteurs. Les seules voies ouvertes aux transports sont les cours d'eau, et encore ils ne sont pas toujours praticables sur toute leur longueur, à cause des chutes ou des rapides qui embarrassent leur cours. Il n'existe presque nulle part de routes frayées. Tout au plus trouve-t-on dans les pays les plus habités, des sentiers à peine indiqués, et que les herbes recouvrent vite s'ils ne sont souvent battus par les pieds nus des noirs. A cause de la puissance et de la force de la végétation, à travers laquelle on a quelquefois les plus grandes difficultés à se frayer passage, on ne peut se servir de bêtes de somme : d'ailleurs on est exposé à traverser de vastes étendues dépourvues d'eau et l'on ne saurait comment abreuver les bêtes, quand on a déjà bien de la peine à donner de quoi boire aux hommes.

De plus, il faudra passer sur les territoires occupés par des populations guerrières, pillardes, qui attaquent les voyageurs pour les dépouiller de leurs marchandises ; et, dans ce cas, on ne sera jamais trop nombreux pour tenir tête aux assaillants.

Pour toutes ces raisons, le porteur est l'auxiliaire indispensable du voyageur, marchand indigène ou explorateur européen.

Dans tous les centres d'où les caravanes et les explorations rayonnent vers l'intérieur du continent noir, il se trouve des entrepreneurs qui procurent aux voyageurs les porteurs dont ils ont besoin. A Zanzibar cette industrie, comme bien d'autres, est entre les mains de quelques Hindous ; naguère, ils étaient indépendants les uns des autres et se faisaient concurrence. Mais en voyant les expéditions européennes vers l'Afrique centrale devenir de plus en plus fréquentes, ils ont craint que les blancs ne finissent par apprendre à ne pas user de leur concours pour le recrutement de leur personnel. Ils se sont syndiqués et ont ainsi accaparé le monopole des porteurs, avec celui de l'organisation des convois. De sorte que l'on ne peut guère se passer d'eux.

M. Greffulhe nous mit en rapport avec l'un des plus considérables de ces négociants, Sewa Hadji, riche musulman hindou qui avait des relations partout, entre la côte et les Grands Lacs, et qui possédait des comptoirs à Taborah, ville vers laquelle nous nous dirigions en premier lieu. Sewa Hadji accepta de devenir le pourvoyeur de la mission, moyennant un contrat selon les usages établis par nos devanciers. Il devait recruter quatre-vingts porteurs Ounyamouésis et Mounghouana, subvenir à tous les besoins de l'expédition, répondre des désertions et de la perte des charges à raison de cent piastres par charge perdue ; enfin, il devait assurer le ravitaillement dans l'intérieur avec assez de prévoyance pour que le manque de vivres n'entravât pas la marche de l'expédition. Ce n'était pas tout : afin que la mission pût pendant toute la durée du voyage faire parvenir de ses nouvelles en France et recevoir les communications qui lui seraient adressées, Sewa s'engageait encore à envoyer chaque mois un courrier de Zanzibar à Taborah, pour vingt-cinq piastres à l'aller et autant au retour. N'importe où que nous nous trouvions plus tard, nous nous arrangerions de manière à rester en communication avec Taborah, par où nous resterions ainsi en communication avec Zanzibar et avec la France, où nos parents et tant d'amis recevraient de nos nouvelles aussi régulièrement que possible.

Un voyageur a dit avec beaucoup de raison : « Pour un explorateur, la difficulté n'est pas d'arriver : c'est de partir. » Nous le vîmes bien à Zanzibar, où nous crûmes un moment que l'on ne pourrait pas trouver de porteurs pour nous. En effet, outre que nous n'étions pas dans la saison du départ des grandes caravanes indigènes, et que par conséquent les Africains étaient relativement peu nombreux sur la place, il y avait en ce moment un mouvement inaccoutumé de missions allemandes et anglaises, qui s'organisaient comme la nôtre à Zanzibar : le prix des porteurs en était augmenté et nous dûmes nous estimer heureux de trouver à en enrôler à raison de quarante piastres, soit deux cents francs par tête jusqu'à Taborah, sans nous douter du reste des difficultés d'une autre nature qu'allait nous créer la famine qui régnait dans l'intérieur.

En présence de ce fléau, une expédition belge composée de quatre officiers du roi Léopold et commandée par M. Becker, avait renoncé à se mettre en route, malgré ses grandes ressources et un matériel de premier ordre fourni par l'Association du Congo. Cette expédition avait été formée dans le but de se rendre à Karèma sur les bords du Tanganyika, et de là gagner Stanley-Falls.

Enfin, grâce au zèle et à la véritable compétence de Sewa-Hadji, grâce aussi aux bons soins de M. Greffulhe, nos préparatifs furent bientôt terminés.

Le personnel indigène fut enrôlé par devant le consul de France et un représentant du sultan : il comprenait les porteurs commandés par un contremaître nommé Ali-ben-Abdallah, les serviteurs et l'escorte, composée d'Askaris. Nous parlerons plus loin de la composition de la caravane.

Quant aux serviteurs, le plus important par la nature de ses futures fonctions était Férousi, le cuisinier; Feradji et Bako étaient engagés comme domestiques « à tout faire ».

Quant au personnel blanc, à la *mission* proprement dite, elle se bornait modestement à trois personnes : Georges Révoil, chef de l'expédition, Gaston Angelvy, jeune ingénieur qui devait se charger de toutes les observations scientifiques, et votre serviteur, qui tiendrait le journal circonstancié du voyage et se rendrait utile en faisant exécuter les ordres du chef.

Le personnel arrêté, il fallait s'occuper de préparer les charges : ce n'était pas une petite affaire. Chaque charge doit être de trente kilos : le noir la porte sur la tête, et tous les porteurs en marche, se suivent à la file indienne, toujours dans le même ordre afin que la revue de la troupe puisse être aisément faite à tout moment où on le jugera nécessaire. Il n'est pas toujours facile de répartir les marchandises en charges : tantôt les objets ou les denrées sont lourds et indivisibles, tantôt ils sont très légers et très encombrants. On ne peut cependant ni former des charges trop lourdes, ni en former plus qu'il n'y a de porteurs pour les transports. Il faut encore que les paquetages soient intelligemment faits et que les objets qui seront le plus souvent nécessaires soient aisément dépaquetables. Puis, on doit numéroter chaque charge, et tenir son registre où le contenu de la charge est inscrit en face de son numéro. Cela facilite, plus tard, la recherche des objets dont on a besoin; et cette précaution permet d'avoir toujours présent aux yeux l'inventaire de ce qui reste de telle ou telle marchandise ou denrée.

Tout le monde dut se mettre au triage, au paquetage, à l'emballage des charges : outre les provisions et les marchandises que nous apportions de France, Georges Révoil avait encore acheté à Zanzibar, par l'intermédiaire de Sewa Hadji, une foule de choses indispensables.

Enfin, nous fûmes prêts à partir, et dès que tous ces préparatifs furent terminés, le chef de la mission fixa la date de notre départ.

Sewa fit prendre les devants à un certain nombre de porteurs, qu'il emmena à Bagamoyo.

Le 11 décembre à midi, en présence du consul de France et de nos compatriotes résidant à Zanzibar, nous nous embarquâmes sur un boutre pour gagner le continent africain. Avant le départ, le contremaître Ali ben Abdallah avait fait l'appel des indigènes restés avec nous et tous s'étaient trouvés là. C'était pour le choix de notre escorte une bonne note qui n'échappa à personne car c'est ordinairement au moment de partir que les

Boutre arabe.

porteurs commencent à déserter. Ils ont touché quelques jours auparavant une avance de trois mois de leur solde, qui était censée devoir être laissée par eux à leurs femmes et à leurs enfants, mais qui, en réalité, s'est fondue en quelques heures entre leurs doigts peu accoutumés à manier de telles richesses. Aussi le noir prodigue et insouciant, et qui n'a de la morale des blancs qu'une idée confuse, juge-t-il inutile de s'embarquer une fois que les avances sont dépensées.

Nous voici donc sur un boutre : une brise légère et parfumée nous pousse au large. Malgré l'attirance de l'Afrique centrale, en dépit des mauvaises odeurs de Zanzibar, ce n'est pas sans quelque regret que nous disons adieu à cette île verdoyante, à cette ville pleine de couleur et de vie.

Dans le boutre, nous retrouvons quelque chose de la saleté de la cité arabe : les matelots sont déguenillés, le gréement dans un état lamentable, les voiles rapiécées, élimées en maints endroits. Le seul endroit habitable du bord, parce qu'il est le moins malpropre est l'arrière du tillac. Il ne doit pas être souvent « briqué » mais il a dû être balayé quelques jours auparavant. Le boutre qui nous emmène transporte d'ordinaire des marchandises quelconques, et notamment du poisson sec, si l'on s'en rapporte aux relents qui montent de la cale. Ce sont de bien curieux navires que ces boutres : leurs œuvres vives très fines, leur avant aminci, leur poupe en château, leur immense voile, leur donnent un aspect étrange. Tels ils sont aujourd'hui, tels ils ont toujours été : et leur architecture n'a pas changé depuis le temps où le roi Salomon en envoyait de semblables commercer dans la mer Rouge et dans le golfe Persique. Au surplus, ils naviguent bien et tiennent la mer comme des mouettes. Il ne serait pas désagréable de faire là-dessus de longues traversées, si les lois de l'hygiène étaient observées à bord aussi fidèlement que celles de Mahomet; en effet, l'équipage est très pratiquant et dès que l'heure de l'achour est arrivée, tous les matelots montés sur le pont, ainsi que le patron, se prosternent et font leur prière.

Nous sommes précisément en plein calme, à peu près à mi-chemin entre Zanzibar et la côte : le soleil se couche triomphalement dans une bande de ciel orangé, au-dessous de laquelle la terre d'Afrique s'étend, noire et basse dans le lointain. Tandis que la nuit se déroule sur la mer, une forte brise se lève : les voiles qui tout à l'heure battaient le mât, se gonflent et nous repartons à bonne allure.

Nous arrivons à huit heures du soir à Bagamoyo, par nuit noire.

Le boutre jette l'ancre et nous descendons dans un mauvais canot du bord qui doit nous conduire à terre. Nos porteurs et nos marchandises ne débarqueront que demain. Mais la mer est grosse, le boutre a mouillé loin de la côte : le canot roule et tangue rudement entre les lames que le peu de profondeur de la mer rend courtes et mauvaises : nous nous demandons de temps à autre si nous arriverons à bon port, avec cette embarcation qui prend l'eau par le fond et qui navigue comme une citrouille : avec des pagayeurs qui se disputent, font un vacarme infernal, et pagayent à tort et à travers. Enfin, nous nous rapprochons du rivage : des gens courent sur la plage avec des torches dont les grandes flammes rouges dansent dans l'obscurité maintenant complète. La quille du canot laboure le fond : les pagayeurs laissant là leurs pagaies sautent prestement à l'eau de chaque côté du canot, et ils le poussent par les plats-bords, de toutes leurs forces, jusqu'à ce qu'il soit tout à fait échoué. Alors ils nous prennent à califourchon sur leurs épaules, et nous portent jusque hors de l'atteinte du flot : nous sommes arrivés : nous foulons du pied la terre d'Afrique ; nous voici sur ce continent mystérieux auquel nous arracherons peut-être, nous aussi, quelqu'un de ses secrets.

Cependant les gens de Sewa s'empressent autour de nous : nous sommes munis chacun d'une valise contenant du linge et quelques objets de toilette : ils s'emparent de nos bagages et nous conduisent à la maison de leur maître, où nous devons passer la nuit, et habiter pendant notre séjour à Bagamoyo.

Une vaste salle nous est réservée : on nous apporte des nattes, des coussins; et après un dîner frugal, nous nous endormons.

Le lendemain, 12 décembre, vers huit heures, tout le monde est sur pied : nos porteurs restés la veille au soir sur le boutre, nos Askaris, les hommes déjà arrivés ici avec Sewa, sont rangés en bon ordre dans l'immense cour de l'habitation. On fait l'appel ; pas un ne manque ; décidément Sewa a eu la main heureuse.

Le contremaître, sous l'œil de Sewa, distribue le *pocho* : c'est la ration qu'on donne à chacun d'eux pour sa journée : cela regarde encore Sewa, qui les nourrit comme il l'entend, mais convenablement sans doute, puisque aucune réclamation ne se fait entendre.

Ensuite, pendant que nos hommes aidés de l'équipage du boutre procèdent au débarquement de nos marchandises, nous allons voir la ville, ou plutôt le grand village de Bagamoyo.

Ce nom signifie « Cœur de l'Afrique » (*Baga* ou *Bana* : intérieur, et *Mayo* : cœur).

Toute la côte est basse, et Bagamoyo par conséquent est peu au-dessus du niveau de la mer : Il n'y a pas ici la riche végétation que l'on admire à Zanzibar : quelques cocotiers seulement dressent leur panache au-dessus de la ville : cependant, le sol est fertile et à peu de distance de la localité s'étendent d'assez vastes terrains cultivés.

Il n'y a pas non plus à Bagamoyo de grands palais, et de hautes maisons comme à Zanzibar : ici on peut dire que la ville est « construite » plutôt que « bâtie », car les habitations sont toutes en bois : il n'est question bien entendu que des maisons de notables, de commerçants : les cases des noirs, sont comme ailleurs, fort sommaires. La ville occupe une étendue considérable, chaque noir ayant pris pour bâtir sa case, et pour ménager autour des dépendances, la surface qu'il a voulu : le terrain n'est pas cher dans ce pays — du moins à l'époque où nous nous y trouvons ; et comme de juste, les personnages se sont montrés encore moins économes de place pour leurs constructions, que le menu peuple. Aussi toutes les habitations sont-elles très vastes, avec des cours à n'en plus finir. Le tout est entouré de palissades ou de haies vives.

Mission des pères du Saint-Esprit, à Bagamoyo.

Ainsi l'aspect... architectural de Bagamoyo est loin d'être aussi pittoresque que celui de Zanzibar ; par contre, l'animation ici est aussi grande que dans la cité arabe : la foule dans les rues — on appelle rues de grands espaces entre les cases, et que l'on traverse pour aller d'un point de la ville à un autre — la foule est aussi nombreuse, quoique moins variée et en général moins vêtue, la plupart des gens y étant des noirs dont tout le costume se compose d'un langouti. Il y a des Hindous cependant — il y en a partout, dans les ports de l'Océan Indien — et des Arabes, mais en moins grand nombre que dans la capitale zanzibarite. Les Hindous ont accaparé le commerce : ils tiennent les boutiques et les comptoirs : tout ce qui se vend et qui s'achète dans le pays passé par leurs mains, depuis la natte sur laquelle dort le noir, et le poisson sec dont il se nourrit, jusqu'aux cargaisons de navires. La population sédentaire de la ville ne doit pas dépasser 2500 à 3000 habitants : mais le mouvement incessant des caravanes entretient à Bagamoyo une population flottante très nombreuse : en effet cette ville est le point d'arrivée des caravanes marchandes qui apportent à la côte les produits de l'intérieur ; et elle est le point de départ de presque toutes les expéditions que les Européens dirigent vers l'Afrique centrale. Or, chacune de ces expéditions est pourvue d'une escorte plus ou moins nombreuse, qui comprend un nombre parfois très élevé de porteurs, et séjourne toujours à Bagamoyo plus ou moins longtemps. C'est là, après Zanzibar, le plus grand marché d'enrôlement des porteurs ; aussi tous les « inemployés » de l'intérieur y viennent-ils chercher à louer aux voyageurs ou aux caravaniers leurs services.

Les autres têtes de lignes de caravanes et d'expédition, sur cette côte, sont Pangani et Dar-es-Salaam. Mais Bagamoyo a une histoire : c'est de là que Stanley, en 1871 partit pour accomplir sa première traversée du continent noir.

Au moment où nous nous y trouvons, notre caravane est la

seule en formation : c'est peut-être ce qui explique que Sewa Hadji ait pu faire un choix, pour nos porteurs, l'offre étant supérieure à la demande, comme disent les économistes.

Ce que Bagamoyo a de commun avec Zanzibar, c'est la malpropreté : les ruelles sont pavées d'immondices, dont les parfums n'embaument pas précisément l'atmosphère ; les arbres étant rares, l'ombre fait défaut à peu près partout, et la chaleur est intolérable quand un peu de brise n'apporte pas de la fraîcheur du large. La principale industrie des sédentaires, qui consiste dans la pêche et le séchage du poisson, contribue aussi à empester la ville, car elle est pratiquée avec un sans-souci remarquable. Le poisson mal préparé pourrit au soleil et personne ne songe à en débarrasser la ville. Les pêcheurs recherchent surtout les requins : il paraît que les gens de la côte sont très friands de la chair de ces squales. On la découpe en longues et étroites lanières que l'on fait sécher au soleil : et tout ce qu'un Européen en puisse dire après en avoir mangé, c'est que c'est puant et mauvais ; mais tous les goûts sont dans la nature : et les pêcheries de requins sur cette côte font vivre toute une population.

Cette côte est malsaine, bien plus que Zanzibar, où l'insalubrité n'est causée que par la saleté de la ville. Ici, une autre cause se joint au mépris de l'hygiène pour engendrer des maladies : le long des rivages, la mer repousse et amoncèle des sables qui, formant de longs bourrelets en bordure de la côte, empêchent l'écoulement des eaux fluviales et des petits ruisseaux. L'eau retenue dans ces mares est rendue saumâtre par l'infiltration de la mer à travers les sables : elle se corrompt et les miasmes qui s'en dégagent occasionnent des fièvres très dangereuses pour les hommes et pour les animaux.

Il nous suffit d'une promenade de deux heures pour visiter Bagamoyo : la mauvaise odeur, la chaleur atroce, l'absence absolue de tout spectacle intéressant, nous ramènent à la maison de Sewa.

A peine y sommes nous rentrés, qu'un violent orage éclate : en quelques instants le ciel est devenu noir comme de l'encre : du tonnerre, des éclairs, une pluie torrentielle : c'est un vrai orage équatorial. L'orage dure peu, mais le temps va rester à grains, et les ondées se succèdent sans relâche.

Le moment est venu de répartir les charges entre les porteurs : cette opération donne lieu à des débats interminables. Sous les vastes hangars qui entourent la cour, on a aligné les paquets. Chacun porte un numéro. Il s'agit d'aligner les hommes en face des paquets, afin que chacun puisse, en quelque sorte, faire connaissance avec sa charge. Une fois cela fait, on inscrira le nom du porteur en face de la charge qui lui est échue, et dans l'ordre de marche, il devra se trouver toujours au même rang.

Autant que possible on laisse les porteurs choisir leurs charges, ce qui est le meilleur moyen pour éviter les récriminations : mais les noirs sont de grands enfants, aussi naïfs que paresseux ; et ils convoitent tous les paquets les plus légers ou les moins encombrants, les plus commodes à porter. La charge qui se présente sous le plus petit volume est celle qui a d'abord le plus d'amateurs : parce que le paquet n'est pas gros, le noir se figure qu'il n'est pas lourd ; et tous les porteurs voudraient se placer devant celui-là, tandis que personne n'accourt auprès des charges plus volumineuses. Mais il arrive souvent que les paresseux sont déçus dans leur espoir et que la charge la moins grosse est la plus lourde. Alors ce sont des gémissements, tandis que les noirs qui ont des charges plus légères se moquent de leur camarade trompé.

Peu à peu cependant tout cela s'arrange : Sewa va de l'un à l'autre, donnant un encouragement par çi, un coup de bâton par là : chacun finit par adopter une charge. On dresse la liste des hommes et des marchandises ; il y a bien encore quelques paquetages à faire, quelques petites mesures à prendre, mais on fera cela à la première étape, à Chamba-Gonera, tout près de Bagamoyo, où nous irons camper en attendant que les pluies cessent, et que les marais du Kingani redeviennent praticables, afin de soustraire notre troupe aux séductions du séjour de Bagamoyo. Si nous restions ici, dans huit jours, tous nos porteurs auraient filé dans la brousse, pour revenir faire la fête en ville après que nous-mêmes serions partis.

Faire la fête pour ces braves garçons consiste naturellement à se gorger de plaisirs nègres ; et les plaisirs nègres sont aussi peu variés à Bagamoyo qu'ailleurs : la danse effrénée au son du tam-tam ou d'autres instruments de musique aussi mélodieux, boire de l'eau-de-vie allemande, se bourrer de mangeaille et ensuite dormir à l'ombre, tel est l'idéal des réjouissances pour lesquelles nos porteurs déserteraient notre drapeau.

Les charges réparties, il fallut armer et équiper les Askaris : cela offrit moins de difficultés : notre escorte était habituée à une certaine discipline et tout se passa fort bien.

Ces affaires réglées, nous allâmes faire une visite aux R.-R. Pères du Saint-Esprit, qui ont une importante mission établie à l'extrémité ouest de Bagamoyo. La mission de ces pères est même la plus importante de la côte orientale ; ils ont plusieurs établissements dans la région, où ils rendent des services considérables à la civilisation, en arrachant les noirs à la barbarie, à l'ignorance et à la paresse. Ces religieux dont la maison mère est à Paris possèdent des missions dans toute l'Afrique équatoriale ; on les trouve établis dans la région du Niger inférieur, au Gabon et au Congo, aussi zélés, aussi désintéressés, aussi influents qu'au Zanguebar. Leurs établissements sont partout florissants, et leurs personnes partout respectées, on pourrait dire vénérées, car les noirs trouvent en eux des éducateurs d'une bienveillance et d'un dévouement sans bornes.

Les pères du Saint-Esprit de Bagamoyo possèdent dans l'Ounagara deux missions situées précisément sur l'itinéraire que

Rue du village chrétien à Bagamoyo.

nous devions suivre, à M'rogoro et à Kondoa. Leur supérieur, Mgr. de Courmont remit à Georges Révoil des lettres d'introduction pour les supérieurs de ces stations. Les pères et lui nous avaient fait l'accueil le plus hospitalier, et pendant notre séjour forcé à la côte, nous leur fîmes souvent visite.

Rien ne nous retenant à Bagamoyo même, Georges Révoil fixa notre départ pour Chamba-Gonera au 14 décembre, qui tombait un lundi.

Le dimanche, il acheta un bœuf, que l'on décapita le jour même dans la cour de la maison de Sewa : l'animal dépouillé, on le partagea entre tous nos hommes, présents à l'opération, et dont les cris de joie montraient combien ils étaient sensibles à cette attention du chef. C'est que la viande pour les noirs, pauvres comme nos porteurs, ne constitue pas un mets banal : leur ordinaire se compose de légumes, de poisson ou de riz, et un morceau de viande — surtout quand il ne coûte rien, — est ce qu'ils peuvent rêver de plus succulent.

Ce jour même, deux pères de la mission étaient venus nous voir, et nous les reconduisîmes jusqu'à leur établissement afin de prendre congé de leurs collègues et du supérieur.

Au retour, nous trouvâmes une lettre de Zanzibar arrivée en notre absence : une bourrasque effroyable s'était abattue sur l'île peu après notre départ : quinze boutres avaient été jetés à la côte, la toiture du harem avait été enlevée et un paquebot était entré au port avec sa cheminée démolie; nous l'avions échappé belle!...

CHAPITRE II

Départ de Bagamoyo pour la Chamba-Gonera. — Première étape ; le campement. — Chasse à 'hippopotame dans le Kingani. — Rencontre du voyageur allemand baron Albert de Bulow. — Toujours la pluie. — Arrivée de Sewa. — La vallée du Kingani. — Bighiro. — Construction d'un pont. — M' Bouyoumi. — Révolte des Ounyamouèsis. — Le M' Bighi.

Voici le jour du départ arrivé.

De très bon matin, quelques Askaris se répandent dans la ville en sonnant de la trompe, pour appeler au quartier général tous les hommes de l'expédition. Vers six heures, on fait l'appel : tout notre monde était là, y compris les femmes et les enfants. Beaucoup de nos porteurs, en effet, sont mariés ; et soit par économie, soit parce que leurs femmes ont l'humeur voyageuse, ils emmènent toute leur famille, à leur frais, risques et périls, bien entendu. C'est une coutume contre laquelle les chefs de missions ne cherchent pas à réagir. Ce surcroît de personnel cause à vrai dire quelque embarras dans les passages difficiles, et augmente les difficultés de ravitaillement dans les pays pauvres. Mais, en général, la présence des femmes et des enfants dans la caravane offre à l'explorateur des avantages certains. Le noir accompagné de sa famille est, d'abord, moins tenté de déserter au cours du voyage. Il est moins dépensier et ne gaspille pas sa part de pocho en festin dès qu'il l'a reçue, au risque de vivre misérablement jusqu'à la distribution suivante. Si l'homme tombe malade, sa femme le soigne : dans les travaux de campement, elle donne un coup de main ; elle aide à porter les ustensiles, à préparer les aliments, etc., etc.

Notre caravane est largement pourvue de femmes et d'enfants ; mais suivant l'usage, ce personnel supplémentaire ne « compte pas à l'effectif » comme disent les fourriers : il est à la charge et sous la responsabilité des maris et pères. L'effectif officiel comprend, en plus de nous, bien entendu, 140 porteurs et 82 Askaris, soldats du sultan de Zanzibar qui forment l'escorte. Il y a encore le cuisinier et les deux *boys*, ou domestiques à tout faire. Enfin, il ne faut pas oublier Coco, chien qui a la vocation des voyages et qui a déjà exploré sur les talons de Révoil le pays des Somalis.

On s'équipe, les porteurs s'emparent de leurs charges et le chef de la mission commande le départ.

Le ciel est gris et maussade : le temps est à la pluie et il est facile de voir qu'une vilaine journée se prépare.

C'est néanmoins le cœur léger et plein d'espérance que nous partons vers l'inconnu : nous allons faire œuvre utile, et nous sommes fiers à cette pensée.

Révoil reste à Bagamoyo pour le règlement de quelques affaires avec Sewa et avec divers fournisseurs : au reste cette première étape doit être courte et notre chef nous rejoindra demain.

Le pays, au sortir de Bagamoyo, prend le nom de la Chamba-Gonéra : il est sans intérêt et n'offre rien qui puisse fixer l'attention. C'est une vaste étendue toute plate, aride et inculte et couverte de brousse. Il n'y a quelque culture qu'aux abords immédiats de la ville. Mais longtemps après être sorti de Bagamoyo nous voyons dans le lointain, à notre gauche, comme une île de verdure au milieu de ce désert : c'est l'exploitation agricole de la Mission. Les pères du Saint-Esprit ont fondé là une colonie déjà prospère, le sol de ce côté est fertile et toutes les cultures intertropicales réussissent à merveille dans les champs immenses que de jeunes noirs cultivent sous la direction des religieux. Ces jeunes gens ont été recueillis, enfants, ou rachetés de l'esclavage par les Pères, qui les catéchisent, les instruisent et leur enseignent la culture ainsi que divers travaux manuels. Ils sont là quelques centaines, logés, nourris et vêtus par la mission : ces jeunes noirs, devenus hommes, pourront retourner dans leurs tribus patriarcales et faire profiter leurs frères des connaissances qu'ils ont acquises, du bon exemple qu'ils seront en état de donner. C'est ainsi que nos vaillants missionnaires, loin de se borner en Afrique à l'apostolat religieux, travaillent patiemment, avec une ténacité et une bienveillance que rien ne rebute, à la civilisation de la race noire.

La caravane s'est formée en ordre de marche : le parcours de cette première étape est en quelque sorte un exercice : les porteurs se suivent à la file indienne, dans l'ordre indiqué par le numérotage de leurs charges, en tête, en queue et sur les flancs, des pelotons d'Askaris, le fusil en bandoulière. Les blancs se placent où ils veulent ; tantôt ici, tantôt là. Les noirs marchent en chantonnant : quelques-uns font la conversation avec ceux de leurs camarades dont ils sont le plus rapprochés : et le récent séjour à Bagamoyo, avec les plaisirs qu'on y a goûtés, sont pour eux un thème inépuisable.

Il n'y a point de route : on suit une piste tracée parmi les herbes par le passage des gens du pays et des autres caravanes : après deux heures de trajet nous arrivons dans des terrains plus friables, que les récentes pluies ont détrempés et qui sont tout boueux : la brousse est plus clairsemée, c'est le sol nu ; çà et là des flaques profondes d'eau croupie, à la surface desquelles de la poussière s'est étalée et a séché : on pose le pied sans défiance sur cette croûte et l'on s'enfonce, jusqu'à la ceinture parfois, dans ces cloaques. Heureusement qu'il n'y a pas de soleil : mais le temps, toujours couvert, est bien triste.

Nous sommes là dans la région des marais du Kingani : Les pluies de la saison ont modifié les conditions du terrain et l'on ne peut songer à traverser ces parages sans les avoir examinés d'abord avec soin : c'est que sur la vaste étendue marécageuse, recouverte d'arbres et d'herbes hautes et dures les surfaces solides sont irrégulières et souvent sans communications entre elles. Tantôt le marais est peu profond et on peut le traverser avec de l'eau seulement jusqu'à la cheville, tantôt au contraire on se trouve en face d'une étendue d'eau dont la profondeur assez considérable, les abords vaseux, vous obligent à de grands détours. Partout de la végétation, des ajoncs, des herbages de toutes sortes. On ne voit point de berges : le marécage commence partout et ne finit nulle part.

L'on n'avance que pas à pas, et en prenant les plus grandes précautions : il faut avouer que dans ces circonstances le métier de porteur n'est pas une sinécure. L'homme est obligé de reconnaître pas par pas la place où il posera le pied : et cependant il faut qu'il reste le buste très droit, et qu'il soit constamment en garde contre les surprises du sol : ici son pied s'enfonce brusquement dans une fondrière que les herbes ont cachée à ses regards : là il glisse sur la vase et manque de perdre l'équilibre : nos braves garçons, tout aux précautions de la marche ne parlent plus des plaisirs féeriques de Bagamoyo. Au reste, chacun s'applique à suivre le guide, sans lequel on ne pourrait traverser le marais.

Ces marécages sont formés par l'expansion en pays plats des eaux du fleuve Kingani, un des grands cours d'eau secondaires de l'Afrique orientale, tributaire de l'Océan Indien, dans lequel il se jette en face de Zanzibar. Les débordements du fleuve, occasionnés par les grandes pluies, emplissent d'eau les plaines basses jusqu'à une grande distance de ses rives : les pluies passées, le fleuve reprend son niveau, mais les eaux épanchées restent dans la vallée inondée.

Cette région est très malsaine et couverte d'une végétation basse qui trouve un habitat d'élection dans les eaux croupissantes.

D'où vient le Kingani ? Probablement des monts du pays de Khoutou. Sa direction générale est du N. O. au S. E. et son cours est sinueux ; en certains endroits il se présente sous l'aspect d'un immense marais couvert d'herbages, tandis qu'ailleurs il coule normalement entre des berges assez nettes quoique couvertes de végétation. Sa largeur et sa profondeur aussi sont variables : parfois il est large de 20 à 30 mètres, d'autres fois sa largeur dépasse 150 et même 200 mètres : ici il est profond de moins d'un mètre et roule sur un sol dur, là il offre une profondeur de plus de deux mètres, ailleurs, le fond apparaît sous une mince couche d'eau, mais on hésite à profiter de ce gué car le fond est fait de vase molle dans laquelle il serait imprudent de s'aventurer.

Le nom de Kingani ne lui est donné que dans la traversée du territoire de Bagamoyo : en amont, il s'appelle le Roufon ; plus haut, vers ses sources, c'est le M'bési.

Vers son embouchure, c'est-à-dire là où nous le rencontrons, c'est sur un fond de vase qu'il roule : ses rives sont particulièrement malsaines. On peut y contracter le germe de fièvres dont il est impossible de se débarrasser par la suite.

Enfin, nous sortons des marais : nous retrouvons sous nos pieds le sol résistant, et l'air, à mesure qu'on s'éloigne du canton malsain, redevient plus léger.

Nous retrouvons la piste de caravanes et les conversations entre nos porteurs recommencent. Mais cette fois il s'agit du passage qu'on vient de franchir, et les mille et une histoires qui ont cours dans le pays sur cet endroit mal famé, sont redites pour la mille et unième fois.

Nous allons camper précisément non loin des bords du Kingani ; à la limite du territoire de Bagamoyo et par conséquent à peu près à l'endroit où le fleuve change de nom. Nous arrivons après avoir marché encore pendant trois heures. L'emplacement étant choisi et désigné à l'avance par le guide de Sewa, nous n'avons aucune reconnaissance à faire pour le trouver. Nous sommes là loin de toute habitation. Le village le plus rapproché, Bighiro (épines) est au moins à deux heures de marche : c'est une agglomération de huttes misérables couvertes de chaume ; mais ce point a une certaine importance, car c'est de là que les caravanes, après avoir fait aux environs une halte pour donner le dernier coup à leurs préparatifs et reconnaître leur monde, loin des attractions de Bagamoyo, partent définitivement vers l'intérieur. Nous ferons de même.

En attendant, on établit le camp. On dresse nos tentes et l'on installe la cuisine. L'installation de la cuisine est une opération délicate et dont l'importance n'échappe à aucun de nos lecteurs. Elle est plus ou moins aisée, suivant les facilités qu'offrent la nature et les dispositions du sol. Généralement, on plante en terre trois longs pieux de fer ou de bois dur qui se rejoignent par leurs extrémités, formant un faisceau, à l'intérieur duquel est suspendue une marmite : une très grande marmite. Le feu s'allume au-dessous, à même le sol : et quand on est en pays boisé, on ne fait pas d'économie de combustible. Mais on n'est pas toujours en pays boisé et il s'agit alors de trouver de quoi alimenter le foyer, ce qui n'est pas une mince difficulté. Bien que cette installation soit rudimentaire, il est rare que l'on ne mange pas de bon appétit ce que le cuisinier extrait de la marmite : du reste les cuisiniers distingués, comme le nôtre, préparent le plus souvent des mets particuliers à l'intention du chef et l'on n'emprunte à la marmite banale que le plat de résistance.

La chasse, la pêche, bien entendu, contribuent à varier l'ordinaire.

Mais il faut se préoccuper maintenant d'assurer aux hommes un abri pour la nuit. Puis de revoir les charges, de parfaire ou de réparer les paquetages, de prendre en un mot les dernières mesures pour la route à faire, car on ne trouvera pas partout des lieux d'étapes où l'on pourra procéder à cette revision avec soin.

On remanie notamment les paquetages des ballots d'étoffes :

ce sont les charges les plus appréciées, car les porteurs savent que ce sont celles-là qui s'allègeront le plus vite. En effet, c'est avec ces étoffes que l'on paiera la nourriture de chaque jour et que l'on acquittera l'*ougo*, le tribut exigé par les chefs pour autoriser le passage ou le campement des caravanes sur leur territoire.

Le travail distribué, nous allons, M. Angelvy et moi, faire une promenade sur les bords du Roufon, que nous remontons pendant 2 à 3 kilomètres : mais cette excursion est pénible car il n'y a le long du fleuve ni piste ni sentier : il faut se frayer un passage à travers les herbes épaisses et les arbustes, sur des rives marécageuses où le terrain n'est pas sûr. Nous revenons au camp tout en tiraillant sur des hippopotames et des crocodiles.... que nous manquons.

A peine sommes-nous rentrés que nous voyons arriver de Bagamoyo un homme de Sewa ; il précède Révoil de quelques quarts d'heure seulement : ce dernier a pu régler ses affaires dans la matinée et il s'est hâté de partir sur nos traces.

Nous nous dépêchons de faire prendre les armes à nos Askaris et à quelques Ounyamouésis, et quand le chef de l'expédition paraît, marchant sous les plis d'un drapeau français qu'un noir, auprès de lui, porte à l'extrémité d'une lance, il est salué par une salve joyeuse ; les Ounyamouésis ne peuvent faire partir leurs fusils sans se livrer à des contorsions guerrières qui, dans leur pensée, figurent une scène de combat : leur grand manteau rouge, avec l'écusson tricolore sur l'épaule, achève de leur donner pendant ce simulacre un air martial : les Askaris groupés près de là, également sous les armes, les tentes dressées en ordre, les charges rassemblées sous une paillote ; à l'écart, la cuisine improvisée où Férousi remplit gravement son ministère ; ce tableau de la vie d'aventures en pleine brousse est d'un pittoresque attachant.

Le matin nous avons déjeuné sur le pouce tout en marchant : mais ce soir nous dînerons plus sérieusement. Bien que le couvert soit mis par terre sur une natte étalée, autour de laquelle il faut s'asseoir à la turque, les kilomètres que nous avons dans les jambes nous font trouver délicieux les mets apprêtés par Férousi : de la chair de cabri et une poule accommodés à une sauce bizarre, mais très bonne.

La nuit est bonne : tout le monde est harassé : les Askaris qui se relèvent de deux en deux heures veillent en armes à la sécurité du camp : du reste il n'y a point de rôdeurs à redouter par ici : mais nous sommes d'ores et déjà « en route » et le service doit être fait aussi sérieusement que dans l'intérieur.

Le lendemain, le temps est toujours couvert : nous prenons un bain dans un petit ruisseau, affluent du Roufon et nous resterions toute la matinée dans l'eau, fraîche et pure, si nous n'avions entendu dire que ce canton était très giboyeux. Nous voilà donc partis avec nos fusils ; mais hélas, après avoir battu le pays pendant toute la journée, nous ne réussissons qu'à tuer une chèvre sauvage. Il est vrai que c'est une bête superbe. Un de nos hommes la dépèce séance tenante et tandis que Férousi emporte la chair pour la marmite, la peau est transformée en outre.

Cette première journée de flânerie m'avait paru particulièrement agréable : je faisais là connaissance de plus près avec la nature africaine, si exubérante, si vivace. Nous étions pourtant en plaine et la végétation qui se déroulait autour de nous était loin d'égaler en magnificence celle des forêts vierges que nous pensions voir plus tard. Tantôt nous errions parmi des herbes plus hautes que nous : nous les écartions de la main ; après notre passage elles se redressaient, le sillon dans la verdure se refermait comme dans l'eau le sillage ouvert par le navire. Tantôt nous nous trouvions sur un sol plus dégarni, bossué, farineux, où des touffes de plantes sèches menaçaient à tout instant nos jambes de leurs épines.

La nuit devait être moins paisible que la précédente.

Vers une heure du matin un violent orage éclate. Nous sommes obligés de nous lever sous la pluie torrentielle pour faire couvrir une partie des bagages restés hors de la paillote sous laquelle le gros des charges était remisé. Les roulements du tonnerre se succèdent sans interruption et des éclairs aveuglants sillonnent les ténèbres. La besogne faite, nous revenons sous nos tentes espérant y trouver un abri ; hélas, elles ont été mal dressées, la pluie y pénètre de toutes parts et à chaque instant les rafales menacent de les emporter.

Nous achevons tristement la nuit dans la tente de Révoil, la mieux établie : une bougie brûle sans éclairer, et ne sert qu'à brûler les ailes à de grosses fourmis qui viennent par bataillons voler autour.

Au matin, la pluie cesse, mais le temps reste couvert : le vent est frais : une odeur âcre de terre mouillée, la senteur de la végétation largement arrosée; emplissent l'atmosphère.

Vers dix heures, nous allions nous mettre à déjeuner, lorsque nous voyons, non sans quelque stupeur, arriver un Européen au milieu du camp : il est crotté jusqu'au-dessus de la ceinture, ses vêtements en haillons et à peine secs, sa barbe et ses cheveux broussailleux, l'air de lassitude avec lequel il se traîne plutôt qu'il ne s'avance, attestent que ce malheureux vient de subir mille tribulations. Nous nous empressons autour de lui et l'invitons à partager notre repas : il se jette avec avidité sur ce qu'on lui sert et mange comme un homme qui jeûne depuis plusieurs jours. Son accent le fait aisément reconnaître pour un Allemand, mais nous attendons que son appétit soit calmé avant de lui demander le récit de ses aventures. Ce voyageur n'est autre que le baron de Bulow, officier de l'armée allemande : il est accompagné d'un seul porteur, que nous n'avons pas encore vu, car ce noir, talonné lui aussi par la faim, s'est dirigé dès que son maître et lui ont reconnu le camp, vers un groupe de nos porteurs, assuré de trouver là de quoi manger, tandis que M. de Bulow venait de notre côté.

Ce voyageur, qui se dirigeait vers la région des grands lacs, mais en suivant une route plus au nord que la nôtre, avait été abandonné à l'Oussagara par tous ses porteurs dont un seul, celui qui l'accompagnait, lui était resté fidèle.

Il avait dû retourner vers la côte, sans guide, sans bagages, sans provisions, cherchant son chemin à travers bois. Il avait passé la nuit dernière sous un arbre pour tout abri et ayant aperçu la fumée de notre camp, au matin, il avait franchi le Roufon à la nage. Il avait dû cheminer plusieurs jours de suite dans l'eau qui recouvrait les plaines voisines du fleuve, et il n'avait pris aucune nourriture depuis l'avant-veille, jour où son noir et lui s'étaient contentés de manger des fruits sauvages; et il était temps qu'ils arrivassent tous deux, car ils étaient à bout de forces.

Le baron de Bulow nous donne, sur la situation faite à ses compatriotes dans l'Oussagara, des détails qui dénotent chez les indigènes un parti-pris d'hostilité contre les Allemands venus dans le pays soit pour le reconnaître, soit pour y commercer. Nous espérons bien que notre drapeau nous préservera du mauvais vouloir qu'ils y rencontrent, et que nous trouverons partout un meilleur accueil.

Tout en causant, l'officier achève de déjeuner : ses forces lui reviennent; nous lui donnons des vêtements secs, et une bonne natte pour faire la sieste sous la plus grande de nos tentes. Un sommeil réparateur lui rend toute sa vigueur : Révoil lui donne un guide pris parmi nos Ounyamouésis et le baron, après nous avoir comblés de remerciements part avec notre noir et son porteur pour Bagamoyo. Il emporte une lettre de notre chef pour les Pères du Saint-Esprit, chez lesquels il est assuré de trouver une large et confortable hospitalité qui lui permettra de se remettre complètement de ses fatigues.

Le soir, après dîner, nous nous promenons par le camp. Il est vaste : nous avons pris toute la place qu'il nous fallait. Le terrain ici, ne se mesure pas au mètre carré. De loin en loin, devant les tentes, les porteurs ont allumé des feux, les soirées sont fraîches, et il n'est pas désagréable de se chauffer un peu avant d'aller dormir; les feux ont une autre raison d'être : ils assainissent l'atmosphère et éloignent les animaux dangereux : enfin, ils servent à chaque escouade à faire cuire ses aliments. On brûle des herbes, des branches d'arbre tombées, ce que l'on trouve. Nos hommes se tiennent par petits groupes autour des feux, assis sur leurs talons, leurs bras autour des genoux : ici, l'un d'eux raconte quelqu'une de ces histoires abracadabrantes comme il n'en peut éclore que dans le cerveau d'un nègre; là, on fume le chanvre dans une pipe qui se compose d'un fourneau de terre avec un long tuyau de bois ou de bambou.

Dans cette partie de l'Afrique, on use du chanvre en nature : on ne se sert pas de la plante pour composer ces préparations dont le haschich est la plus connue par ses effets bizarres ou terribles sur l'état mental de ceux qui en font usage. Ici, on se borne à fumer ou à mâcher la tige du chanvre simplement hachée et séchée; on en bourre le fourneau de la pipe et comme cela brûle mal, il faut laisser par-dessus un charbon ardent. Il n'y a qu'une pipe par groupe : chacun aspire béatement deux ou trois bouffées, et la passe à son voisin. Bientôt, des éternuements formidables se font entendre : c'est la fumée âcre qui les provoque : et comme le fumeur, pour ne pas perdre un atome de plaisir, attire la fumée jusqu'au fond de sa gorge, il ne peut s'empêcher de tousser fortement. En même temps, il a des nausées violentes et les yeux pleins de larmes, et chaque éternuement lui arrache un cri aigu. Cependant, nos porteurs savourent ces délices avec une béatitude indicible : le chanvre les endort, leur procure l'ivresse et l'oubli : c'est pour eux une distraction et un besoin; et chaque soir à la halte, oubliant les fatigues de la journée, ils fumeront ainsi avant de s'abandonner au sommeil.

Nous ne sommes guère favorisés par le temps depuis notre

départ de Bagamoyo : les orages se sont succédé presque sans interruption sous un ciel couvert particulièrement triste, et les ondées incessantes qui nous ont forcés de rester au camp ont rendu le pays impraticable en faisant déborder le Kingani, dont les eaux recouvrent au loin les prairies ; enfin le fleuve lui-même sera bien difficile à passer tant que son niveau n'aura pas baissé. Nos hommes profitent de cette halte forcément prolongée pour faire de fréquentes excursions à Bagamoyo. On leur permet de s'y rendre ; isolément ou par petits groupes : ils complètent leurs provisions et à chaque voyage ils rapportent quelque paquet de vivres ; d'aucuns auront à porter pour leur compte personnel, le double de la charge qui leur est imposée. Pour la marche et le campement, ils sont groupés par escouades ou par « marmites » ; le plus âgé du groupe est censé le plus raisonnable, c'est lui qui est « chef de marmite », c'est à lui que l'on remettra les vivres en nature, tant qu'on en aura, et il les répartira entre ses camarades, ou bien veillera à ce qu'ils pénètrent sans soustraction préalable dans la marmite de l'escouade, car chaque escouade a sa marmite et ses pieux de fer pour la suspendre au-dessus du feu.

Le 17 décembre, Sewa vient au camp. Il nous apporte de Bagamoyo des provisions de toute sorte, et notamment des fruits délicieux. Il compatit à l'ennui que nous ressentons d'être arrêtés dès les premières marches par l'inclémence du temps : afin de nous faire prendre ce retard en patience, il nous promet de donner en pur don à la mission cinq charges de vivres frais, qui nous seront d'un grand secours pendant les premières étapes, car pendant la station forcée que nous faisons là, nos provisions diminuent en pure perte.

Quelques instants après le brave entrepreneur hindou, nous voyons arriver deux Pères de Bagamoyo. Révoil les a invités à déjeuner, sans nous en prévenir et nous sommes enchantés de cette surprise que le chef de l'expédition a voulu nous ménager. Pendant le déjeuner, fort plantureux grâce aux provisions de Sewa, l'entrain et la gaieté communicative de nos hôtes nous font oublier le désagrément de la saison, et nous remettent en belle humeur.

Au dessert, le R. P. Étienne installe l'appareil photographique de Révoil et prend diverses vues du camp et des alentours, pendant que quelques Ounyamouésis qui avaient négligé de se dresser des tentes, préférant par paresse dormir à la belle étoile, s'occupent maintenant à se construire des abris sous lesquels ils pourront dormir la nuit prochaine sans être trempés comme ils l'ont été la nuit précédente. Leur tente est aussi simple que possible : deux pieux fourchus plantés en terre supportent une longue perche sur laquelle on jette une pièce de cotonnade, dont on fixe les bords comme on peut, tantôt à l'aide de petits piquets, tantôt en posant de grosses pierres dessus. Naturellement, la première rafale un peu forte emportera ce léger abri. Ce doit être ce que se disent les Zanzibarites : aussi ne se donnent-ils point tant de peine et ils regardent avec une parfaite indifférence les Ounyamouésis dresser leurs tentes : quant à eux, s'il pleut, ils seront mouillés, voilà tout. Cela leur arrive en effet, car il pleut pendant toute la nuit suivante.

Nous profitons de notre halte forcée, le lendemain, pour procéder au nettoyage général des armes, tant des nôtres que de celles de l'escorte : les Askaris se tirent assez bien de cette opération délicate, qui du reste se fait sous notre surveillance. La matinée y est consacrée. L'après-midi, nous décidons que nous allons nous exercer au tir. On apporte un baril vide, que nous faisons disposer à cent mètres environ du camp, et nous tirons sur cette cible improvisée.

Les Askaris et les Ounyamouésis se tiennent, en arrière de nous, attentifs à nos coups; et chaque fois que le but est touché, ils témoignent par de longues acclamations leur admiration pour notre adresse.

Mais il nous suffit de nous être un peu fait la main : il faut être ménager de ses munitions, car pendant notre voyage nous n'aurons pas souvent l'occasion de les remplacer.

Nous laissons donc là l'exercice et nous allons nous promener avec Sewa, afin de juger par nous-mêmes de l'état du pays aux environs. Nous constatons malheureusement que les marais du Kingani sont impraticables. A quelques milles du camp nous découvrons sur une éminence un autre campement : c'est une petite troupe d'Arabes, des marchands probablement, qui est bloquée là par l'inondation et qui attend comme nous la baisse des eaux.

A notre retour, nous apprenons qu'un noir envoyé par le supérieur des Pères du Saint-Esprit est venu prier nos hôtes les RR. PP. de rentrer le jour même à Bagamoyo, où un de leurs camarades vient de mourir, emporté en quelques heures par un accès de fièvre pernicieuse. Cette nouvelle nous cause un vif chagrin : le malheureux missionnaire était en pleine santé l'avant-veille et nous nous entretenons longtemps de cet événement.

Sewa vient passer la soirée avec nous ; sa conversation fait diversion à notre tristesse. Il connaît admirablement la contrée, sur laquelle il nous donne une foule de détails fort intéressants ; il nous parle aussi de son négoce. Depuis dix-huit ans, qu'il est établi à la côte, il a été le convoyeur de presque toutes les caravanes européennes qui sont parties de Bagamoyo : aucune n'a eu à se plaindre de lui ; il a connu tous les explorateurs qui ont cherché de son temps à pénétrer dans la mystérieuse Afrique par la porte du Zanguebar, depuis les plus illustres jusqu'aux plus obscurs. Personne n'est ferré comme lui sur les produits, les ressources, la politique des pays que nous allons traverser jusqu'à Taborah. Les choses d'Europe ne lui sont ni indifférentes ni étrangères : il est au courant de ce qui se passe dans le monde entier ; c'est un homme fort intelligent, instruit à sa façon, serviable comme nous avons pu en juger, et honnête. De plus, c'est, par sa richesse et ses relations commerciales, un véritable personnage. Il se livre principalement au trafic de l'ivoire, et, en ce moment, il en attend de l'intérieur pour quinze cent mille francs.

Cette nuit-là, vers deux heures du matin, au moment où nous dormions le plus profondément, le camp fut brusquement réveillé par les rugissements d'un lion. C'était la première fois que nous entendions le fauve depuis que nous avions posé le pied sur le continent africain; pour Révoil et pour beaucoup de nos porteurs ce n'était pas une surprise : ils en avaient entendu bien d'autres. En

Lion.

un clin d'œil tout le monde fut sur pied; chacun sauta sur ses armes; et tandis que le gros du personnel restait au camp, nous nous élancions avec quelques Askaris à la suite de Révoil qui nous entraînait à la poursuite — ou à la rencontre du roi du désert. Tout en nous avançant vite mais prudemment du côté où l'on a entendu les rugissements, un Askari nous explique que la présence du lion dans la contrée est très surprenante; il y a des années que l'on n'en a vu de ce côté, et il faut croire que celui-ci a été chassé de son repaire, dans le haut pays, par la famine ou par les inondations dues aux pluies diluviennes récentes. Quoi qu'il en soit, comme l'obscurité est très épaisse, nous ne voyons absolument rien; et si le lion, plus accoutumé que nous aux expéditions nocturnes, nous aperçoit, il se garde bien de signaler sa présence.

De sorte qu'après avoir pataugé pendant deux heures, nous rentrons au camp bredouilles, mais mouillés jusqu'aux os, transis et fourbus.

Au lever du jour, nous nous remettons à la recherche de l'importun qui nous a fait passer une nuit blanche : il peut être sûr que si nous le retrouvons, nous lui ferons payer notre insomnie. Précisément voici ses traces.

Nous avons encore avec nous l'Askari qui nous a renseignés la nuit précédente. C'est un nègre arabisé du nom de Saïd-el-Emin. C'est lui qui vient de relever les traces du fauve dont les pattes ont laissé dans le sol détrempé de grosses empreintes bien visibles. Elles sont dirigées du côté opposé au camp. Nous les suivons longtemps silencieusement, sur les pas du noir. Il est probable que le lion rôdant autour du camp aura entendu le remue-ménage du réveil inopiné de tout notre monde, et il aura jugé prudent de s'éloigner d'une troupe nombreuse.

Tout à coup, Saïd s'arrête indécis : nous faisons de même ; et notre Askari, après avoir exploré avec étonnement le sol autour de lui, pousse une sourde exclamation de désappointement : la trace de l'animal est perdue! Nous nous rapprochons alors de lui : à cet endroit la nature du terrain change, le sol est dur et rocailleux, lavé par les averses : aucune empreinte ne pourrait s'y marquer. Nous battons encore quelque temps les alentours par acquit de conscience, mais, ne trouvant rien, nous prenons le parti de rentrer au camp, dont nous sommes très éloignés et où nous rappelle d'ailleurs un appétit... léonin.

Le ciel s'est éclairci : il fait un beau soleil et des odeurs balsamiques embaument l'air autour de nous. Nous sommes enchantés de ce retour du beau temps qui nous permettra de nous remettre en route le lendemain.

Saïd marche auprès de nous, son fusil sur l'épaule : c'est un solide gaillard d'une quarantaine d'années, discipliné et énergique ; il a eu une vie aventureuse et parle assez couramment le français, ayant vécu longtemps à Tamatave et à Obock. Il nous raconte des anecdotes sur les lions. Quelques années auparavant, il a passé plusieurs mois dans une contrée au sud du Nyassa, sous les ordres d'un Anglais qui se livrait d'un bout de l'année à l'autre, à la chasse des gros animaux pour le compte d'une grosse factorerie de la côte. Cette maison faisait entr'autres commerces celui des peaux, des cornes, de l'ivoire. Elle ne se contentait pas d'acheter aux gens du pays les dépouilles des animaux qu'ils avaient tués ; elle entretenait en permanence plusieurs troupes de chasses parfaitement équipées et organisées, qui poussaient leurs expéditions fort loin dans l'intérieur. Saïd-el-Emin avait fait partie d'une de ces troupes ; il connaissait les mœurs de presque tous les grands animaux de cette partie de l'Afrique.

— Il est peut-être heureux, nous disait-il, que nous n'ayons pas rencontré le lion.

— Bah ! Pourquoi donc ?

— Parce que nos fusils sont de bonnes armes de guerre, mais ils sont insuffisants pour la chasse des gros animaux.

— Hum ! Une balle de fusil Gras, pourtant...

— Si ta balle ne touche pas l'animal au bon endroit, elle lui fait une blessure insignifiante... insignifiante pour un lion. Alors il se jette sur la fumée...

— Comment sur la fumée ?

— Oui, lorsque tu tires, il sort de la fumée du canon de ton fusil... le lion est aussi malin qu'un homme : il sait bien que la balle qu'il a dans le corps est partie de là... Alors il se jette sur la fumée, et si tu es resté en place, il te fait passer pour toujours le goût de la chasse.

— Mais cela doit arriver souvent aux chasseurs ?

— Non pas ! Dès que ton coup de fusil est parti, il faut te jeter vivement de côté ; le lion furieux bondit sur la fumée, mais il bondit dans le vide ; et pour peu qu'il ait été atteint sérieusement, comme ce bond l'a fatigué, il te laisse le temps ou de grimper à un arbre, ou de l'ajuster de nouveau. En tout cas, il vaut mieux le tuer du premier coup, c'est plus sûr.

— Y a-t-il beaucoup de lions dans le pays où tu étais, Saïd ?

— Il y en a quelquefois autant que de noirs dans les rues de Bagamoyo.

— Diable ! Mais on ne doit pas y être aussi en sûreté que dans les rues de Bagamoyo ?

— Pourquoi donc ?

— Eh bien, et les lions ?

— Les lions ne disent rien aux honnêtes gens qui ne leur veulent pas de mal !

— ?...

— Parfaitement ! Le lion ordinairement n'en veut qu'aux moutons et aux chèvres ou aux bœufs ; il se nourrit de moutons et de chèvres comme le noir se nourrit de manioc. Il faut bien qu'il vive, lui aussi.

Le brave Saïd parlait des fauves aussi simplement que s'il nous eût entretenus de quelque animal de basse-cour. Il reprit :

— La preuve, c'est que si le lion était acharné après l'homme, comme les blancs sont acharnés après lui, il n'y aurait plus depuis longtemps un seul noir en Afrique.

— On dirait que tu as un faible pour les lions, Saïd ?

— Pas du tout. Le lion n'attaque pas l'homme, à moins qu'il ne soit pressé par une faim terrible. Au pays où j'ai été, les lions trouvent de quoi manger à leur faim ; les gens vont et viennent comme ici... D'ailleurs ils n'ont pas de bonnes armes comme nous pour se défendre à l'occasion...

— Et les lions laissent les gens circuler à leur guise ?

— Oui ! Quand une troupe de noirs rencontre sur son chemin

une troupe de lions en marche, les lions ne se dérangent pas. Si les lions sont couchés dans le sentier, et qu'ils barrent le passage, les noirs s'arrêtent à quelque distance; un d'eux crie : « Chef, nous voulons passer ! » Les lions ne disent rien; le chef fait lever sa troupe; ils s'en vont, et les noirs continuent leur chemin !

— Comment, les lions s'en vont comme cela !

— Ils s'en vont comme cela. Je te le répète, le lion n'attaque pas l'homme, si ce n'est lorsqu'il est pressé par une faim extraordinaire, ou bien quand il a reçu autrefois une blessure dont il n'a pu se venger, ou encore quand il est trop vieux pour chasser les animaux forts et agiles; alors il s'embusque près des villages et s'empare des hommes et des enfants.

— Eh bien, que font les gens du village, dans ce cas?

— Ils lui donnent la chasse et ils le tuent, parce qu'ils sont dans le cas de légitime défense, comme vous dites, vous autres blancs. Mais c'est à celui-là, au mangeur d'hommes, qu'ils donnent la chasse. Ce n'est pas à un autre.

— Et quand on tué le mangeur d'hommes, les hommes le mangent-ils?

— La chair du lion n'est pas bonne à manger; on se dépêche de l'enterrer et de gratter la terre où son sang a coulé, afin qu'il n'en reste pas trace.

— Pourquoi cela?

— Parce que les autres lions sauraient que les noirs ont tué un des leurs et ils chercheraient à venger leur camarade.

— Tout cela est bien extraordinaire.

— Le lion a un esprit comme l'homme; il vaut mieux laisser le lion tranquille. La terre est grande, il y a place au soleil pour tout le monde.

— Cependant, c'est un animal dangereux.

— L'homme aussi est un animal dangereux... quand la faim ou l'ambition le poussent !

Révoil, qui avait écouté en silence cette conversation et les naïves réflexions du noir; nous confirma alors très sérieusement que ces détails sur les mœurs du lion étaient vrais, au moins d'une manière générale. Le lion, en effet, attaque rarement l'homme; il faut, comme le disait l'Askari, ou qu'il ait bien faim ou qu'il se croie menacé, ou que — si c'est une femelle — il croie avoir à défendre ses petits. Il n'y a qu'un animal qui fonde sur l'homme sans provocation et sans nécessité : c'est le rhinocéros.

— Voilà une curieuse exception!

— Oui, le fauve et le félin, comme les grands herbivores, ont instinctivement le respect et la crainte de l'homme, surtout quand ils n'ont pas été chassés; lors donc qu'ils voient un homme, la première suggestion de leur instinct les porte si non à s'enfuir, du moins à céder le pas au roi de la création. Ils ne se retournent contre lui et ne l'attaquent, comme on vous l'a dit, que dans des circonstances exceptionnelles.

— Vous avez dû en voir beaucoup dans vos voyages, dans les déserts?...

— Il n'y a pas de lions dans les déserts... du moins dans ce que vous entendez par « déserts ».

— Ah?...

— Non! le lion ne peut vivre que dans les régions relativement ou tout à fait fertiles, où il trouve de l'eau à boire et où habitent d'autres animaux de la chair desquels il se nourrit.

— Alors il n'y a pas de lions dans le Sahara, par exemple!

— Pas un. A moins qu'il n'y en ait d'empaillés, ce dont je doute.

Tout en causant de la sorte, nous sommes arrivés au camp où nous attend un excellent déjeuner.

Malheureusement le ciel ne tient pas ses belles promesses de la matinée; la pluie recommence à tomber et elle tombe toute la nuit suivante. Le départ projeté est impossible. Que faire? Nous commençons à avoir par-dessus la tête des abords du Kingani et de ses marécages.

— C'est demain que part de Zanzibar le courrier pour la France; si nous allions porter nous-mêmes nos lettres à Bagamoyo?

— C'est cela! Allons à Bagamoyo!

Cependant, notre camarade Angelvy a eu dans la nuit quelques mouvements de fièvre; il préfère rester au camp avec Sewa pour qui, évidemment, une promenade à Bagamoyo ne constitue pas une distraction.

Nous voilà partis avec Révoil et quelques hommes à Bagamoyo; nous affrétons un bateau qui emporte notre courrier à Zanzibar au consulat de France; nous regardons sa voile s'éloigner et disparaître peu à peu dans l'éloignement; nous regrettons presque de n'être pas allés, tandis que nous y étions, jusqu'à la grande île où nous avons laissé de si bons amis et où nous aurions vu le paquebot qui va en France.

Mais il est trop tard; le bateau est à perte de vue... et puis nous avons une mission à remplir; nous n'avons pas le droit de nous éloigner de notre troupe.

Du port, nous allons à la Mission où nous sommes reçus une fois de plus avec la plus franche amabilité. Nous racontons nos aventures, sans oublier la déconvenue à propos du lion. Et nous apprenons alors qu'on a signalé quatre fauves dans la contrée ces jours derniers. Le nôtre devait faire partie de cette bande. Malgré les beaux récits de Saïd, le Zanzibarite, je ne puis me défendre d'un petit frisson en songeant qu'il va falloir nous en retourner à travers brousse et marais et que nous n'avons pour toutes armes que nos bâtons. Heureusement, un des Pères ajoute :

— Les lions ont certainement quitté le pays, car on ne les a plus entendus hier ni cette nuit. Ils se seront dirigés vers le sud où la population est moins dense et c'est fort heureux pour les basses-cours du pays.

Après nous être bien reposés, nous prenons définitivement congé des excellents Pères qui nous comblent de souhaits et de paroles d'encouragement. Nous leur promettons de leur écrire aussi régulièrement que possible et nous reprenons le chemin du camp où nous arrivons à la nuit après mille tribulations; la pluie n'a pas cessé depuis notre départ de Bagamoyo et nous nous sommes trompés de gué pour passer un ruisseau où nous avions cru ne trouver de l'eau que jusqu'au genou et nous en avons eu jusqu'au menton.

Le 21 décembre, lendemain de notre promenade à Bagamoyo, le ciel commence à se rasséréner; la série des mauvais jours serait-elle close? On prépare tout pour partir le 22 à la première heure et chacun s'occupe aux préparatifs de ce départ dont tout le monde est enchanté, les noirs autant que nous.

A la fin de la journée, les Ounyamouésis, pour fêter l'ordre de départ, se mettent sur quatre rangs et exécutent quelques-unes de ces danses guerrières de leur pays dont nous avons déjà vu un échantillon. Après quoi tous nos hommes se réunissent autour de leurs feux et ils passent la plus grande partie de la nuit à chanter, à boire du pombé et à fumer le chanvre; les éternuements et les toussements dominent parfois le bruit des chants, tant ils fument avec ardeur.

Décidément tout le monde est ravi de quitter cet affreux campement où nous avons passé sept jours sous la pluie, dans l'atmosphère des marais.

. . . .

C'était écrit... Nous ne sortirons pas des marais, de la boue, des mauvais terrains. Nous sommes là dedans depuis notre départ de la Chamba-Gonera; il y a cinq heures que nous remontons la vallée du Roufon (Kingani) pataugeant sur un sol qui ressemble à une sauce épaisse; en certains endroits nous avons de la boue jusqu'à mi-corps. Ce n'est pas un pays, c'est un cloaque. A chaque instant, quelque porteur glisse et tombe avec son ballot. L'homme sèche vite, mais le ballot reste mouillé et fangeux. Nous allons avoir de l'agrément pour faire sécher tout cela !

Nous finissons cependant par arriver à un poste arabe établi au bord du fleuve ; il est proposé à la garde du pavillon du sultan de Zanzibar et placé là pour percevoir le droit de passage des caravanes.

Nous sommes exempts de ce droit.

. . . .

Hippopotame.

Maintenant, il s'agit de franchir le Kingani.

Les eaux de ce fleuve sont peuplées d'énormes hippopotames, infestées de crocodiles. La présence de ces animaux en rend la traversée dangereuse, mais pour des raisons différentes ; l'hippopotame est un gros pataud qui passe en partie sa vie dans l'eau ; il plonge fréquemment, reste quelques minutes sous l'eau, et peut très bien, lorsqu'il remonte à la surface, faire chavirer la pirogue sous laquelle il se trouve par hasard. Les crocodiles sont tout prêts à cueillir les naufragés, mais ce n'est pas pour les rapporter à terre.

Il y a en cette saison plus d'hippopotames que d'habitude dans le fleuve; c'est là un signe que les eaux resteront longtemps hautes. Les gros pachydermes doivent venir pour la plupart de cantons éloignés où il a plu moins que dans la vallée du Kingani et où les eaux des rivières commençaient à baisser. Un instinct particulier les guide ainsi à travers des étendues considérables de pays où ils sont assurés de trouver de l'eau en quantité suffisante. Ils voyagent de nuit, faisant de longues traites; le jour, ils se reposent dans les endroits humides. Et, tout en cheminant, la nuit, ils mangent de l'herbe ou, s'ils passent en pays cultivé, ils saccagent les plantations de patates, de légumes, dont ils sont très friands.

Dans les fleuves, ils prennent leurs ébats comme de gros naïfs; l'hippopotame est un animal très bête mais il n'est pas méchant. Quand il nage d'un air béat, on ne voit saillir de l'eau que la partie supérieure de sa tête où sont ses narines et le sommet de son dos. Le reste du temps, il se vautre dans la vase ou parmi les grandes herbes molles qui bordent les rivières.

— Tirons-nous dessus?

— Nos balles ricocheraient sur leur peau; il faut un très gros calibre. Pensez donc, une peau de six à sept centimètres d'épaisseur. Il faudrait pouvoir les viser à l'œil, mais ils ne tiennent pas en place.

— C'est juste! Et puis, qu'en ferions-nous?

— Ce que nous en ferions? Mais si nous pouvions en tuer un ce serait une excellente aubaine! Seulement, quand on tue un de ces amphibies dans le fleuve, on ne peut pas toujours recueillir son énorme corps qui commence par disparaître sous l'eau et que le courant a bientôt entraîné très loin de là...

— Alors?

— Alors il est perdu... si on ne le retrouve pas. Mais si on le retrouve, on n'a pas perdu sa poudre. D'abord, on conserve les dents qui sont d'un ivoire extrêmement beau. Tenez, regardez celui qui baille là, dans le fleuve... Voyez-vous ces deux énormes incisives qui font saillie hors de la gueule? Elles sont assez puissantes pour permettre à l'animal de couper de grosses branches, de broyer une pelle d'aviron ou le bordage d'une embarcation. Mais l'hippopotame est une bête pacifique, quand il aperçoit une embarcation ou une pirogue, il prend le large.

On garde aussi la peau de l'hippopotame, mais il faut être outillé et organisé spécialement pour dépouiller un animal de ce tonnage. C'est un cuir épais et dur sur lequel s'émoussent les

Crocodile.

meilleurs couteaux; il est blanchâtre, et quand il est desséché, d'une résistance que rien n'égale. On taille dedans des lanières, des courroies et surtout des cannes. A Zanzibar, dans le bazar, on vend beaucoup de ces cannes qui sont souples, solides, incassables. Les riches Arabes les préfèrent aux cannes de rotin.

— A cause de ces qualités?...

— Qui leur permettent de rosser leurs esclaves sans les endommager... La dépouille d'un hippopotame adulte représente une valeur de six à sept cents francs.

— Diable! Et la viande?

— Délicieuse, malgré une certaine odeur à laquelle on s'habitue vite. On la mange fraîche, car elle se conserve longtemps ou en *beltong*.

— ?

— En *beltong*, c'est-à-dire séchée au soleil, après avoir été découpée en lanières. Et la graisse, très abondante, remplace avantageusement celle du porc... surtout quand on n'en a pas d'autre à sa disposition.

Les hippopotames, que cette conversation laissaient visiblement indifférents, s'ébattaient dans le fleuve; il y en avait bien une quarantaine dans la partie de son cours que nos regards pouvaient embrasser; à la distance où nous étions d'eux, ils ne nous voyaient pas et ils ne pouvaient sentir l'odeur de notre troupe, car ils se trouvaient au vent par rapport à nous, sans quoi ils se fussent certainement sauvés plus loin. On entendait le bruit de leur respiration à fleur d'eau; mais quand ils hennissent, le soir, on croirait entendre les rugissements des lions.

Le poste arabe défend un des passages les plus fréquentés du Kingani; un village nègre est construit près de là et de nombreuses pirogues sont attachées à la rive de chaque côté; c'est pourquoi nous sommes venus passer le fleuve ici. Les gens du pays sont accourus pour nous louer leurs pirogues... et leurs services. Mais nous n'avons besoin que de leurs grossières embarcations, creusées dans des troncs d'arbres, amincis à chaque extrémité. Ces bateaux sont d'une stabilité douteuse, et ce n'est pas sans une secrète appréhension qu'on en fait usage les premières fois. Les hippopotames, heureusement, se sont éloignés dès que les pagaies ont commencé à battre l'eau, de sorte qu'il n'y a rien à craindre de leur côté. Mais les crocodiles sont restés; on en voit de longs comme des hommes qui nagent entre deux eaux; d'autres sont vautrés au bord du fleuve, dans la vase, où ils ressemblent à des troncs d'arbres abattus. Moins farouches que les pachydermes, la présence de tout ce monde ne les effraye pas; ils semblent au contraire ne pas ignorer le manque de stabilité des pirogues, grâce auquel ils espèrent sans doute faire un bon déjeûner.

Le coup d'œil de la rivière, avec toutes ces embarcations qui

Les nègres sont friands de la chair de l'hippopotame.

vont et viennent, est en ce moment très pittoresque. Chaque pirogue prend, en plus de ses pagayeurs, de cinq à dix hommes avec leurs charges ; les hommes s'empilent comme ils peuvent avec les ballots, mais ils disposent les charges sans tenir compte du centre de gravité ; de plus, ils sont imprudents et au lieu de se tenir accroupis sans bouger, ils cherchent continuellement à changer de place. Nous voyons parfois de la rive les embarcations osciller d'une manière menaçante en plein courant. Heureusement que nos transes sont vaines et que tout le monde, toutes les charges, passent le fleuve sans encombre.

M. Angelvy a traversé avec la première pirogue ; Révoil est parti quand la moitié de la troupe a eu passé l'eau ; je suis resté en arrière pour ramasser les traînards et je dois passer avec le dernier bateau. Coco est resté avec moi.

Coco est le chien de Révoil, un grand chien à poil ras, très attaché à son maître, avec qui il a exploré le pays des Somalis. C'est une bête intelligente et qui a toutes les qualités d'un chien d'explorateur ; pour nous, c'est moins un chien qu'un compagnon.

A la halte, il fait la police du camp ; il rôde autour des tentes, prêt à aboyer au premier indice suspect. En marche, il va de l'un à l'autre, trottinant tantôt auprès d'un porteur, tantôt auprès de l'un de nous. On dirait qu'il cherche, par son exemple, à stimuler les paresseux, à encourager ceux dont la fatigue engourdit les jambes.

Les noirs ont un vague respect pour lui.

Cependant, depuis que le passage dure, Coco donne des signes manifestes de mécontentement. Il va et vient sur la rive d'un air préoccupé ; il examine les pirogues, va faire un tour dans la brousse, revient au bord de l'eau, flaire la vase, grogne sourdement et repart dans les herbes, la queue entre les jambes. Que diable signifie ce manège ? Chargé de surveiller l'embarquement des porteurs, et surtout des charges, je n'ai guère le temps de m'occuper de lui

Cependant, ces allées et venues finissent à la longue par m'impatienter. Je l'interpelle :

— Eh, Coco, qu'y a-t-il donc ? Es-tu malade ?

Coco, au lieu de répondre à mes questions, me regarde d'un air entendu ; et tout-à-coup, il part comme une flèche dans la direction d'amont.

Me voilà fort mécontent : va-t-il falloir aller chercher ce satané chien parmi les herbes, dans le marais ?

Précisément notre tour va arriver de franchir le fleuve, car il ne reste plus que quelques hommes et quelques charges à passer.

J'appelle, je crie, je siffle : pas de réponse.

Au bout d'un grand moment, j'entends à un quart de mille éclater des aboiements formidables. Je reconnais l'organe de notre chien. Il est seul, mais il fait du vacarme comme toute une meute.

Je m'égosille :

— Coco ! Coco ! Veux-tu bien venir ici, affreuse bête !

Mais Coco ne « veut rien savoir ». Plus je crie, plus je siffle, plus il aboie.

Je commence à être inquiet sur le sort de notre ami à quatre pattes : que lui est-il arrivé ? Je prends mon fusil que j'avais déposé contre un arbre, et je me dispose en maugréant à courir au secours du chien, lorsqu'une main noire se pose sur mon bras. Je me retourne : une large face de nègre m'apparaît, épanouie dans un rire béat qui découvre deux rangées de grandes dents blanches : les gros yeux blancs de mon homme le font ressembler tout-à-fait à ces bois peints qui servent de diable dans les tirs de foire.

— Eh toi m'sié, n'a pas couri ! laisse li cien boyer ? Coco li tourné quand tous les caïmans fini partir d'ici !

Et d'un geste il me montre cinq ou six gros sauriens se hâtant lourdement du côté où Coco continue à donner de la voix.

Au même instant, les aboiements cessent, j'entends une course effrénée, une respiration haletante dans les herbes ; c'est maître

Traversée du Kingani par la caravane.

Coco qui arrive sur nous à corps perdu. Et sans perdre une seconde, il se jette à l'eau, nage précipitamment, et en quelques minutes il arrive sur l'autre rive, où il est accueilli par les acclamations des porteurs.

Le noir resté auprès de moi m'explique alors dans le patois créole qu'il a dû apprendre sur les quais de Maurice ou de Bourbon, le stratagème de notre quadrupède. Les pirogues ne lui disant rien qui vaille, et d'ailleurs sentant très mauvais, Coco préférait passer le fleuve à la nage. Mais les caïmans l'inquiétaient. Il est donc parti en amont, et s'est mis à aboyer de toutes ses forces, sachant par expérience ou par instinct que l'aboiement du chien attire le caïman. Sa ruse a eu un plein succès : les sauriens qui paressaient dans la vase, et ceux qui rôdaient dans l'eau le long des berges se sont hâtés d'accourir là où ils croyaient trouver une proie facile. Le chien, lui, en les voyant arriver s'est hâté de revenir, et constatant que les reptiles étaient loin, il s'est jeté dans le fleuve, peu large du reste en cet endroit, et qu'il a traversé sans encombre.

Et le noir ajoute avec admiration :

— Ce boug' de li cien, li té malice comment du mounde ! (¹)

Le fait est que je n'aurais pas trouvé cela, moi, qui ai fait mes études à Louis-le-Grand !

. . . .

Le Kingani franchi, le chef des porteurs place ses hommes dans l'ordre de marche, ce qui est une manière de faire l'appel. Il manque un Zanzibarite. On l'appelle ; pas de réponse : cependant aucune pirogue n'a chaviré en traversant le fleuve, et la charge de l'absent se retrouve bientôt, parmi les autres. Mais on ne retrouve pas le fusil Gras dont il était armé. On cherche l'homme pour la forme : il faut en prendre son parti : au lieu de passer le fleuve comme les autres, il a pris la brousse. Mais on peut être sûr qu'il

---

(1). — Ce b... de chien ! il est intelligent comme un homme !

reviendra à Bagamoyo. Sewa qui est encore avec nous, promet de faire arrêter le déserteur.

Tandis que le convoi se reforme, Sewa nous fait ses adieux : il va repasser le fleuve, et s'en retourner à Bagamoyo.

Nous ne le verrons plus de longtemps : il a été parfait pour nous et nous nous séparons à regret de lui. Il appelle le chef des porteurs et le chef de l'escorte, et leur fait en arabe les plus pressantes recommandations. Nous comprenons qu'il leur enjoint d'être zélés, respectueux et dévoués : ils répondent de leurs hommes. Ces adieux durent plus d'une heure, car Sewa s'entretient encore longuement, à l'écart, avec notre chef de mission. Enfin, après l'échange des dernières poignées de main, il repasse le Kingani en pirogue et nous-mêmes nous éloignons dans la direction de Kigongoni, petit village où nous allons camper. La route est assez bonne : en une demi-heure nous sommes au village ; on dresse le camp et l'on se met aussitôt en devoir d'ouvrir quelques ballots d'étoffes qui ont été mouillées pendant la traversée du fleuve et qu'il est nécessaire de faire sécher. Malheureusement la pluie recommence à tomber, et demain toutes nos charges seront mouillées. C'est exaspérant. Le lendemain, nous poussons jusqu'à Bighiro. Il ne pleut plus, le soleil darde ferme : heureusement que le sentier est bien ombragé par de beaux arbres. Le pays est plus riant que sur l'autre rive du fleuve.

Bighiro est un petit village composé de paillotes et de quelques huttes grossières : il se dresse au milieu de la verdure sur une éminence boisée qui domine une jolie plaine. Le sol est partout hérissé d'épines, comme d'ailleurs l'indique le nom de ce village : (Bighiro = épines). Nous campons auprès du village, dans un site ravissant : un bon air pur nous dédommage des senteurs malsaines du fleuve que nous respirions depuis notre départ de Bagamoyo. Le jour même de notre arrivée, nous partons sous bois à la chasse aux insectes : ils pullulent dans cette région : sous les ombrages des beaux arbres qui couvrent tout un côté de la colline, il fait une fraîcheur délicieuse. A la lisière du bois, nous trouvons des papillons splendides, de toutes tailles, aux couleurs variées à l'infini. Révoil, qui est un amateur passionné d'entomologie, déclare que nulle part il n'a vu autant d'insectes, et d'aussi beaux que ceux-ci. Leurs couleurs diaprées s'harmonisent bien avec le paysage si frais, si riant, qui nous entoure.

Cette journée, après les monotones stations dans les marais du Kingani, passe comme un rêve. Il nous semble même, le soir, quand nous nous retrouvons tous les trois autour de la nappe étendue sur l'herbe, que notre appétit est encore plus robuste que de l'autre côté du fleuve.

Une excellente nuit succède à cette journée, qui nous fait l'effet d'une journée passée « à la campagne ».

Au matin, nous voyons arriver un groupe de soldats du gouverneur de Bagamoyo : au milieu d'eux notre déserteur, les mains liées, marche, la tête basse. On l'a pincé au moment où il allait s'embarquer pour Zanzibar : là-bas, il se fût engagé de nouveau dans une caravane, eût touché de nouvelles avances, et quelques jours après le départ, désertant de nouveau, il s'en fût revenu au marché aux porteurs. C'est comme cela que l'on peut réaliser sans trop de peine une petite fortune. Mais l'ingénieux Zanzibarite comptait sans Sewa, et sans les soldats de Sa Hautesse. Dès son retour à Bagamoyo, notre pourvoyeur s'en était allé flâner du côté du port, où il n'avait pas tardé à reconnaître notre fugitif, discutant avec un batelier le prix de son passage : l'empoigner et le remettre aux mains des gardiens du port, n'avait été pour Sewa que l'affaire d'un instant. On nous l'a ramené à marches forcées, et maintenant le coureur de brousse n'en mène pas large : les autres l'entourent et ne lui ménagent pas les épithètes injurieuses. Quand la force publique, convenablement récompensée par notre chef, est repartie vers Bagamoyo, Révoil fait ranger tout le monde en cercle autour du coupable, et déclare qu'il laisse aux porteurs le soin de juger et de punir leur camarade.

A cette déclaration, la perspective de la bastonnade certaine fait courir un frisson sur l'échine du Zanzibarite. Il a deviné juste : après une courte délibération, ses pairs le condamnent à recevoir quinze coups de bâton. Aussitôt l'un d'eux, assumant les fonctions d'exécuteur des hautes œuvres, court chercher une trique et commence à faire son office. Mais au quatrième coup, Révoil fait arrêter le supplice, au grand étonnement et même au grand déplaisir des autres porteurs : ce n'est pas la peine, disent-ils, de se gêner pour déserter, puisque si l'on est pris on est quitte à si bon marché.

Leur dépit est, sinon bien fraternel, du moins bien explicable : quand un porteur déserte, ce sont ceux qui restent qui héritent du soin de porter sa charge.

La soirée de ce jour est encore consacrée à la chasse aux insectes : mais cette fois nous les ramassons sur nos tentes, où ils viennent se jeter comme des fous, attirés par les lumières auxquelles ils ne sont pas accoutumés. Malheureusement beaucoup se sont brûlé les ailes à la flamme des bougies et ne pourront en cet état figurer dans nos collections que pour mémoire.

Le lendemain, 25 décembre, on lève le camp sous une pluie battante : le temps est de nouveau très chargé : ces fréquentes alternatives de pluie et de soleil vont sans aucun doute durer toute la saison dans le voisinage de la côte. Il ne servirait à rien de patienter ici : aux ondées que nous recevons, succèderont peut-être quelques heures de soleil, puis les nuages se reformeront, la pluie recommencera à tomber, et ainsi de suite : il vaut mieux en prendre son parti et s'éloigner le plus possible de l'Océan, fût-ce sous les averses.

Nous marchons donc toute cette journée par un temps abominable, sur un sol que la pluie rend pour ainsi dire gluant, parmi les flaques d'eau boueuse où la caravane patauge à qui mieux mieux. Il ne faut pas avoir peur de se crotter, dans ce pays-ci : nos vêtements sont bientôt couverts de boue : nous en avons jusqu'aux épaules. Les noirs, au moins, ne craignent pas de salir leurs habits : la pluie ruisselle sur leurs torses nus, frottés d'huile, couleur de bronze. Ils ne sont vêtus que d'un étroit langouti, noué autour de la ceinture. Encore les trouvons-nous très habillés : sur le versant de l'Atlantique il y a des contrées où l'on se vêt encore moins : on porte un simple cordon autour des reins, à la place du langouti : dans ces peuplades avec une pelote de ficelle on habille toute une tribu. Aussi, quand il arrive à quelqu'un de nos hommes de glisser sur la terre molle et de tomber avec sa charge, s'il maugrée, ce n'est pas d'être tout crotté ; c'est d'avoir à recharger son ballot.

A la tombée du jour nous faisons connaissance avec un nouveau désagrément : des hordes de moustiques s'abattent sur nous. Nous n'en avions encore pas eu autant à la fois. Dans les marais du Kingani il y en avait beaucoup certes, mais ce n'était pas comme ici : figurez-vous des *bancs* de ces féroces insectes : ils sont si pressés qu'on les prendrait à poignées : et à l'ardeur avec laquelle ils se jettent sur nous, il est facile de voir qu'ils n'ont pas tous les jours une caravane à se mettre sous la dent. Ils semblent avoir une prédilection pour la chair blanche : bientôt, nous avons le visage tout en sang : il est temps d'arriver à la halte, où nous pouvons passer de l'ammoniaque sur les morsures qui nous font terriblement souffrir. Les lotions d'alcali ne sont pas faites pour adoucir sur le champ la cuisson que l'on éprouve : au contraire, sur le moment, on en souffre davantage : mais bientôt le mal disparaît. Du reste, voici de grands feux qui s'allument de toutes parts, avant même que les tentes ne soient dressées : la fumée et les flammes vont nous débarrasser des horribles bestioles.

Quelle bonne idée avons-nous eue, de surcharger légèrement chaque porteur d'un peu de bois, coupé avant le départ de Bighiro.

Il est mouillé, mais il n'en fume que mieux, et ce soir, nos hommes auront, tout en fumant leur chanvre, une raison de plus pour tousser et éternuer.

Pendant qu'ils se chauffent et se reposent des fatigues de cette traite, nous n'oublions pas de fêter Noël ; devant nos bûches qui par bonheur ne nous enfument pas trop, nous allumons un punch que nous buvons à la santé de nos amis, et à la France, notre chère patrie, si loin de nous ! Chacun parle des siens, et s'attendrit au souvenir d'autres noëls, fêtés en famille, dans la chaude atmosphère des maisons bien closes. Chacun raconte son anecdote de réveillon ; et nous nous figurons l'aspect des grands boulevards, ce soir-là, entre onze heures et minuit. Le souvenir de la messe de minuit, évoqué dans ce paysage d'Afrique, sous un ciel aussi grisâtre que celui de nos latitudes en décembre, nous émeut sincèrement. Mais le temps passe : les nuages se dissipent pour quelques heures : Au fond de la voûte céleste toute sombre un seul astre resplendit, et jette un vif éclat : c'est Sirius, que nous avons choisi pour notre étoile : il semble qu'elle veuille, en nous apparaissant seule dans cette obscurité, nous affermir dans notre résolution d'être vaillants. Bon espoir ! Et nous répétons la devise de notre chef : « Regarde-la ; gouverne sur ! »

Bien qu'une partie de la nuit se soit ainsi passée en réjouissances, il faut partir de grand matin : on lève le camp et l'on se met en route. Nous avons plusieurs petites rivières à franchir. Elles sont trop profondes pour que les gués y soient sûrs, car en certains endroits l'homme que l'on envoie en reconnaissance a de l'eau jusqu'au menton. Il n'y a point aux alentours de grands arbres que l'on puisse abattre pour former un pont. On les passe donc à la corde. C'est une manière assez sûre de passer les cours d'eau de faible largeur. Un homme traverse d'abord, traînant derrière lui une corde dont il fixe le plus solidement possible l'extrémité sur la rive opposée : après quoi la corde est raidie. On entre alors un à un dans la rivière, et on traverse en se tenant à la corde ; de cette façon, si l'on perd pied au milieu du courant, on peut se hêler à l'aide des mains jusqu'à ce qu'on retrouve le fond.

La corde rend aussi de grands services quand on a des pirogues, si le courant est rapide : au lieu de s'exténuer à pagayer, en luttant contre le courant, les piroguiers se hâlent d'une rive à l'autre et ne courent pas le risque, ainsi, d'être portés à la dérive.

Depuis que nous avons passé le Kingani, nous remontons la vallée de ce fleuve en nous tenant plus ou moins loin de ses rives ; les deux petits cours d'eau que nous venons de passer à la corde sont les affluents du Kingani, ou plus exactement du Roufon. Après les avoir traversés, nous nous rapprochons du fleuve et venons camper sur une petite éminence d'où l'on voit une partie de son cours. La colline est couverte de nombreux mimosas d'une espèce particulière, leur feuillage, très effilé, ne donne pas d'ombre. Les tentes sont dressées autour d'un grand arbre qui domine la hauteur. Mais nous ne faisons pas ici le « grand camp », c'est un campement pour la nuit seulement.

On emploie l'après-midi pour visiter certaines charges, Révoil donne l'ordre d'ouvrir au hasard quelques ballots d'étoffes ; ce qu'il redoutait est arrivé, un ballot a été mouillé pendant le passage du Kingani et le porteur s'est bien gardé de nous en prévenir, par paresse, afin qu'on ne lui fasse pas défaire sa charge. La négligence de ce noir est punie de six coups de bâton. Cet exemple paraît devoir être salutaire, les autres porteurs s'empressent de visiter eux-mêmes leurs charges, mais aucun autre dégât, heureusement, n'est constaté.

Comme il nous faut repasser le Kingani, dont nous venons de traverser la boucle, le chef de la mission se préoccupe de faire construire une passerelle. Angelvy, en sa qualité d'ingénieur, est chargé de cet ouvrage, et je me mets à sa disposition. Avec lui, nous cherchons longtemps un endroit propice, tandis que des hommes, envoyés avec des haches dans la plaine, vont abattre des arbres qu'ils traîneront jusqu'au bord de l'eau.

Malheureusement, notre effectif est sensiblement réduit par la maladie, plusieurs de nos hommes sont atteints de fièvres paludéennes et sont obligés de rester couchés sous leurs tentes. Notre chef lui-même ne peut diriger nos travaux, un violent accès le retient sur son lit de camp.

Nous venons cependant à bout de la principale difficulté, qui consistait à trouver, à abattre et à amener à pied d'œuvre la quantité suffisante de pièces de bois. Une fois tous nos arbres rassemblés, nous procédons à la confection de la passerelle; les arbres sont disposés sur le sol à la suite l'un de l'autre, de façon que l'extrémité du second se trouve contre le tiers de la longueur du premier, le troisième est disposé de même contre le second et cœtera. Les pièces de bois sont alors liées l'une contre l'autre à l'aide de fortes ligatures en lianes; quand tout l'appareil est construit de la sorte, on le pousse à l'eau dans la partie la plus étroite du fleuve, tandis que quelques hommes, passés sur la rive opposée, facilitent l'opération en tirant avec une corde qui a été fixée sur son extrémité.

Bientôt, chaque extrémité repose sur une des rives; il va sans dire que la passerelle fléchit en son milieu et baigne dans l'eau, mais les noirs n'ont pas peur de mouiller leurs souliers, et il leur sera toujours plus aisé de franchir le fleuve là-dessus qu'à la nage. Il ne faut pas songer à passer à gué, l'eau est profonde de deux mètres; quant aux pirogues, nous n'en avons point. La passerelle est complétée par une filière, partie en liane, partie en corde, qui est tendue au-dessus, et à laquelle les hommes se tiendront d'une main, tout en s'avançant avec circonspection.

Il va sans dire que notre pont offre une solidité relative, on y circulera moins aisément que sur le Pont-Neuf, mais enfin, tel qu'il est, il suffira pour faire passer notre troupe de l'autre côté du fleuve, et c'est là l'essentiel; les hommes, du reste, ne s'aventurent dessus qu'un à un, et ils y marcheront aussi posément que dans les marais vaseux et glissants de la Chamba-Gonera.

Cet ouvrage nous prend la plus grande partie de la journée et nous ne rentrons que tard dans l'après-midi au camp, d'où notre passerelle est assez éloignée. A notre arrivée, nous apprenons qu'un Père du Saint-Esprit est passé, venant de M'rogoro, où ces missionnaires ont une station, et se dirigeant vers Bagamoyo, où il avait hâte d'arriver.

Nous regrettons de ne pas nous être trouvés là, car nous aurions été enchantés de pouvoir causer avec ce Père de la région dans laquelle nous allons entrer. Les Pères du Saint-Esprit ont une autre station à Kondoa. Nous aurons l'occasion de reparler de ces deux établissements, car l'itinéraire projeté par notre chef nous y fera séjourner plus ou moins longtemps.

Les missionnaires voyagent ainsi à travers la contrée seuls, ou, bien rarement, accompagnés d'un unique porteur. Ils n'ont pas toujours des provisions, et quand ils en ont, elles sont en général fort sommaires; pour toute arme, ils ont leur bâton.

En cet équipage plus que réduit, ils passent parmi des peuplades souvent farouches, et, en tout cas, grossières et barbares; cependant, il ne leur arrive jamais rien. Leur réputation de bonté, et, si l'on peut s'exprimer ainsi, leur popularité est si grande, qu'elle s'étend jusque dans les tribus fétichistes, où ils trouvent un accueil aussi hospitalier que chez celles au sein desquelles ils passent leur vie.

A la nuit, nous avons la surprise de voir s'allumer de grands feux sur une colline voisine où, à notre connaissance, il n'existe pas de village. Nous envoyons quelques Askaris en reconnaissance. Nos éclaireurs nous rapportent que ces feux ont été allumés par une caravane assez nombreuse d'Ouakamis, arrivée sur cette colline dans l'après-midi, et qui viennent de dresser leur camp. Nous faisons inviter ces braves gens à transporter leurs tentes auprès des nôtres, ce qu'ils s'empressent de faire, malgré l'heure avancée, enchantés de pouvoir se placer ainsi sous notre protection et certains de récolter quelques victuailles.

Le jour suivant, notre troupe se met en marche dans la direction de la passerelle improvisée la veille. Hélas! une cruelle déception nous attend; le fleuve a grossi pendant la nuit, il y a près d'un mètre d'eau sur le pont. Avec cela, le courant est assez violent. Il faut passer, pourtant; car si nous attendons la baisse des eaux, notre fragile passerelle sera peut-être emportée avant qu'elle n'arrive. Angelvy s'engage le premier sur le pont, il s'avance avec précaution et trouve qu'il offre sous le pied une certaine rigidité; c'est encourageant et cela nous donne confiance en sa solidité. Tous nos porteurs passent l'un après l'autre avec leur charge; le passage est long, mais enfin il s'effectue sans accident, bien que quelques Ounyamouésis nous donnent par leur maladresse de fortes émotions. Plusieurs d'entre eux ont été sur le point de rouler dans le Kingani, mais ils ont pu reprendre à temps leur équilibre.

Bientôt la troupe est sur l'autre rive, où le chef de la mission fait faire une courte halte. Là, on s'aperçoit de l'absence d'un Ounyamouési, que nos appels ne font pas revenir. Il a déserté; il se fera sans doute prendre, comme l'autre, à Bagamoyo. Puis on repart, et l'on se retrouve encore dans les marais, dans la première partie de cette marche, c'est-à-dire pendant plus d'une heure.

Enfin, nous arrivons sur un terrain résistant, couvert d'une herbe courte et drue; nous sommes sous bois, la végétation devient de plus en plus fournie à mesure que nous avançons. Le paysage est accidenté et agréable, nous admirons des fleurs magnifiques et de toutes nuances, dont les senteurs embaument l'air. Le temps est superbe, il nous semble qu'un bien-être inconnu circule dans nos veines. Cependant, l'étape est longue.

C'est seulement au bout de cinq heures de marche que nous

arrivons à M'Bouyoumi, grosse agglomération de cases où nous devons camper.

Pendant que l'on dresse les tentes, le chef de ce village vient nous visiter. C'est un noir grand et sec, à l'œil vif et féroce, à la bouche narquoise. Comme marque de haute élégance, peut-être comme emblème de sa dignité de chef, il porte une liasse de plumes d'autruche plantée dans ses cheveux crépus, à côté de l'oreille. Quant à son costume, il est aussi sommaire que celui de nos porteurs; mais peut-être n'a-t-il pas cru devoir se mettre en grande tenue pour venir nous visiter. Il a apporté du tabac en feuilles, qu'il offre gracieusement à nos hommes; pour nous, il offre une poule et deux bottes de maïs. Révoil, pour n'être pas en reste avec ce roitelet, lui offre un étui de buis, et le noir paraît enchanté de ce cadeau. On lui verse un verre de cognac, et il se confond en remerciements qui attestent son faible pour ce breuvage.

Le soir, on distribue le *pocho*. C'est la ration de chaque homme, et cette distribution se fait soit tous les huit jours, soit tous les quatre jours. Suivant le pays où l'on se trouve, le *pocho* est donné en provisions comestibles ou en marchandises dont la nature n'est pas la même partout; dans cette contrée-ci, l'usage est de donner comme *pocho* de la toile américaine, du « méricani » ou de la cotonnade. Dans l'Afrique centrale et occidentale, on délivre aux porteurs des perles de verre, des fragments de barres de sel, etc. Si l'on se trouve en pays peuplé, cultivé, où le troc de la marchandise contre des victuailles soit possible, nous donnons le *pocho* en étoffe; nos noirs échangent leur toile ou leur cotonnade dans les villages, contre des vivres à leur convenance. Si l'on se trouve en pays inculte ou inhabité, nous donnons le *pocho* en provisions de bouche. Le *pocho* en étoffe, pour huit jours, se compose de huit coudées : c'est un *doti*. Le *pocho* en vivres se compose de grains : riz, dohl, dourah, etc., à raison de une mesure de 1 kibabaou par jour.

Tous nos noirs n'ont pas la même ration; les Askaris zanzibarites, engagés directement par Révoil à qui ils ont été prêtés par les autorités de Zanzibar, reçoivent un *doti* pour huit jours, tandis que pour le même temps les Ounyamouésis, engagés par Sewa, dont ils ont accepté les conditions faites suivant les usages locaux, ne reçoivent que quatre coudées de méricani, soit la moitié d'un *doti*.

Malgré l'apparence de fertilité de la région et l'air de prospérité du village, les vivres sont hors de prix pour le moment, et nos hommes ont de la difficulté à s'approvisionner. D'après ce qu'ils nous en disent, nous calculons qu'une poule revient à 1 fr. 25 et une chèvre étique à 30 francs. Du reste, les gens de M'Bouyoumi ayant des relations fréquentes avec la côte, acceptent en paiement l'argent monnayé.

Cette journée se passe à vérifier les charges et à nettoyer les armes. Le soir, comme nous venions de nous étendre sur nos lits de camp, un cri perçant sort d'une tente voisine. Nous y courons; c'est un Askari qui, en venant se coucher, a été mordu par une vipère cachée dans sa couverture. On s'empresse de faire au pauvre diable les ligatures et les lavages prescrits en pareil cas, et en quelques jours il sera guéri; mais cet incident nous a ouvert les yeux sur le danger auquel nous étions exposés sans le savoir. Nous visitons minutieusement nos tentes, et bien nous en a pris, car nous trouvons deux autres vipères cachées dans des couvertures de laine, où elles sont venues chercher un refuge contre la fraîcheur de la nuit. Ces deux-là paient de leur vie leur témérité et la morsure faite à notre soldat par leur congénère, qui s'est esquivée.

Le 29, tout le monde a *campo*. Porteurs et Askaris en profitent pour aller s'approvisionner au village, mais ils sont peu satisfaits de leurs échanges, car les gens du pays ont montré des prétentions exorbitantes qu'il a bien fallu subir.

Le mécontentement dure encore le lendemain matin; au moment de partir, les Ounyamouésis refusent de prendre leurs charges : c'est une vraie grève. Ils sont tous groupés autour d'un Mousoukomba qui paraît être leur meneur, et ils crient : « Pocho, pocho! » Bien qu'ils aient reçu l'avant-veille leur ration en étoffe, que sans doute ils ont dépensée dans le village sans s'être procuré en échange autant de vivres qu'ils l'auraient voulu, ils prétendent en recevoir une nouvelle et être traités sur le même pied que les Askaris.

Leurs cris redoublent, au point que Révoil juge nécessaire de faire un exemple; les Askaris, en armes, sont de notre côté. Sur son ordre, quatre d'entre eux se détachent pour s'emparer du plus criard des mutins et lui infliger une correction. Là-dessus, les porteurs font mine de sauter sur leurs armes; les Askaris, spontanément, les mettent en joue. Les choses vont se gâter, Révoil s'avance entre les deux groupes. Sa présence fait hésiter les révoltés, il donne à leurs chefs l'ordre de s'approcher, et lorsqu'ils sont rangés autour de lui, déjà penauds, il leur signifie avec hauteur que puisqu'il en est ainsi, l'expédition va retourner à Bagamoyo où ils s'expliqueront, eux, chefs d'escouades, avec Sewa qui les a engagés, tandis que les mutins auront affaire au gouverneur.

Les contremaîtres savent qu'il n'y a à plaisanter ni avec Sewa, ni avec le gouverneur, qui donnera toujours raison à l'entrepreneur. Sans doute ils ont éprouvé, en d'autres circonstances, la saveur du cuir d'hippopotame et ils ne se soucient pas d'en goûter de nouveau. Ils commencent à se gratter l'oreille et à bredouiller de vagues explications. Ils ne sont pour rien dans cette grève, c'est le Mousoukomba qui a tout mené. On appelle ce meneur, et Révoil le prévient en présence des deux troupes que s'il tient à sa peau, il fera bien de marcher droit; l'autre, tout déconfit, se sentant déjà lâché par ses camarades que cette attitude du chef intimide, balbutie des excuses et s'esquive au plus vite dans un groupe. Révoil profite de cette détente pour donner l'ordre du départ, qui s'effectue séance tenante, en silence et dans un ordre parfait. C'est ainsi qu'il faut mener les noirs ; si, en présence de leur mauvais vouloir ou de leurs menaces, on a un seul instant d'hésitation, tout est perdu.

Toute cette journée durant, nous marchons. Tantôt nous sommes sous bois, tantôt comme enfouis dans de hautes herbes qui dépassent de près d'un pied la hauteur d'un homme et de sa charge. Sous bois, le terrain ferme, l'ombre, la brise parfumée, rendent la marche moins pénible ; elle est un peu plus fatigante dans les herbes, sans cependant y être difficile, parce que l'on y traverse parfois d'épaisses gerbes de tiges herbacées qui bornent la vue et qu'il faut écarter de la main. Mais nous préférons cette étape à celles où nous pataugions sans avancer dans les bourbiers du Kingani. Le convoi se déroule comme un grand serpent dans les herbes géantes, et son passage ne s'y traduit que par une lente ondulation à la surface de cette mer de verdure. Au-dessus de nos têtes, le grand ciel pur s'étend, d'un bleu intense ; pas un nuage n'y vogue, et si nous n'étions abrités de temps à autre par le feuillage des arbres, nous souffririons cruellement de l'ardeur du soleil. Cette marche nous conduit jusque sur les bords d'une rivière, le M'Bighi, que nous devons traverser. Mais la journée est trop avancée pour que nous songions à la franchir aujourd'hui. Nous avons la bonne fortune de découvrir, près de l'endroit où nous avons fait halte, l'ancien emplacement d'un village. Il ne reste, des cases de bois et de terre battue du village, que des ruines ; mais le sol est tout déblayé, et cela nous facilite l'établissement de notre camp.

Révoil et Angelvy se mettent dès maintenant à la recherche d'un endroit où l'on pourra passer la rivière ; elle est profonde, il ne paraît pas y avoir de gué. Par bonheur, ils trouvent les restes d'un pont fait de troncs d'arbres, et qui avait été sans doute construit par les gens du village ruiné. Le pont aura été rompu par une crue, ou bien détruit par ceux qui ont saccagé le village. Toujours est-il qu'il faudra le reconstruire, c'est à quoi tout le monde s'emploiera demain. En attendant, il faut régler la question, restée pendante, de la réclamation des Ounyamouésis, qui a donné lieu à la scène du matin.

Avec les noirs, il ne faut pas laisser sans solution une question de ce genre ; si on ne tranchait pas celle-là, demain, après-demain, un jour ou l'autre, sans rime ni raison, elle se poserait de nouveau. Révoil fait ranger la troupe en cercle. Il pose son ultimatum : « Ou

Nyampara et porteurs.

les Ounyamouésis se contenteront, pour tout le reste du voyage, de la ration convenue entre Sewa et eux, ou bien il va, lui, chef de l'expédition, faire empoigner par ses Askaris les nyamparas (contremaîtres ou chefs d'escouade) que l'on conduira à Bagamoyo, où le gouverneur les fera mettre aux fers. »

Quant à nous, le site est bon, nous avons des provisions, des armes, des munitions; nous resterons ici jusqu'à ce que nous recevions les renforts qu'il va faire demander à Bagamoyo.

— Rompez le cercle!

Un quart d'heure après, les nyamparas viennent en députation déclarer qu'eux et leurs camarades s'en tiendront aux conditions faites avec Sewa, et promettre qu'ils ne soulèveront plus de conflit.

Après avoir reçu ces assurances de soumission, notre chef leur annonce que puisque les hommes font preuve de repentir et d'un meilleur esprit, il les récompensera en donnant « de sa poche » à titre de gratification un kibaou supplémentaire de grains à chaque porteur, tous les dix jours, ce qui équivaut à augmenter chaque ration journalière d'un dixième.

Cette promesse est accueillie avec un enthousiasme sincère, et tout le monde, à l'exception des sentinelles, va se jeter dans les bras du Morphée de l'Afrique.

Dès le jour, on se met à la besogne pour rétablir le pont : notre ingénieur est retenu sous sa tente par la fièvre : c'est Révoil en personne qui dirige les travaux. Tout marche à souhait, et le peu de largeur du M'Bighi nous permet de construire une passerelle large, solide et commode, qui restera comme témoignage de notre passage.

En attendant que nous utilisions notre ouvrage, nous allons faire une promenade dans le pays, en suivant le cours du M'Bighi. Chemin faisant, nous rencontrons une caravane d'Arabes qui se dirige vers Bagamoyo. Échange de politesses : « Le salut soit sur vous ! » — « Et sur vous le salut ! » La caravane a bon air, elle vient de la région des Lacs, mais le chef ne semble pas désireux d'en dire plus long et nous ne cherchons pas à le retenir car il doit lui tarder d'arriver à destination.

Ailleurs, nous nous trouvons tout à coup, en débouchant d'une clairière parmi les herbes, en face d'un petit village, ou plutôt d'un campement retranché : nous franchissons sans difficultés le retranchement, dont la porte du reste est ouverte.

Des femmes, sous la direction d'une vieille qui chantonne pour rythmer leurs mouvements, pilent du dourah dans de vastes mortiers de bois : d'autres préparent le *pombé,* une bière indigène très capiteuse avec laquelle les noirs s'enivrent aussi sûrement qu'avec l'alcool.

Les hommes doivent être aux champs, car on n'en voit aucun. Les femmes ne s'effarouchent point à notre vue : elles continuent à travailler, tout en nous lançant cependant des regards d'une aménité douteuse. Mais il est évident que beaucoup d'entre elles n'ont jamais vu de blancs, et nous comprenons qu'elles posent aux autres maintes questions à notre sujet.

Auprès d'un groupe se tient, assise, une négresse qui doit être une dame de la localité, sinon la femme du chef. A notre approche, elle se lève pour mieux nous examiner, mais sans que rien d'hostile ne se mêle à sa curiosité. De notre côté, nous avons le loisir d'admirer ses atours : ce doit être une grande élégante ; elle porte un jupon court de cotonnade assez étoffé, qui atteint à peine la partie supérieure du genou, et qu'un lien bleu retient autour de la taille. Autour du cou, un collier en crins de girafe tressés. Au-dessous du genou, autour des chevilles, aux poignets et au gras du bras, des bracelets faits de plusieurs tours de fort laiton, que nous prenons d'abord pour des ressorts de sommier serrés, et qui ne sont peut-être pas autre chose. Ses cheveux sont correctement enduits de quelque graisse et partagés en deux touffes par une raie bien droite. Elle n'est point laide, quoique noire, et ses traits, sa physionomie, sont assez agréables. Nous la saluons, à la française ; et son sourire étonné nous apprend qu'elle n'est pas habituée à notre civilité.

Révoil peut échanger quelques mots avec elle : le village où nous sommes et un autre semblable qu'elle nous montre au loin, appartiennent à deux tribus de Wachenyir, qui vivent de la culture du maïs et du dourah.

Celui-ci s'appelle Hemera.

Après nous être reposés, nous retournons au camp : nos Ounyamouésis ont fait comme nous : ils sont allés voir le pays et il faut attendre leur retour. Le temps devient orageux; on passera le M'Bighi le soir même, de peur qu'il ne nous joue, s'il pleuvait beaucoup, un mauvais tour.

En attendant le départ, nos porteurs restés au camp se réunissent devant la tente de Révoil, et sans doute pour faire oublier leur incartade, ils lui donnent une de ces représentations chorégraphico-guerrières dont ils nous ont déjà régalés une fois.

Mais, les autres reviennent; nous partons, et bientôt toute la troupe a franchi sans encombre le M'Bighi.

Maintenant, il peut pleuvoir.

CHAPITRE III

Nouvelle année. — Arrivée à Sagati. — Révoil part en avant en flacon. — Le sorcier de M'Kési. — Le pays des rats. — Révoil tue une antilope chevaline. — Le pombé. — Kirougouia. — La reine Simba-Mouéni.

Vendredi, 1ᵉʳ janvier 1886.

Tandis que s'écoulaient les dernières heures de l'année passée, nous franchissions le M'Bighi; et l'année qui commence nous trouve, après cette opération d'autant plus fatigante qu'elle s'est accomplie en pleine nuit, tous réunis sur l'autre rive du cours d'eau.

1886 s'annonce bien. Les menaces d'orage se sont dissipées, le temps promet d'être beau. Dans la vaste plaine où flotte une brume légère, court une brise fraîche : les étoiles pâlissent au ciel : le jour s'avance. On fait halte sans camper, afin de laisser les hommes se reposer, et l'on n'allume çà et là quelques feux d'herbes que pour chasser le brouillard du lieu de la halte.

Nous nous reposons de notre côté, assis autour d'un petit feu. Notre chef est avec nous : il se dit bien las et bien faible. Il est visiblement miné par la fièvre qui ne l'a pas quitté de la nuit; de plus, il souffre de plaies aux pieds et aux jambes depuis que nous avons traversé les marais du Kingani; mais il a surmonté ses souffrances pour diriger le passage de la rivière et il est sur pied depuis la veille au matin. Il faut qu'il se sente bien malade pour parler de ce qu'il endure, car depuis le départ, bien qu'on l'ait vu fréquemment souffrir de la fièvre, on ne l'a pas encore entendu proférer une plainte. Il est vrai que de tout le personnel de l'expédition, c'est lui qui se fatigue le plus. Levé le premier, couché le dernier, il a l'œil à tout : il connaît par leur nom tous les porteurs, sait le contenu de tous les ballots. En marche il va sans cesse de la tête à la queue du convoi, encourageant celui-ci, gourmandant celui-là; trouvant un mot pour chacun selon ses mérites. Dans les marais du Kingani, il cherchait lui-même les passages, où les porteurs pouvaient s'aventurer après lui sans crainte de disparaître dans les cloaques. Au camp, il veille à la distribution des vivres, au placement des sentinelles, à l'exécution de toutes les mesures d'ordre, et encore il trouve le temps, quand tout le monde dort, de relever ses observations de route, de rédiger son journal, et de faire des excursions aux alentours pour étudier de plus près la flore du pays. L'insecte qui court sur une branche, le papillon qui passe, n'échappent pas à son regard exercé, et il est rare qu'ils ne terminent pas leur carrière dans la boîte à collection de l'explorateur.

En un mot, depuis le départ, il se surmène : il a cherché à lutter contre la fièvre, mais la fièvre l'a dompté. Il nous avoue d'une voix presque brisée, qu'il craint de ne pouvoir aller plus loin sur ses jambes qui tout à l'heure certainement lui refuseront le service. Son état, heureusement, est plus pénible qu'inquiétant. Nous décidons de le faire porter en fitacon.

M. Angelvy, aidé de quelques porteurs, construit rapidement une civière à dossier : notre cher malade s'y étendra sur un matelas de campagne et voyagera ainsi, porté par six hommes vigoureux. Auprès de lui, un noir tiendra un parasol ouvert.

Comme nous terminons ces préparatifs, le contremaître des porteurs vient nous prévenir qu'un de ses hommes est très malade. Il nous guide, Angelvy et moi, vers le malheureux que ses camarades ont assis au pied d'un arbre, et qui agonise déjà : nous cherchons, mais en vain, à lui administrer un cordial : le pauvre homme est tout à fait perdu; et malgré les soins que nous voudrions pouvoir lui donner, il expire sous nos yeux. Ses camarades sont consternés, et leur attitude auprès de ce mort est vraiment touchante. C'est un Ounyamouési, dans la fleur de l'âge : on nous dit qu'il n'avait dans son village ni femme ni enfant. Il était malade de la dysenterie depuis plusieurs jours : mais il n'a pas voulu avouer son état, sachant que l'on arriverait bientôt dans la région des villages, de crainte d'être retenu au camp et de ne pouvoir aller troquer son « méricani » comme les autres, avec les noirs du pays. Son état, bien entendu n'a fait qu'empirer, et une crise aiguë vient de l'emporter.

On creuse en hâte une fosse au bord d'un fourré et l'on y enterre le pauvre diable, après avoir dit une prière sur lui. Du reste il n'a point de religion ; c'est tout au plus s'il est fétichiste. Sur la terre qui le recouvre, nous plantons un long bâton à l'extrémité duquel est liée une touffe d'herbes.

Ces événements nécessitent une nouvelle organisation de la caravane ; les porteurs affectés au service de Révoil ne peuvent porter aucune charge : six Ounyamouésis sont atteints de la fièvre, légèrement, mais encore trop pour faire leur service, enfin, un noir manque à l'appel, ce qui fait deux déserteurs à rayer provisoirement de l'effectif.

Toute la matinée se passe à parer à ces complications. Enfin nous partons, Révoil dans son fitacon est au centre de la file de porteurs : nous avions demandé six hommes de bonne volonté pour le transporter, toute la troupe s'est offerte, bien que ce service soit plus pénible que le transport des charges, auquel les noirs sont habitués. Mais l'étape ne sera pas longue ; nous allons camper à Sagati. Le chemin est bon, heureusement : nous traversons une immense plaine couverte de mimosas dont les fleurs répandent dans l'atmosphère une senteur douce. A part ces arbres, fort nombreux, la végétation est peu considérable dans cette plaine, que nous franchissons en quatre heures.

Sagati M'Kouba ne répond guère à son nom : Sagati-le-Grand. C'est un amas de paillotes misérables à l'aspect desquelles nous nous demandons ce que doit être Sagati-le-Petit. Mais peut-être ce village a-t-il été autrefois très prospère. C'est surtout en Afrique que la décadence suit de près la grandeur pour ces petites républiques qui s'appellent tribus et pour ces cités qui sont des villages. Une rixe entre tribus, l'ambition d'un chef voisin, et, — il n'y a pas encore fort longtemps, — la barbarie des chasseurs d'esclaves, ont vite fait le désert là où une communauté d'hommes vivait heureuse et libre.

Quelquefois les villages sont tout simplement détruits par le feu du ciel, qui allume près de là quelque vaste incendie dans lequel ils disparaissent. Dans ce cas, la tribu s'en construit un autre un peu plus loin, car les matériaux ne sont ni rares ni coûteux; ou bien elle va porter ses pénates dans un autre canton.

Pendant que l'on dresse notre camp près du village, nous voyons un missionnaire venir vers nous : c'est un Père du Saint-Esprit de la station de M'rogoro, qui fait une tournée dans la contrée pour visiter quelques villages où les Pères ont de leurs anciens élèves. Le R. P. M... est accompagné de quelques porteurs et il a des provisions qu'il fait apporter, désirant fournir sa part du dîner que nous lui offrons. Et c'est pour nous une agréable surprise de le voir tirer d'un sac de paille un aliment cher à nos estomacs d'Européens : du pain ! du pain, dont nous sommes sevrés depuis notre départ de Bagamoyo ! Pour nous, c'est une véritable friandise, d'autant que le pain du Père est fort bon : et nous nous en régalons, au grand contentement de l'excellent missionnaire qui n'avait pas cru nous offrir un tel festin.

Le Père examine Révoil dont il trouve l'état peu satisfaisant : notre chef a une forte fièvre et les pieds enflés, il est très abattu et le Père nous conseille de ne pas lui faire passer la nuit ici. Les porteurs de la civière sont remplacés et Révoil, escorté de quelques

Askaris continue sa route vers M'Tongo, sur les bords du M'Souah où, sur la recommandation du missionnaire, il recevra l'hospitalité et tous les soins qui lui seraient nécessaires, dans un tembé bien approvisionné et assez confortablement installé.

Quant à nous, nous passons la nuit à Sagati avec le gros de la troupe.

Le lendemain nous gagnons à notre tour le M'Souah par un sentier commode et délicieusement ombragé. Nous trouvons à M'Tongo notre malade remis de son accès de fièvre, confortablement installé dans le tembé où il a été reçu la veille à bras ouverts et entouré de soins intelligents dans la famille de noirs chrétiens à laquelle le missionnaire l'avait recommandé.

Un *tembé* est une vaste enceinte, renfermant des habitations, cases ou huttes généralement mieux bâties que ne le sont celles des autres villages. L'enceinte, à laquelle sont intérieurement adossées les habitations, est quelquefois en terre battue, quelquefois elle est formée de palissades ou de haies vives d'arbustes épineux et résistants. Une porte que l'on ferme chaque soir donne accès à l'intérieur du tembé, au centre duquel est une vaste cour banale. Celui où nous nous trouvons sert de résidence à plusieurs familles de noirs cultivateurs dont les champs s'étendent aux alentours.

Il est à remarquer que le pays, les villages et les gens prennent le nom du cours d'eau principal de la région : M'Souah.

On dit : le pays M'Souah, les villages M'Souah, les gens M'Souah.

Le chef porte souvent le nom de son village (à moins que ce ne soit le contraire, et que le village porte le nom du chef). Ici, le nom du chef du village est Béga, mais on l'appelle aussi M'Tongo.

Ce voyageur allemand que nous avons vu revenir en si triste équipage, le baron de Bulow, a passé ici en s'en retournant à la côte. C'est ici que ses porteurs l'ont abandonné, et le chef du tembé nous montre tout le matériel que le voyageur a été forcé de laisser à sa garde. En venant ici, notre chef l'a échappé belle : il y avait une famille de lions dans le pays; et ils ont enlevé des moutons aux gens M'Souah. Une femme et un enfant ayant voulu défendre le troupeau ont été horriblement déchirés par les fauves, qui ont cependant pris la fuite. Mais les noirs ont pu tuer une lionne et son lionceau, précisément la veille; et notre chef aurait bien pu rencontrer quelque membre de la famille.

Le chef nous conduit à quelques centaines de pas du tembé, devant les restes encore fumants d'un grand bûcher, parmi lesquels se voient les carcasses carbonisées de la lionne et de son petit. Aussitôt après les avoir tués, les gens du village se sont hâtés d'allumer un grand feu à l'endroit même où les fauves avaient rougi la terre de leur sang, et de jeter dans le brasier les corps des animaux tués. Tout à l'heure, le sorcier de la tribu viendra en grande pompe et avec force simagrées, disperser au vent les cendres des lions; l'incinération plus ou moins complète a pour but de dissimuler aux autres fauves le meurtre de leurs congénères : la dispersion des cendres aux quatre vents, accompagnée de conjurations, doit prévenir le retour de semblable calamité.

Ce souci de faire disparaître le cadavre de la bête ennemie nous rappelle les récits de Saïd, notre Askari, sur les mœurs des lions, récits que son imagination de noir a sans doute embellis, mais qui n'en doivent pas moins avoir un fond de vérité.

Nous partons le lendemain par des chemins détestables, dans des terrains argileux. Pendant quatre heures, nous pouvons nous croire revenus dans la région du Kingani. Nos hommes glissent, tombent tous les dix pas, et ne cessent de maugréer. Nous finissons cependant par arriver à Kitemo.

C'est un village composé d'une trentaine de cases, protégé par une double enceinte de hautes haies vives; il n'y a qu'une seule porte à chaque enceinte et ces portes sont en regard l'une de l'autre.

La porte extérieure est entourée d'une sorte d'encadrement fait de troncs d'arbres grossièrement équarris.

Il n'y a point de vantail : la porte se ferme au moyen de barres de bois verticales, suspendues par leur extrémité supérieure au moyen d'une ligature de cuir sur la partie horizontale de l'encadrement. Pour « ouvrir » la porte, on relève toutes ces barres de bois dont l'extrémité libre est reposée sur une sorte de fourche plantée en terre. Ce mode de fermeture serait peu sûr si l'on n'avait la précaution de le compléter chaque soir au moyen d'une autre pièce de bois qui s'étend horizontalement à l'intérieur de l'encadrement, sur les montants duquel s'appuient ses deux extrémités. Les barres verticales mobiles sont solidement attachées dessus,... et si les rôdeurs malgré cet appareil ne pénètrent pas dans le village, c'est qu'ils sont vraiment bien naïfs.

Lorsque nous arrivons, nous trouvons la porte close : un de nos Askaris vient se planter devant, et donne quelques coups de trompe. C'est une pure formalité car les gens sont groupés derrière leurs pieux, d'où ils nous regardent avec une visible inquiétude venir de leur côté. Mais nous nous amusons de cette mise en scène qui nous rappelle, malgré la différence de cadre, l'arrivée du héraut devant le pont-levis de quelque château du moyen âge. Nos villageois tiennent conseil : d'autres caravanes ont dû les exploiter, car ils ne se pressent pas de nous introduire « dans leurs murs. » Mais d'un autre côté ils doivent se dire que si nous voulions bien entrer, ce ne seraient pas leurs faibles pieux qui nous en empêcheraient. Puis, malgré notre nombre et notre troupe armée, nous n'avons pas l'air trop méchant. Ils se décident enfin à soulever leur porte, mais juste assez pour que l'on n'y puisse passer qu'un par un. La troupe reste en dehors : les blancs entrent seuls avec quatre Askaris en armes.

Entre les deux enceintes nous remarquons des séries de cercles concentriques faits sur le sol avec des cailloux juxtaposés : ce sont des fétiches. Le fétiche joue un grand rôle dans l'Afrique intertropicale. Ce mot est à la fois substantif et qualificatif. La grossière idole taillée en plein bois, le vase aux formes bizarres, la plante desséchée, l'animal, le reptile privés et superstitieusement gardés dans la case qui sert de temple, sont des fétiches. Mais des objets quelconques sont fétiches : il suffit pour cela qu'ils aient reçu du sorcier une certaine consécration. Quelques objets, tels que dents de requins, crins de certains animaux, sont fétiches ou gri-gris par destination. Tel gri-gri préserve spécialement du mauvais œil, tel autre de telle maladie, tel enfin des balles de fusil, etc. On peut avoir autant de gri-gris que de sujets de crainte pour sa vie, sa santé ou son bien. Dans l'Afrique occidentale, on rencontre des noirs qui portent sur eux dix, quinze gri-gris et même plus : ceux-ci se portent en collier, ceux-là dans un petit sac qu'un cordon de cuir retient sur la poitrine. Bref, il existe une infinie diversité de gri-gris et de fétiches. Des lieux même, un vallon, une rivière, un monticule, peuvent être fétiches; de même que des arbres, des roches, etc., etc.. Le fétiche est censé protéger les gens, les habitations, les récoltes; je ne puis entrer ici dans tous les détails théoriques et pratiques du fétichisme : c'est une science plus étendue et plus variée que la théologie, mais moins noble.

Cependant les habitants du village s'empressent... à nous éviter. Peut-être aussi notre arrivée est-elle en ce moment importune. Nos hôtes sont plongés dans l'affliction. La femme d'un notable est morte cinq ou six jours auparavant, et les cérémonies occasionnées par cet événement n'ont pas encore pris fin.

L'heure à laquelle nous sommes entrés dans le village doit être celle de la célébration quotidienne du service commémoratif, car cette cérémonie se renouvelle avec des variantes plusieurs jours de suite. Devant la hutte de la feue négresse, cinq ou six noirs sont venus s'accroupir; et tout à coup ils éclatent en hurlements et en gémissements effroyables, qu'ils poussent sans discontinuer pendant une heure. Les gens qui suivent ce rite ne doivent pas redouter comme chez nous d'être enterrés vivants : si celui qu'on pleure n'est qu'en léthargie, de pareils chants funèbres le rappellent sûrement à la vie, et ils sont capables, même, de le faire revenir des enfers. Et encore, les jours précédents, ça été pire, car chaque pleureur s'accompagnait sur un de ces instruments dont les peuplades africaines font usage et dont le son est plus barbare, s'il est possible, que ceux qui en jouent. Quand nos hurleurs ont fini de se lamenter, ils s'occupent gravement à accumuler devant la porte de la hutte toutes les cendres du foyer : ils en font une pyramide : le vent les dispersera peu à peu ; quand il n'en restera plus trace, on pourra être certain que l'esprit de la défunte est parti pour toujours du village et que jamais plus on n'entendra parler de lui.

Enfin tout est terminé : il s'agit maintenant de nous procurer des vivres : nos retards dans les marais ont à peu près épuisé nos provisions et aujourd'hui nous ne savons comment nous dînerons. Nous avons compté qu'il nous serait aisé de renouveler nos provisions, à mesure que nous nous avancerions dans l'intérieur. Mais hélas nos espérances sont bien près de s'envoler.

Les gens mettent une mauvaise grâce évidente à nous apporter ce que nous leur demandons : et encore ils choisissent les plus mauvaises pièces du troupeau ou de la basse-cour. On nous demande un fusil pour une chèvre dont les os percent la peau, un barillet de poudre pour une poule qui n'a que les plumes. Tous les prix sont à l'avenant. Cette cherté excessive des vivres nous inspire d'amères réflexions : malheureusement on ne dîne pas seulement de pensées tristes. Nous faisons le tour du village, pour tâcher de trouver des conditions plus acceptables. Nous voyons ainsi de plus près les habitants. Ce qui nous frappe le plus, c'est la coiffure des femmes : elles font de leurs courts cheveux trois tresses qu'elles disposent en trois rangs tordus autour de la tête, avec une superbe mèche au sommet.

L'étape de la matinée a été dure, et les jours précédents ont été marqués par un surcroît de travail, aussi notre chef accorde-t-il volontiers aux porteurs le jour de repos qu'ils lui demandent, sur un ton du reste fort convenable, par l'organe de leurs nyamparas. De notre côté, nous partons à la chasse : mais après avoir battu la brousse en tous sens, dans un rayon de quelques milles, nous rentrons au camp fourbus et bredouilles. Nous n'avons pas aperçu le moindre gibier et nous nous résignons à passer par les exigences des villageois, plutôt que de nous coucher sans souper. Un de nos hommes est allé pêcher dans le Kisémo (ici encore le village porte le nom de la rivière voisine) qui coule à quelque distance, large, claire et peu profonde, sur un fond de sable et de quartz. Il nous rapporte une énorme anguille que nous prenons tout d'abord pour un serpent, à cause de la conformation bizarre de sa tête. Mais il paraît que c'est bien une anguille et malgré l'horrible ratatouille à laquelle notre maître-queux la prépare, nous la trouvons exquise... mais nous aurions préféré autre chose.

A la nuit, nous entendons à petite distance le son d'un tambour, avec le brouhaha d'une troupe nombreuse. Le bruit se dirige du côté du village. Bientôt nous voyons surgir de la brousse des hommes en armes, puis le tambour, puis une file de porteurs, et enfin toute une caravane débouche sur le plateau où nous sommes campés. Elle est forte de deux cent quatre-vingts hommes, et commandée par un Arabe qui vient spontanément à notre rencontre. Ses manières aisées, ses vêtements riches, sa bonne tournure dénotent un homme de condition. En effet, Mohammed ben Omar est un des plus gros négociants de la côte orientale. Il conduit à Bagamoyo un chargement considérable d'ivoire qu'il vient d'acheter dans la région des Lacs. Nous lui offrons du thé; il nous donne des nouvelles de Taborah et nous parle longuement de la contrée qu'il vient de traverser. Entre temps, arrivent des soldats de Bagamoyo. Ils nous ramènent nos deux déserteurs Ounyamouésis, qui se sont faits prendre aussi bêtement que leur prédécesseur, au moment où ils allaient s'embarquer pour Zanzibar. Les Askaris les ont ligotés comme des saucissons, de sorte que ces malheureux ont les bras tout mâchés par les cordes. Réveil voudrait bien leur épargner la bastonnade qui les attend, mais pour le bon exemple et le maintien de la discipline, il est obligé de les punir; sans quoi les autres se croiraient autorisés à nous planter là au premier caprice qui leur passerait par la tête. On les remet donc aux mains du chef des porteurs et demain, devant toute la troupe, ils recevront le châtiment de leur faute.

Ces incidents ont en partie rempli la nuit : le jour ne tardera pas à paraître et d'ailleurs notre envie de dormir est passée : plutôt que de nous coucher, nous préférons aller à la pêche. Peut-être serons-nous assez heureux pour rapporter quelque belle pièce, de laquelle nous déjeunerons. Nous voilà partis avec Ali, munis de lignes et, pour amorces, des insectes que nous avons pu nous procurer et de quelques débris de viande.

La Kitémo est certes très poissonneuse : à tout instant nous voyons quelqu'un de ses hôtes faire un bond hors de l'eau pour attraper des moucherons. Mais c'est là tout le profit de notre entreprise : après trois heures de station au bord de la rivière nous rentrons au camp, ne rapportant que nos lignes...

Nous partons; le sentier est tracé sous bois, sur un sol sec et résistant. Le paysage est pittoresque, avec des arbres magnifiques (*taxus elongatus;*) partout se déroule une végétation luxuriante. Ce que nous admirons surtout, c'est la profusion inouïe de fleurs qui parsèment ce canton : les plus abondantes sont des convolvulus roses et des pâquerettes jaunes, dont on voit le sol littéralement tapissé, par places, sur de vastes étendues.

Vers le milieu du trajet, nous apercevons le pic Kongoué, perdu dans l'éloignement, dans l'O.-N.-O. (?) Et peu après, les grands pics de M'Rogoro et les sommets de la chaîne M'Koya surgissent, tout embrumés, de l'horizon. Cela nous annonce que nous allons bientôt entrer dans la région montagneuse; demain nous passerons les monts Daroula. A défaut de cet indice, nous pouvons remarquer que le niveau du pays se relève dans la direction de l'intérieur : nous trouvons le terrain moins uniformément plat. Çà et là, nous avons constaté que nous gravissions des montées, à pente peu sensible, mais qui indiquent un changement notable d'altitude. La nature du terrain a changé aussi; les paillettes de mica, des conglomérats ferrugineux, le calcaire saccharoïde, le gneiss, commencent à apparaître sous nos pas.

Au bout de quatre heures de marche nous arrivons au Lougueningueré, petite rivière d'une quinzaine de mètres de largeur, peu profonde, mais très poissonneuse. Nous dressons notre camp pour la nuit auprès d'un village qui porte le même nom que la rivière, suivant un usage très répandu dans cette partie de l'Afrique. L'étape du lendemain nous mène en pays Yangahangui, autre village également peu important, auprès duquel nous dressons nos tentes.

Notre premier soin est d'envoyer des hommes sûrs dans toutes les directions, avec l'ordre de se procurer quelques vivres, car nous sommes à bout de provisions. Mais tous nos émissaires reviennent au bout d'un certain temps sans rien rapporter. Le fait est que le pays a l'air parfaitement misérable : il n'est point cultivé et ne produit rien, que de la brousse.

On se demanderait de quoi vivent les habitants des petits villages qu'on rencontre de temps à autre, si l'on ne savait que les noirs, d'une sobriété excessive, vivent de presque rien : ils ne cultivent, de manioc, de sorgho ou de maïs que strictement ce qu'il leur faut pour ne pas mourir de faim; le maigre laitage de leurs troupeaux de chèvres, les quelques œufs de leurs poules, les bananes sauvages contribuent à leur alimentation. Il y a à cet état de choses plusieurs raisons, dont la principale est la paresse invincible du noir : mais il faut dire que l'insécurité dans laquelle vivent les tribus, toujours exposées aux coups de main de voisins plus forts, ne les incite pas à faire d'amples approvisionnements dont ils seront dépouillés à la première occasion.

Il s'écoulera bien des années, avant que les immenses territoires à travers lesquels nous nous avançons soient mis en culture et produisent de quoi indemniser les colons de tout ce que leurs précurseurs et eux-mêmes auront dépensé d'énergie et d'efforts.

Mais ces considérations économiques ne sont malheureusement pas comestibles. Que va-t-on manger? Les gens du village se sont barricadés chez eux, signe presque certain qu'ils ont à peine de quoi subvenir à leurs propres besoins, car s'ils avaient des vivres en abondance, ils ne manqueraient pas de venir les troquer contre nos marchandises.

Révoil se décide alors à partir avec son fusil, espérant que la Providence amènera à portée de balle quelque gibier ; il est plein d'une noble ardeur : en s'éloignant il crie à Férousi :

— Tu peux allumer le feu de la cuisine et préparer tes casseroles : je ne reviendrai que chargé de butin!

Il dit et disparaît dans les herbes.

Les casseroles frémissent d'espoir et le cuisinier se hâte de charger ses fourneaux.

Pendant que notre chef est à la recherche de notre subsistance, nous admirons le paysage. Le coup d'œil dont nous jouissons du camp est merveilleux : le soleil se couche dans des flots de pourpre et d'or : très loin dans le... une haute chaîne de montagnes se profile en bleu sur le ciel d'un rouge ardent. Un grand silence plane sur la nature qui s'endort, et à l'orient, des étoiles se révèlent déjà à l'horizon. Nous sommes sur un plateau assez élevé, bien que nous y soyons parvenus sans fatigue, la pente qui y mène étant longue et peu sensible : et toute la contrée plate que nous venons de traverser se déroule sans un accident de terrain jusqu'à perte de vue. Très loin, dans le fond des plaines herbeuses, une buée légère flotte dans l'air.

Révoil ne rentre au camp qu'à la nuit close. Il est chargé de butin, en effet, mais d'un butin plutôt maigre. Il rapporte un chacal, sans doute pour nous montrer qu'il n'a pas perdu sa poudre, car personne ne voudra manger de la chair de cet immonde animal. Un noir le charge non sans répugnance sur ses épaules et part au pas de course dans la brousse où il va le jeter le plus loin possible du camp. Pour les chacals, un cadavre, quel qu'il soit, sent toujours

Gazelle.

bon; et ceux qui rôdent par là dévoreront sans scrupule leur congénère. Révoil a rapporté en outre quelques petits oiseaux d'eau dont Férousi s'empare pour en faire un salmis, et trois tourterelles tellement dures qu'on les croirait en os. Tout ce gibier suffirait à peine pour calmer l'appétit de l'un de nous : nous nous le partageons fraternellement et une tasse de café bien chaud nous fait oublier que nous avons encore faim.

Tout en bourrant sa pipe, ensuite, Révoil nous assure qu'il est très bon pour la santé de « rester sur son appétit ».

L'étape du lendemain s'accomplit en pays accidenté : cette fois nous sommes tout-à-fait dans la région montagneuse; le chemin que suit la caravane monte continuellement : la montée n'est pas autrement pénible, mais nos porteurs sortent des plaines où le terrain uniformément plat rendait la marche bien plus aisée. Ils commencent à murmurer et de temps à autre, feignant d'être très essoufflés, ils s'arrêtent comme s'ils ne pouvaient plus avancer.

Antilope counou.

C'est une frime pour arriver à obtenir une gratification. Mais un coup d'œil sévère et quelques brèves injonctions du chef de l'expédition leur redonnent du cœur aux jambes. Ils savent par les récentes exécutions qu'avec Révoil la bastonnade suit de près la menace. La marche se poursuit dès lors régulièrement.

Ce canton paraît être giboyeux : gazelles et antilopes s'élancent des halliers à notre approche et égaient de leurs gracieuses évolutions le site africain. Ces bêtes sont si jolies qu'on hésite à les tirer : du reste elles sont si légères qu'on les manquerait. Mais leur présence nous permet de supposer que cette région est peu peuplée : en effet, elles étaient au pâturage au moment où notre arrivée les a effarouchées, et si elles pâturent de jour, c'est qu'elles dorment pendant la nuit. Dans les pays où la population est nombreuse, au contraire, elles dorment de jour et pâturent de nuit. On ne les tire facilement — à moins d'être un chasseur très expérimenté — que lorsqu'elles s'approchent des rivières ou des mares pour s'y abreuver.

Il n'est pas moins difficile de tirer les écureuils, tout à fait semblables à ceux de France, qui font le sabbat dans les arbres sur nos têtes. Évidemment ils n'ont jamais vu tant d'hommes à la fois et c'est dans le feuillage une agitation extraordinaire : on cherche bien à les ajuster, mais ils ne tiennent pas en place.

Cependant, nous marchons toujours, et nous avons fait beaucoup de kilomètres depuis notre rencontre des antilopes : maintenant, nous voyons çà et là des cultures : nous approchons de M'Kési. Bientôt on voit de la fumée sortir d'entre les arbres. Nous arrivons à un endroit où se croisent plusieurs sentiers : nous trouvons là les restes d'un bûcher avec des ossements humains calcinés : les habitants de cette contrée n'étant point anthropophages, nous supposons qu'il ne s'agit là que de l'incinération d'un mort. Mais en faisant quelques pas de plus dans la direction du village, nous voyons tout à coup avec horreur le reste du corps à demi consumé d'un nègre appuyé contre un arbre. Des oiseaux de proie occupés à le déchiqueter s'envolent lourdement à notre approche.

Nous apprenons le soir même à M'Kési, où nous campons, que le supplicié était le propre sorcier de la tribu, et comme la paillote de ce personnage est restée inoccupée, Révoil fait dresser sa tente dessous. S'il pleut, la paillote abritera la tente. Ce sorcier a été brûlé, paraît-il, parce qu'au lieu de se consacrer à ses fonctions dans l'intérêt du village, il profitait de son pouvoir pour jeter des sorts sur les gens qui lui déplaisaient.

Être sorcier, en Afrique, ce n'est pas une sinécure, comme nos lecteurs seraient peut-être tentés de le croire : de plus, c'est une situation très délicate. Qu'on en juge. Le sorcier qui est censé être au mieux avec les idoles, doit obtenir d'elles tout ce qui est nécessaire au bonheur du village, tant de la collectivité que des particuliers. Si la sécheresse sévit dans le pays, c'est au sorcier qu'incombe le soin d'obtenir de la pluie; si les pluies trop abondantes abîment les cultures, il doit réclamer de la sécheresse. Si le village est en guerre avec des gens voisins, le sorcier doit obtenir la victoire pour les siens : si une épidémie désole la contrée, il doit faire en sorte qu'elle épargne sa tribu, etc., etc. Le sorcier sait ce qui est fétiche et ce qui ne l'est pas : c'est lui, du reste, qui consacre fétiche ce tronc d'arbre, ce rocher, l'objet quelconque sur lequel il prononce gravement des formules à dormir debout. Il vit dans l'intimité des choses du mystère : si le vent souffle, il sait ce que dit le vent : si le tonnerre gronde, il sait la cause de l'irritation qui se manifeste ainsi. Le sorcier vit couvert de gri-gris, et personne ne sait à quoi il passe son temps : il compose des philtres et des remèdes et rend à l'idole un culte bizarre, dont lui seul connaît la signification.

Écureuil.

On le voit par ces simples faits, il n'est pas donné à tout le monde d'être sorcier. Ce personnage vit grassement, bien qu'il ne se livre à aucun travail : tout le monde, dans le village, lui fait des cadeaux : celui-ci donne une poule, celui-là un cabri : cet autre du tabac. D'ailleurs le sorcier n'a qu'à exprimer un désir pour le voir aussitôt réalisé : les gens l'admirent, mais ils le craignent. Les sorciers très forts sont les véritables chefs des tribus, car ce sont eux qui tiennent en réalité les ficelles du gouvernement : ils élèvent ou ils abaissent à leur gré les grands de la terre.

Mais une si belle situation ne va pas sans quelques désagréments : parfois, dans les villages, il se trouve des esprits forts qui étudient les trucs du sorcier, et vendent la mèche : alors le personnage n'apparaît plus à ses concitoyens que comme un vulgaire fumiste ; on ne lui donne plus de poules, plus de manioc, plus de tabac. Et comme les autres noirs lui tiennent rancune de ce qu'il s'est en maintes circonstances joué de leur crédulité, il reçoit des bourrades plus souvent qu'à son tour.

Il arrive aussi que des chefs un peu crédules chargent le sorcier d'obtenir de la divinité une faveur, l'accomplissement de tel ou tel événement, le succès de telle ou telle entreprise. Si l'affaire réussit, il est comblé de poules et de cabris : son prestige grandit. Si l'affaire manque, il est roué de coups de bâton et quelquefois pendu. Dans l'un ou l'autre cas, cependant, il n'y est pour rien.

Enfin, les sorciers indélicats — il y en a — abusent quelquefois trop ouvertement de leur pouvoir... surnaturel au profit de leurs appétits temporels ; et si leurs dupes aperçoivent le fil blanc dont est cousue la malice, l'imposteur passe, comme celui dont nous avons vu les restes carbonisés, un fichu quart d'heure.

Feu le sorcier dont Révoil occupe la paillote devait avoir de son vivant un secret pour attirer les rats dans son logis : ou bien il a voulu, en mourant, se venger du village en lui envoyant cette plaie aussi redoutable que celles d'Égypte. A peine sommes-nous installés qu'il arrive des rongeurs de tous les côtés : on ne sait pas d'où ils sortent, mais il en sort continuellement : le sol en est tantôt littéralement couvert : c'est une fourmilière. Désagréablement surpris de cette invasion, nous essayons de la repousser. Les rats grimpent le long de nos jambes, montent sur les tentes, se fourrent dans les plis des ballots ; impossible de les chasser. On tombe dessus à coups de crosse, à coups de bâton, avec tout ce que l'on trouve sous la main. On les assomme par paquets : au bout de peu de temps de cet exercice, c'est par milliers qu'ils jonchent la terre. Nous nous décidons à plier bagages et à aller camper beaucoup plus loin. Les rats ne nous suivent point et même, ceux qui s'étaient réfugiés dans les charges, sentant que nous nous éloignons, sautent à terre et courent rejoindre leurs amis.

Le fils du chef nous apporte un chevreau en cadeau, de la part de son père; en retour, Révoil lui offre un barillet de poudre de cinq livres; il ne perd pas au change, cela se voit à l'air de satisfaction avec lequel il emporte son barillet. Ce gentleman s'appelle Maksoudi.

L'on se remet en marche de bonne heure, le lendemain.

Le baromètre accuse 435 mètres d'altitude.

Cette région est peuplée : nous rencontrons plusieurs villages, mais suivant une habitude du pays, ils sont cachés dans de profonds fourrés : on passerait à côté sans les voir, si nos hommes ne nous faisaient remarquer les sentiers qui y conduisent, et qui sont eux-mêmes dissimulés sous la végétation. Non seulement ces petits centres de populations sont ainsi cachés au fond du bois, mais encore ils sont entourés d'une double, et parfois d'une triple enceinte de palissades ou de haies. A l'entrée de chaque village, on voit sous une hutte un vase de terre sur un socle grossier, le tout consacré à la divinité du lieu, des fétiches, sans doute, sur lesquels les noirs comptent pour éloigner de chez eux les gens malintentionnés. Quelquefois le vase est remplacé par un mortier de bois.

La végétation de cette région est vraiment étonnante, d'abondance et de beauté.

Des insectes de toutes formes et de toutes couleurs viennent, pour ainsi dire d'eux-mêmes s'offrir à nos filets, s'introduire dans notre flacon d'alcool.

Nous cueillons pour notre herbier des fleurs merveilleuses, mais nous renonçons vite à cet exercice car nous réveillons des taons qui nous poursuivent, et les moustiques, réfugiés pendant la chaleur du jour parmi les herbes, nous dévorent.

Campement dans un fourré : nulle part aux environs nous n'avons trouvé de site découvert pour y dresser nos tentes.

En explorant les alentours, nous relevons les traces d'un buffle. Saïd le chasseur part avec nous à sa recherche. Nous marchons plusieurs heures, mais nous ne voyons pas le ruminant, bien que nous suivions ses traces avec précautions, car le buffle est encore un animal à qui il ne fait pas bon d'inspirer de l'inquiétude. C'est une bête féroce dans toute l'acception du terme : avec cela, douée d'une force prodigieuse, elle se jette à corps perdu à travers bois, herbes et buissons, et si elle est menacée ou légèrement blessée, elle fond sur ses agresseurs, les cornes basses, avec une rage aveugle.

Nous marchons si attentivement à la poursuite du buffle que nous ne remarquons pas les premiers symptômes de l'orage qui tout à coup éclate sur nous. Pluie, grêle, éclairs, vent à... décorner le buffle, rien n'y manque : nous sommes littéralement aveuglés par la pluie et les éclairs qui se succèdent sans interruption. Nous sommes en pleine brousse, sans le moindre abri où nous réfugier. Nous sommes trempés jusqu'aux os : la nuit est tout à fait noire. L'orage dure une heure et demie. Au bout de ce temps, nous ne pouvons plus songer à la chasse : d'ailleurs la pluie a effacé les traces de l'animal. Nous pensons plutôt à nous en retourner au plus vite. Mais ici commence la difficulté : nous ne savons plus où nous sommes par rapport au camp.

Pour comble de malechance, nous devons nous trouver dans une dépression de terrain ; car on a dû allumer des feux au camp, sitôt la pluie passée, et si nous étions sur une hauteur nous les verrions. Mais nous ne voyons rien, nous n'entendons rien que le bruissement des herbes et des feuillages. Cela commence à ne pas être drôle, d'autant moins que nous sommes affamés. Saïd tire un coup de fusil en l'air. C'est une bonne idée. Quelques instants s'écoulent et nous entendons un coup de feu dans le lointain : c'est

Buffle.

le camp qui nous répond. Nous nous mettons aussitôt en marche du côté où la poudre a parlé : mais il n'est pas commode de marcher de nuit dans la brousse : nous glissons sur le sol détrempé, nous butons contre des racines, nous trébuchons dans les herbes : nous sommes piteux. Cependant, d'autres coups de feu éclatent, plus rapprochés, auxquels nous répondons : plus de doute, on nous cherche. En même temps, une belle fusée monte tout droit dans le ciel tout noir, et arrivée au bout de sa course elle semble planer un instant, puis éclate en une pluie d'étoiles qui retombent vers la terre. Nous multiplions les coups de fusil, et bientôt nous voyons des lueurs rougeâtres errer parmi les herbes : Ce sont des gens du camp qui nous cherchent avec des torches : nous sommes sauvés ! Mais nous avons bien failli passer la nuit dans la brousse, ce qui n'est pas exempt de danger.

Un dîner copieux sinon succulent, une tasse de café et une pipe nous aident à nous remettre de cette alerte.

Le lendemain, nous rencontrons un troupeau d'antilopes chevalines, elles ne s'effarouchent pas, ce qui permet à Révoil d'en ajuster une, et de la tuer raide bien qu'il l'ait tirée à plus de quatre-vingts mètres. C'est une bête superbe : six hommes peuvent à peine la soulever. On prend cependant les mesures nécessaires pour la transporter jusqu'à la prochaine hutte, car la chair excellente de cet animal ne pouvait arriver plus à point.

Il existe plusieurs sortes d'antilopes et de gazelles : on voit des antilopes grosses comme des chevaux, comme celle que notre chef venait de tuer : mais la grosseur moyenne de ces animaux ne dépasse pas celle d'une grosse chèvre. Quant aux gazelles, il en existe dans l'Afrique centrale une variété toute petite dont les adultes les plus grands, ont de 25 à 30 centimètres de hauteur. Ces bêtes sont si mignonnes que leur grâce désarme la gent chasseresse : il est bien rare qu'on les tue.

Après avoir marché toute la matinée, nous arrivons vers onze heures au village de Kirougouia : le premier objet qui s'offre à notre vue en y entrant est un nègre phénomène : sa peau est d'un rouge cuivre, tandis que ses cheveux sont tout blonds : il a du reste les mêmes traits que les autres noirs. S'il y avait des baraques de foire en pays noir on exhiberait certainement cette originale fantaisie de la nature.

Ce village marque la limite du pays des Ouckéré, que nous venons de traverser : c'est une région mal famée, qui passait naguère pour n'être habitée que par des bandits. Les chefs de convois arabes, qui furent longtemps les seuls à les sillonner, ne s'y aventuraient pas sans hésitation. La population doit être assagie, puisque nous n'avons essuyé aucune attaque: ou bien, ce qui est aussi vraisemblable, elle s'est dispersée. Nous avons pu constater, en effet, la rareté des habitants.

Antilope chevaline.

Quoi qu'il en soit, ceux qui restent ne se livrent à aucune industrie : ils cultivent le moins possible ; ils se nourrissent de gibier, de maïs, de millet : les mauvaises langues disent qu'ils détroussent encore les caravanes trop faibles pour se défendre, mais on ne cite aucun fait. Au lieu de courir la brousse, ou de s'exténuer à gratter la terre pour y semer du millet, ils aiment bien mieux boire du *pombé*.

Il est strictement vrai que les Européens ont introduit l'alcoolisme en Afrique : mais l'ivrognerie y a existé de tout temps. Les noirs qui s'enivrent avec de l'alcool s'enivraient auparavant avec d'autres boissons, car n'importe où que l'on aille, on voit les gens fabriquer quelque breuvage fermenté, dont la composition varie suivant les pays. En leur apportant l'alcool, on n'a donc fait que créer une variété d'un vice déjà répandu dans presque tous les pays fétichistes. Le musulman échappe en général à la funeste habitude de s'enivrer, mais il en a d'autres qui ne sont pas moins redoutables pour les peuplades voisines, telles que celle de réduire en esclavage et de vendre aux marchands de bois d'ébène, les gens des tribus trop faibles pour se défendre contre lui. Mais sur ce point encore, il convient de faire des réserves : tous les noirs livrés à l'esclavage ne sont pas pris les armes à la main : un très grand nombre sont vendus aux esclavagistes par leur propre chef de tribu, fétichistes endurcis, qui eux-mêmes ne se privent pas de transformer en esclaves leurs ennemis vaincus à la guerre ou leurs congénères quelconques surpris dans la brousse. Par conséquent, l'esclavage n'est pas une institution essentiellement musulmane ; et si les chefs fétichistes ont moins d'esclaves que les Arabes ou arabisés, cela tient tout simplement à ce que n'étant pas comme ces derniers commerçants, guerriers ou caravaniers, ils ont moins besoin de serfs qu'ils seraient obligés de nourrir et qui ne leur rendraient pour ainsi dire aucun service.

Mais revenons au pombé : ce breuvage est obtenu par la fermentation, à l'eau froide, du sorgho, du maïs ou de la banane. Exposé d'abord au soleil, il est ensuite bouilli dans de grandes jarres de terre noire. Son odeur rappelle assez celle de la drèche, ou résidu d'orge provenant de la fabrication de la bière, résidu que les cultivateurs de nos pays, voisins des brasseries, donnent à manger à leurs bestiaux. Pris en petite quantité, le pombé remplace avantageusement l'eau louche et saumâtre, telle qu'on la trouve presque

La cuisson du pombé.

partout en Afrique, et dont l'usage engendre la fièvre et la dysenterie. Pris en abondance il procure une ivresse farouche, qui n'est pas moins redoutable que celle due à l'alcool.

Nos porteurs ont un penchant très marqué pour cette boisson, qu'ils dégustent tout en prenant le chanvre : mais nous tenons la main à ce qu'ils n'en aient jamais qu'une provision réduite.

La torréfaction du sorcier dont nous avons vu les cendres n'est pas paraît-il un fait isolé dans le pays Ouckéré : c'est au contraire une coutume, de livrer au bûcher le sorcier coupable d'impuissance ou de tripotages surnaturels : on brûle de même les simples mortels convaincus d'avoir jeté des sorts à leur prochain. Ce que l'on nous dit des mœurs des Ouckérés nous fait comprendre pourquoi il est si difficile de se ravitailler dans leur pays : s'il ne produit rien, ce n'est pas que le sol y soit naturellement stérile : c'est parce qu'on ne le cultive pas. Il en est autrement dans le pays où nous entrons, et dont nous allons visiter une des principales localités.

Kirougouia est l'une des résidences d'une puissante reine qui porte suivant l'usage le nom du pays : Simba-Mouéni. En tant que nom de pays, cela veut dire « Forteresse du lion » ; appliqué à la reine il signifie : « Reine-Lion ». On ne sait pas bien, à propos de cet usage, si les chefs prennent toujours le nom du pays, ou bien si le pays prend le leur. Ce dernier cas se produit souvent, à cause de l'habitude qu'ont les noirs, pour indiquer le lieu (et par extension le pays) où réside un grand chef : « chez un tel ». Quant aux diverses significations du nom propre, selon qu'il désigne un pays ou une personne, c'est la bouteille à encre du langage nègre.

Ce village a meilleur air que tous ceux que nous avons vus jusqu'ici : les cases, mieux bâties, laissent entre elles des espaces réguliers, les arbres plantés çà et là pour répandre entre les habitations un ombrage bienfaisant, le sol nivelé, l'absence autour des cases de détritus et d'immondices, les palissades d'enceinte bien solides et bien tenues, attestent que cette reine est supérieure, sous le rapport du gouvernement et de l'administration, aux chefs dont nous avons visité les villages. Simba-Mouéni a été élevée par les Pères du Saint-Esprit, et les résultats de son éducation sont bien visibles : elle a su inculquer à ses sujets l'amour du travail, et leur a donné des notions de culture. Les champs bien cultivés, autour du village, s'étendent au loin ; le pays est défriché dans un rayon très étendu : la reine elle-même donne l'exemple, en travaillant en personne dans ses plantations, les plus vastes, les mieux tenues et les plus prospères d'ici à Bagamoyo. La reine a une vague idée de la puissance et de la civilisation des blancs : deux ans auparavant, les Pères l'ont décidée à se rendre à Sadaani où elle a été reçue à bord de nos navires de guerre. Du reste, elle a poussé son excursion jusqu'à Zanzibar, où elle a pu constater de visu ce que sont une grande ville, un état policé et un pays bien cultivé. Depuis lors elle se met en relations avec toutes les caravanes et les missions de passage, leur facilitant dans la mesure de son pouvoir, l'accomplissement de leur voyage et leur ravitaillement : elle acquiert ainsi de jour en jour, au contact des étrangers, des connaissances nouvelles — sans compter qu'elle y gagne de beaux cadeaux. Comme on le voit, Simba-Mouéni sort de l'ordinaire.

Au moment de notre arrivée à Kirougouia, Simba-Mouéni est aux champs, où elle surveille son monde. Révoil lui envoie un exprès pour la prévenir de notre arrivée et lui demander une entrevue.

Elle nous envoie une chèvre et un panier de riz, en attendant son retour au village.

Son nom signifie la « Reine-Lion » ; elle a sous sa dépendance plusieurs villages très importants, tous aussi bien tenus, aussi bien construits que celui-ci, qui compte une cinquantaine de feux.

Simba-Mouéni a succédé à son père Kisibengo, qui était lui-même un chef puissant. Autrefois elle et avant elle son père, prélevaient le *ougo* sur les caravanes : elle a renoncé à ce tribut, sauf sur les caravanes Ounyamouésis venant de la côte.

Elle réside alternativement quelques jours à Kirougouia et quelques jours à M'Rogoro. Dans ses villages les hommes travaillent plus que dans les autres tribus, tandis que les femmes s'occupent davantage des enfants et du ménage. On n'a pas à redouter ici la dépopulation : chaque femme porte un ou deux enfants sur

Canne à sucre.

son dos : de jolis négrillons rieurs, qui vous sourient au passage. Les femmes se rasent le pourtour de la tête, ne conservant qu'une calotte de cheveux au sommet. L'habitude de porter des ornements d'oreilles très lourds leur allonge démesurément, comme chez les Indoues, le lobe de l'oreille.

Dans tous les champs, dans les villages, de grands feux d'herbes sont allumés chaque soir, faisant leur œuvre d'assainissement : Aussi les reptiles, les fauves, les rats, sont-ils rares sur le territoire, où la présence et le labeur de l'homme s'accusent à chaque pas. Partout on rencontre la canne à sucre, les courges, le sorgho, le millet, le bananier : de nombreux sentiers sillonnent le pays.

Nos hommes, depuis longtemps privés de friandises, se donnent des indigestions de canne à sucre, dont les gens du village leur donnent à discrétion des tronçons : à l'endroit où nous avons fait halte, le sol est jonché de débris de canne.

Simba-Mouéni nous fait enfin dire qu'elle est prête à nous recevoir, et nous nous rendons à sa case, vaste et solide construction, où elle nous attend. Autour de la pièce principale, grande et fort propre, d'immenses jarres sont dressées : Ali qui nous sert d'interprète, nous dit qu'elles contiennent du pombé, dont la reine verse volontiers des rasades à ceux de ses sujets qui lui ont rendu de petits services. Mais à notre grand étonnement, nous ne voyons pas la reine : elle se tient derrière une cloison de roseau, qui divise la hutte en deux pièces. Elle demande qui nous sommes et Révoil lui répond que nous sommes Français, lui dit le but de notre voyage : elle nous adresse alors quelques paroles de bienvenue. Notre chef lui demande pourquoi elle se tient ainsi cachée.

— C'est, dit-elle, parce que des voyageurs blancs, qui sont passés par ici avant vous m'ont grossièrement insultée ; et si ce n'avait pas été par crainte de créer des complications à Saïd-Bargasch, je ne les aurais pas laissé sortir vivants de mon domaine. — Si je me dissimule à vos regards, ajoute-t-elle, c'est afin d'éviter le retour de semblables incidents.

Révoil l'assure qu'elle n'a rien à redouter de nous :

— Nous sommes Français : n'avez-vous donc pas entendu citer la courtoisie des gens de notre nation ? Avez-vous été mal reçue par les nôtres à Sadaani ?

Simba-Mouéni, à cet argument, pousse la cloison qui glisse dans deux glissières de bois ; nous voyons apparaître une grande femme de robuste apparence, au visage énergique, aux cheveux grisonnants. Contrairement à la mode suivie par ses sujettes, elle porte sa chevelure intacte, bien peignée, et partagée par une raie. Ses cheveux sont tressés : elle est vêtue sans aucune recherche d'une robe d'indigo montante. Elle salue notre chef d'un signe de la main et s'assied sur un pliant de paille tressée.

— En quoi donc ce qui se passe chez vous, lui demande Révoil, regarde-t-il Saïd-Bargasch ?

— C'est parce que je suis sa vassale et que je dois en toutes choses agir au mieux de ses intérêts, quand les miens n'en souffrent pas. Tout ce que j'ai de territoire dépend du sultan, mon suzerain.

Révoil la remercie des services qu'elle rend aux voyageurs et aux Pères de M'Rogoro, envers lesquels elle se montre fort reconnaissante de l'éducation qu'ils lui ont donnée. Il la félicite sur l'état prospère du territoire de ses villages. Là-dessus, nous remettons à la reine quelques cadeaux apportés à son intention, sur le conseil de Sewa : cela consiste en coupons de jolies étoffes, en parfumerie, en mercerie ; un parasol et un fort bel éventail lui causent un ravissement indicible.

Nous nous retirons, afin de la laisser vaquer à ses affaires : elle nous a invités à séjourner aussi longtemps qu'il nous plairait sur son territoire, mais nous devons partir demain.

En la quittant, Révoil lui remet un petit pavillon français, afin qu'elle sache dorénavant distinguer les caravanes françaises parmi celles qui commencent à sillonner l'Afrique centrale.

En sortant, nous trouvons sur le seuil deux de ses gardes ou domestiques, accroupis de chaque côté de la porte. Ils nous font l'effet de fêter plus que de raison l'événement du jour, qui est notre arrivée à Kirougouia : ils sont évidemment.... émus de joie et de pombé.

Une fois dehors, nous nous retournons pour examiner plus longuement la case royale : elle est fort bien construite, en polygone régulier, avec un toit pointu. Les parois sont en bois et la toiture en chaume. La case est au centre d'une triple enceinte de palissades, à l'intérieur de laquelle s'élèvent d'autres constructions de moindre importance, sans doute les logements des gens de Simba-Mouéni et son grenier à provisions. Nous parcourons le village. Les huttes en sont construites en forme de ruche, avec deux ou trois enceintes. Les gens nous font bon accueil : ils sont propres et paraissent animés d'un excellent esprit. Nous leur achetons des légumes et de la viande.

Notre camp est dressé hors de l'enceinte : nous y retournons ; on a profité de ce que nous sommes dans un pays sûr et tranquille pour passer les charges et les armes en revue. Les charges sont au complet et en bon état, mais il y a trois malades, atteints de dysenterie sans fièvre, et deux Ounyamouésis manquent à l'appel. On a constaté aussi la disparition d'un fusil, qui doit avoir été volé par les gens du dernier village auprès duquel nous avons campé. Il paraît superflu à Révoil de partir à sa recherche : les Ouckérés ne le rendront point et nous feraient peut-être un mauvais parti.

CHAPITRE IV

M'Rogoro. — La mission des Pères du Saint-Esprit. — Mianzi. — Le désert de M'Kata. — Kingo et ses habitudes. — Une fête au camp. — Kimanga. — Niguéré. — Séjour à Kondoa.

En route pour M'Rogoro, dans la fraîcheur matinale; la marche est d'abord agréable, mais le soleil poursuit lui aussi son itinéraire dans le ciel d'un bleu violent et bientôt ses rayons nous font trouver l'étape longue. Nous continuons à nous élever au-dessus du niveau de la mer; à mesure que nous nous approchons du massif montagneux, les montées s'accentuent davantage. Cependant, la région offre de belles vallées avant d'arriver à M'Rogoro. Au milieu de celles que nous traversons, coule une jolie petite rivière aux eaux fraîches et pures; elle est peu profonde et nous la passons à gué avec de l'eau jusqu'au-dessus du genou. Ce bain de jambes, sous l'ombrage des grands arbres qui étendent leurs panaches au-dessus du cours d'eau, nous procure à tous un agréable délassement.

Comme le gros village de Moualé se trouve sur notre chemin, le chef décide que nous nous y arrêterons pendant les heures de la grande chaleur; ce sera une simple halte.

Par extraordinaire, en nous approchant des cases, nous ne voyons personne venir au-devant de nous; il semble que tout le village est inhabité. Il n'en est rien cependant, mais il a dû se passer quelque chose de très grave, car les gens nous laissent arriver jusque sur la grand'place sans s'occuper aucunement de nous. Les hommes vont et viennent silencieusement; d'autres sont aussi devant leurs huttes; tous ont un air tragique et ils nous regardent passer comme s'ils nous avaient vu de tout temps passer sur leur territoire. Le premier objet qui frappe nos regards sur la place est un gros amas de cendres, d'armements calcinés et de troncs et de branches plus ou moins carbonisés; il en sort encore beaucoup de fumée, une forte odeur de roussi. Devant une hutte plus vaste que les autres, des femmes sont accroupies, la tête couverte d'un lambeau de cotonnade; il y en a une dizaine et elles poussent sans interruption des gémissements, toutes sur le même ton; on se croirait au Conservatoire de la lamentation.

Que signifie tout cela?

Sur l'ordre de Révoil, le chef des porteurs arrête un passant et le questionne; le noir répond d'un air navré :

— Ces femmes sont les épouses des notables; elles remplissen un pieux devoir en *pleurant* le chef du village qui est mort l'avant-veille d'une maladie inconnue. C'était un homme juste, bon et généreux; sa mort a plongé tous ses sujets dans l'affliction.

Quant au bûcher, les deux sorciers du village y ont été brûlés la veille avec leurs fétiches. Ces deux imposteurs, que le chef avait de son vivant comblés de bienfaits, n'ont su ni deviner sa maladie, ni l'empêcher de mourir, bien que dès les premières atteintes du mal ils aient formellement promis, pour se faire donner des cadeaux, de guérir radicalement leur crédule monarque. Le peuple, indigné, les a livrés aux flammes, ainsi que leurs grotesques dieux de bois; et maintenant que prêtres et divinités sont réduits en cendres, peut-être regrettent-ils le temps où ils croyaient à la vertu des simagrées des deux farceurs.

La chaleur passée, on se met en route; nous débouchons bientôt dans une plaine immense où s'étend le village de M'Rogoro. Nous sommes à l'entrée d'un grand cirque, bordé de hautes montagnes dont les arêtes et les cimes découpent en traits durs le ciel bleu.

Nous débouchons bientôt dans une plaine immense où s'étend le village de M'Rogoro.

Révoil fait observer que ce site ressemble à ceux de la région des Pyrénées.

— Oui, réplique Angelvy, qui est miné par la fièvre, avec cette différence, que dans la région des Pyrénées, au mois de janvier, il fait un peu moins chaud qu'ici !...

Cependant, les détails des monts se précisent; leurs croupes sont couvertes de végétation; les sommets des pics sont noyés dans la brume. Tout à coup, à un coude du sentier, nous apercevons les bâtiments de la mission française, à une grande hauteur sur le flanc de la montagne; c'est un grand chalet, avec des constructions plus petites qui l'entourent. Auprès, s'élève un petit édifice qui doit être la chapelle. Malgré la distance à laquelle nous nous en trouvons, il est facile de reconnaître que de vastes terrains cultivés s'étendent au loin autour de la mission, à côté de laquelle une masse de verdure doit être un parc ou un grand jardin.

M'Rogoro est un grand village important; on n'y compte pas moins de cent vingt à cent trente feux. Il est complètement entouré d'un mur en maçonnerie grossière, qui avait été solidement construit; malheureusement, il est tombé par place et n'a pas été relevé.

On pénètre dans le village par plusieurs portes dont une seule est restée debout; elle est à deux battants sculptés dans le goût indo-arabe et doit être assez ancienne. On voyait encore il y a quelques années dans M'Rogoro, paraît-il, une maison en pierres, assez coquette, qui servait de forteresse au sultan indigène Kisibengo, père de notre amie Simba-Mouéni.

Tout ce pays a été autrefois conquis par Kisibengo, chef ouasigana sur les Ouakamis, peuplade dont les restes habitent encore sur les hauteurs voisines où les vaincus se réfugièrent lors de la conquête. Kisibengo passe pour avoir été un chef autoritaire et rapace mais progressiste; il rançonnait durement les caravanes et eût plusieurs fois maille à partir avec le sultan de Zanzibar qui résidait trop loin de là pour faire sentir son autorité d'une manière bien efficace. Cependant, ce roi a fait beaucoup pour la contrée. Il fit faire de grands défrichements et planter des palmiers et des cocotiers. Ses sujets apprirent de lui la culture de plusieurs plantes ou arbustes qui donnent maintenant des récoltes appréciables, grâce auxquelles règne dans le pays un certain bien-être inconnu des populations voisines.

Malgré cela, les vivres sont très chers à M'Rogoro. Notre chef, après avoir demandé le prix de quelques denrées, se prend à murmurer :

— Quel dommage que la charcuterie soit inconnue dans ce pays !

— Pourquoi donc?

— Parce qu'on pourrait dire que ces gens-là n'attachent pas leurs chiens avec des saucisses.

Le fait est qu'ils paraissent fort intéressés; ils couvent des yeux nos ballots; ils demandent pour une poule un *doti* (8 coudées) de méricani, et un *demi-doti* de Kaniki. Si leurs poules pondaient des œufs d'or, encore !

Comme nous cherchons un emplacement propice pour y dresser notre camp, des enfants de la Mission viennent nous avertir que les Pères sont informés de notre arrivée et nous attendent. Ces négrillons ont vraiment fort bon air; le plus âgé (ils sont deux) peut avoir une douzaine d'années; ils sont vêtus d'un long caleçon et d'une veste de cotonnade bleue; leur mine éveillée, leur politesse, leur propreté attestent qu'ils ont déjà reçu des Pères une certaine éducation.

Ils marchent devant nous, mais nous aurions trouvé le chemin sans peine; pour nous rendre à la Mission, nous suivons un sentier large et bien tracé à travers un bois magnifique où les ébéniers sont fort nombreux. Le sentier va toujours en montant car la Mission est située à six cents mètres d'altitude. Chemin faisant, nous ne pouvons nous empêcher d'admirer les résultats obtenus sous la direction des Pères; partout, autour de nous, la nature a été asservie; dans le bois que nous avons traversé, les arbres poussent librement dans un sol débarrassé des ronces et de toute la végétation de contrebande qui encombre d'ordinaire les forêts équatoriales; en quittant le bois, nous traversons des champs aussi bien tenus, aussi bien cultivés que ceux de nos campagnes. Sur le plateau où nous accédons enfin, le terrain a été nivelé, tranché, rapporté,

Cocotier.

afin de le rendre plan sur une étendue suffisante. Le bâtiment principal de la Mission est en bois, mais il est facile de voir que sa solidité lui permet de braver les ouragans; son architecture, du reste, ne manque pas d'une certaine élégance rustique. La chapelle est construite en briques séchées au soleil, couverte en zinc, et cette toiture fin de siècle fait un effet singulier dans ce paysage africain que pourtant elle ne dépare pas.

Du bord de ce plateau, on découvre un panorama grandiose; d'un côté, la haute et la puissante chaîne à laquelle le pays qui se déroule devant nous est comme adossé. A nos pieds, la contrée s'étage en terrasses jusqu'aux plaines lointaines où le buffle, l'antilope et la gazelle bondissent dans la brousse; çà et là, des taches plus vertes indiquent les cantons couverts de grandes herbes. De minces rubans miroitent au fond de la plaine : ce sont les rivières que nous avons traversées.

Nos regards, en se reportant vers le pays de M'Rogoro, remontent les longues pentes qui sont comme les assises de la montagne, et à mesure que nous les ramenons vers le village auprès duquel notre camp se voit distinctement, avec ses tentes plantées bien en ordre, la région apparaît plus vivante, plus verdoyante, plus peuplée. C'est le soir; on voit de toutes parts de minces colonnes de fumée s'élever dans l'air pur, tandis que les bruits indéfinissables de la nature montent vers le ciel.

Les missionnaires viennent à notre avance; le supérieur, avisé de notre passage probable par les Pères de Bagamoyo, nous attendait; il nous reçoit avec une courtoisie et une cordialité parfaites; il nous invite à dîner et à coucher à la Mission. Notre chef accepte pour nous, mais nous étions venus avec l'intention de faire une simple visite et de nous en retourner le soir même. Il faut donc que M. Angelvy et moi revenions au camp, afin de donner les ordres et de régler le service pour la nuit et la matinée du lendemain.

Nous trouvons tous nos hommes en train de se gaver de cannes à sucre.

Nos devoirs remplis, après une halte suffisante pour nous reposer, nous reprenons le chemin de la Mission. Avant le dîner, on nous fait visiter les dépendances : des magasins clos, mais vastes, aérés, protégés contre les rats et l'humidité. Ce n'est pas qu'à la hauteur où nous sommes le sol soit humide comme dans les plaines; l'humidité est causée ici par les pluies longues et fréquentes.

Autour de la Mission, ce ne sont que plantations de caféiers, de bananiers, de vanille, etc., mais elles n'excluent pas les cultures moins nobles et le maïs, le manioc, les légumes occupent de grands espaces.

M'Rogoro renfermerait en abondance des produits européens, conserves, médicaments, étoffes, objets divers que les Pères avaient commencé à y centraliser dans le but de les répandre peu à peu dans la contrée, mais un incendie a détruit, il y a deux ans, les magasins de ces approvisionnements. Les Pères s'étaient donné tant de peine pour rassembler ces marchandises que l'un d'eux ne put survivre à ce désastre qui engloutissait leurs espérances et anéantissait leurs efforts, et il mourut de chagrin.

Au moment de notre passage, il n'y a à la Mission que deux Pères et un frère (d'un autre ordre) qui surveillent les travaux. Ils instruisent une vingtaine de ménages qu'ils ont formés en mariant des jeunes gens du pays et qui habitent près de la chapelle un petit village bien bâti et fort propre.

L'heure du dîner arrivée, nous rentrons à la Mission. L'on nous sert un excellent dîner où dominent, gracieuse attention de nos hôtes, des légumes de France importés par leurs soins dans ce coin de l'Afrique, dont le sol et le climat leur conviennent fort bien, comme nous en pouvons juger par leur saveur.

Nous allons prendre le café sous une vérandah qui longe tout un côté du bâtiment. On y jouit d'une vue encore plus belle que celle que nous admirions en arrivant sur le plateau. Une agréable surprise nous attend : un ami de Révoil, officier de marine, en station à Zanzibar, sachant que nous passerions vraisemblablement par ici, a fait parvenir aux missionnaires une boîte de londrès à l'adresse de notre chef et nous en fumons quelques-uns avec délices.

Une brise fraîche souffle du nord ; la nuit déroule sur la contrée endormie son manteau étoilé ; en bas de la côte, le village fait une masse noire, mais les feux qui brillent auprès nous prouvent que notre camp est bien gardé. Nous restons longtemps sans parler, plongés dans un far-niente délicieux.

Puis, la conversation s'engage sur les choses de ce pays. Les Allemands en convoitent la possession et leurs missions scientifiques et commerciales l'ont déjà sillonné en tous sens.

Ils ont fondé çà et là, des stations qui ne sont en apparence que commerciales ou agricoles, mais dont les chefs sont certainement chargés de répandre l'influence allemande. Ils s'y prennent d'ailleurs fort mal et, faute d'avoir su, au début, manier les populations indigènes, ils se voient en butte à une hostilité presque générale. Dans l'Oussagara, notamment, leurs agents ont eu des mésaventures tragiques; on leur refuse des vivres partout, et un de leurs compatriotes, chef de service d'une société de colonisation, est récemment mort d'inanition en plein pays habité! Le baron de Bulow, dont nous avons déjà parlé, après avoir eu des démêlés avec ses porteurs et avec les gens du pays, n'a dû son salut qu'à une fuite précipitée.

Nous demandons aux Pères si les visées européennes ne menacent pas leur Mission.

— S'il est vrai, dit le supérieur, qu'il y a un droit des gens, je ne pense pas que nous soyions jamais inquiétés ici, car le territoire que nous occupons nous a été régulièrement concédé par Simba-Mouéni, à qui appartient tout le pays, sous la garantie de son suzerain Saïd-Bargash, sultan de Zanzibar.

La nuit s'avance. On nous conduit à nos lits dressés dans la même chambre spacieuse. Ah, les lits de la Mission, quel rêve! Des lits avec un sommier, de bons matelas et des draps blancs; nous nous en rappellerons longtemps! Depuis Zanzibar, nous dormons sur le lit de camp, dont le matelas de crin est comme rembourré de noyaux de pêches; de drap, point; une couverture de laine dans laquelle on s'entortille, ce qui n'empêche pas d'être tourmenté par les fourmis, dévoré par les moustiques et parfois inquiété par d'autres bêtes, plus grosses et plus redoutables. Le vent pénètre dans la tente, en passant sous les bords mal joints; la pluie passe au travers et le lit de camp, mal assujetti, menace de s'effondrer à chaque mouvement que vous faites. Entre les draps de nos hôtes, dans la chambre où ne bourdonnent pas les moustiques, nous pouvons nous croire transportés à Capoue. Et le matin, il nous semble que nous nous levons avec des jambes neuves. Révoil a précisément projeté une excursion dans la montagne ; nous partons ; nous nous sentons de force à gravir les pics les plus escarpés.

A quelques centaines de mètres de la Mission, nous rencontrons le torrent qui alimente l'établissement des Pères ; il est frais, gai et

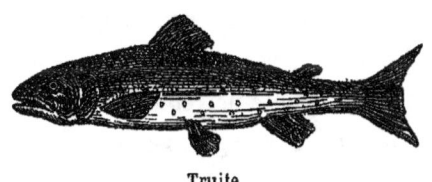

Truite.

bavard ; des plantes en tapissent les bords, y trempent leurs feuilles ; il bondit de roche en roche, formant çà et là des bassins où ses eaux se reposent comme pour en repartir plus rapides.

Nous regrettons de ne pas avoir emporté une ligne, car les truites y sont nombreuses. On ne pense pas à tout.

A 750 mètres d'altitude, nous entrons dans un sentier que le graphite rend très glissant : à 800 mètres, nous voyons apparaître les fougères. De temps à autre nous nous retournons : le panorama est immense, et nous découvrons une étendue de pays considérable, dont la pureté de l'atmosphère nous laisse voir les détails aussi loin que notre vue nous le permet. Autour de nous, une végétation pressée, vigoureuse, mais courte et comme ramassée sur ses tiges, escalade les pentes.

A 900 mètres, Coco commence à grogner. Le froid le surprend désagréablement : il court tout grelottant se réfugier dans un fourré, d'où les exhortations de son maître ne parviennent pas à le faire sortir. A la fin, Révoil impatienté lui crie, comme s'il se fut adressé à un enfant capricieux :

— Coco, on ne t'emmènera plus !

On dirait que le chien a compris cette menace : il sort en grommelant de son refuge, et recommence à nous suivre, mais il est évident que les beautés de la nature alpestre n'ont plus d'attraits pour lui.

A 1100 mètres, nous traversons un misérable village ouakami, dont les huttes d'herbes et de terre gâchées ensemble sont suspendues au flanc du mont ou entre les rochers comme des nids d'oiseaux de proie. Coco montre les dents aux habitants, qui nous font grise mine. Leurs maigres cultures sont disséminées sur les rares emplacements où la pente ne rend pas le travail impossible. Il y a toujours quelqu'un du village assis ou rôdant dans les champs, pour en chasser au besoin, à force de cris et de gestes, les cynocéphales dont la montagne est peuplée, et qui se sauvent devant nous comme des bandes d'écoliers surpris en maraude.

De l'endroit où nous sommes, nous voyons à la même altitude plusieurs autres petits villages dans la montagne : ils appartiennent aussi à des Ouakamis et sont entourés de quelques champs. Mais toutes les parties cultivables ne sont pas défrichées : cela se fera sans doute avec le temps. Sans l'ambition de Kisibengo, ce massif montagneux fut peut-être resté éternellement inculte.

A 1200 mètres, nous trouvons l'oseille et la tomate sauvage, l'air est tout à fait vif, il faut songer à la descente. Nous ne pourrions du reste pas aller plus loin, car la base rocheuse du pic Kongoué s'érige abrupte, inabordable, devant nous. Son sommet doit dépasser une altitude de 2000 mètres au-dessus du niveau de la mer.

Nous quittons M'Rogoro, le 13 janvier, à quatre heures du matin; nous passons sans incident le Louguérenguère, et nous campons auprès d'un petit village du même nom : il se compose seulement de six à sept huttes, et est entouré d'une palissade. Le pays est assez giboyeux : on voit beaucoup d'antilopes et de zèbres, mais ils nous sentent, et s'éloignent de nous : impossible de les tirer.

Ce coin de pays est tout fleuri ; le sol est couvert de grandes phidées, de glaïeuls jaunes, de digitale rouge, de blenié ; le karambaki, qui donne un bois de senteur estimé, est assez abondant.

Cynocéphale.

Les hommes doivent être aux champs, nous ne voyons dans le village que des femmes, celles-ci ne portent pas aux bras et aux jambes des armatures de fort laiton, comme en pays Ouackéné : elles ont de simples anneaux de chevilles et des bracelets. Le pendant d'oreille, ici, est remplacé par un petit disque de bois inséré dans le lobe largement percé : elles ont la tête rasée avec seulement trois ou quatre cheveux sur le sommet du crâne. O Mode, combien tu es changeante... et parfois grotesque! Cette population a le type Souhéli prononcé, et est de couleur marron foncé, plutôt que noire.

Nous allons le lendemain camper à Mianzi, où nous conduit un beau chemin sous bois, parmi les herbes et les fleurs, il faut pour y arriver traverser le lit, large et peu profond, mais complètement à sec entre deux rideaux de bambous, du Mazimbou : vienne un orage, on verra là un torrent pour quelques heures impassable.

Pour la première fois, nous voyons des girafes. Elles sont en troupeaux et pâturent tranquillement les cimes des mimosas. Nous les observons à loisir. On sait combien est bizarre la structure de cet animal, qui pourtant ne paraît pas disgracieux dans le cadre où il est appelé à vivre. Nous ne pouvons pas voir tous les détails de leur conformation et de leur pelage, à cause de l'éloignement, mais Saïd est tout prêt à nous donner tous les renseignements possibles sur cet étrange ruminant. Nous ne voyons que deux cornes, mais il en porte trois dont une se trouve sur le chanfrein et est peu développée : ces cornes offrent cette particularité qu'elles sont formées d'une partie osseuse soudée au crâne et recouverte de peau et de longs poils durs. Leur crinière est courte, leur queue se termine en un bouquet de crins. Le pelage de celles que nous voyons est roussâtre, avec des taches blanches. Leurs jambes sont si grêles que l'on croirait qu'elles vont se briser au moindre choc, surtout les antérieures, deux fois plus longues, au moins, que celles de derrière. La longueur de leur cou leur permet de cueillir leur nourriture, du feuillage ou des fruits, sur les arbres élevés : leur bouche atteint facilement des branches à six et sept mètres du sol. Pour saisir ce qu'elles convoitent, elles tirent la langue, une langue démesurément longue, souple et déliée, qui s'enroule autour de la branche.

Elles sont plus embarrassées quand il leur faut ramasser ou cueillir à terre quelque objet comestible; c'est alors une grande affaire pour elles : elles commencent par écarter un pied de devant, puis l'autre, elles courbent ensuite vers le sol leur long cou, avec de lentes précautions, comme si elles avaient peur de le casser. Elles sont obligées de se livrer à cette gymnastique chaque fois que, pour boire, elles ne peuvent pas entrer dans l'eau.

Elles marchent drôlement, en avançant à la fois les deux

Girafe.

jambes du même côté : c'est ce qu'on appelle en termes de course marcher l'amble. Mais cette démarche ne les empêche pas de courir avec une très grande vélocité, quand le sol est libre d'obstacles.

Les lions sont particulièrement friands de la chair des girafes : aussi, fait judicieusement remarquer Ali, quand on voit des girafes quelque part, on peut être sûr que les lions ne sont pas loin. Avec les douces bêtes, cependant, les fauves n'ont pas toujours la partie belle. Cela va bien quand ils peuvent les guetter et les attendre du haut d'une éminence, ou à l'abri d'un fourré, d'où ils bondissent dessus sans crier gare; mais si la rencontre a lieu en terrain découvert, et que le lion se trouve en face d'une girafe adulte, bien venue, il peut passer un mauvais quart d'heure.

En effet, le ruminant se ramasse sur son train de derrière et tombe à grands coups de sabots de ses pieds de devant sur la tête de son adversaire qui est parfois assommé, en tout cas, étourdi du coup, sans préjudice de la blessure que peuvent causer les sabots pointus, fourchus et très durs.

Les noirs aussi sont friands de la chair des girafes, mais elles *sentent* l'homme à une grande distance et n'attendent pas sa flèche ou son coup de fusil.

C'est ce qui arrive pour les nôtres, pendant que nous les examinons; la brise à peine sensible qui rase les herbes étant venue à tourner, elles flairent notre présence et comme si un même coup de fouet les enlevait toutes, elles partent à fond de train, avec un drôle de balancement de leurs grands corps dégingandés.

Ce que nous voyons de plus remarquable à Mianzy, c'est l'air inquiet des habitants à notre approche, ils se figurent peut-être que nous allons les dévaliser, mais le chef des porteurs va les rassurer de la part de Révoil. Cependant Coco fait aux portes mêmes du village, sous un buisson, une sinistre trouvaille : une tête humaine à moitié rongée par les hyènes, et que l'on s'empresse d'enfouir. On cherche le corps pour le recouvrir aussi de terre. On ne trouve rien.

Quel drame s'est dénoué là? De quel châtiment, ou de quelle vengeance barbare avons-nous retrouvé l'horrible témoignage? Si simples que soient les noirs, ils n'en sont pas moins agités parfois de passions violentes, tout comme, hélas, de plus civilisés : et la brousse, les bois profonds, les fleuves tranquilles entre leurs berges tapissées de molles verdures, sont trop souvent le théâtre de crimes atroces.

Le camp établi, nous partons à la chasse, tous les trois, avec Saïd. A nous quatre, nous ne tuons rien. Cependant, il y a des antilopes, des zèbres, comme des moineaux dans les squares de Paris.

Cette guigne persistante à la chasse commence à sembler louche à Saïd. Le fait est qu'on n'a presque rien tué depuis Bagamoyo. Le noir se demande avec inquiétude si quelque sorcier de notre pays ne nous aurait pas jeté un sort; il m'exprime ses craintes, confidentiellement.

Je le rassure : dans notre pays, on ne se jette pas de sort, d'ailleurs tous les blancs sont sorciers; que peut un sorcier contre un autre sorcier ?

— Ça dépend, dit Saïd dans son patois créole, de la valeur du fétiche de chacun ! Et il me tourne le dos, bien convaincu que je n'entends rien aux choses surnaturelles.

En rentrant au camp nous voyons un de nos hommes attaché à un arbre, c'est un Ounyamouési, il est nu comme un ver; les autres font cercle autour de lui, et comme l'on dit en argot de Paris, ils se « payent sa tête ». Ce brave garçon manquait à l'appel depuis M'Rogoro; ayant été « reçu » dans une famille du village, il avait bu tant de pombé avec ses hôtes qu'il ne s'était pas aperçu du départ de la caravane. Il a voulu, son ivresse passée, courir sur nos traces, mais il a été arrêté par des gens qui l'ont complètement dévalisé : par là il faut entendre qu'on lui a pris son mauvais manteau et son langouti. Il donne cette version, mais rien n'empêche de croire qu'il a vendu ses loques pour boire en route.

Quoi qu'il en soit, il n'a pas volé les quelques coups de nerf de bœuf que lui administre, *coram populo*, sur les reins, Ninga le Kirongoro (Ninga, tête de la caravane).

En partant de Mianzy, nous nous dirigeons vers le cours de la

Makata, cours d'eau de quelque importance, dont il nous faut franchir un petit affluent.

Nous sommes dans le *pori*. Le *pori*, c'est le steppe : le désert ;

Marabout.

tout ce qu'on voudra excepté un pays riant. Le pori de la Makata doit être le fond d'anciens marais, maintenant desséchés, c'est un sol sec, mais gras et mou. Le passage incessant des gros animaux y a laissé partout des trous plus ou moins larges. Peu de végétation, sauf quelques palmiers et des ombellifères fort clairsemées, des herbes dures, pas de gibier, les bêtes y passent, mais n'y séjournent pas. Au bord des mares, nous voyons de beaux marabouts, mais ils s'enfuient à notre approche.

Nous campons dans le village de K'na-Kigongo (chez Kigongo) au bord de la Makata. Le cours de cette rivière est torrentueux : à la suite de grandes crues, sans doute, les eaux ont déraciné de gros arbres que le courant a emportés, en arrivant en face du village une roche ou tout autre obstacle les aura arrêtés, et évités en travers du cours d'eau, d'autres se sont arrêtés contre, et un pont s'est ainsi trouvé construit. On passe fréquemment les rivières, en Afrique, sur des ponts semblables, qui n'ont pas eu d'autre architecte que le hasard. Du limon, des feuilles tombées, s'accumulent entre les troncs, des lianes s'y enroulent, et l'édifice finit par offrir une certaine solidité.

Nous allons pêcher, nous nous baignerions volontiers, mais la présence de nombreux crocodiles nous donne à réfléchir. Bonne pêche : nous rapportons de quoi faire une grosse friture. Révoil en envoie une assiettée à Kigongo, qui nous a fait cadeau à notre arrivée d'une poule et d'un plat de farine de sorgho. Le nègre nous fait dire que la friture était excellente; il ne doit pas en manger tous les jours de pareille, elle nous a rappelé Bougival et les bords fleuris de la Seine.

Nuit désagréable : moustiques, cris de crapauds, rugissements dans le voisinage. Les eaux de la Makata sont basses, les herbes pourrissent sur les berges et empestent les abords de la rivière. Cela pourrait nous donner la fièvre, nous buvons du thé bien chaud arrosé de rhum. Pipes nombreuses.

Dès le lever du soleil, le passage de la rivière commence; il faut l'effectuer avec précautions car le poids d'un homme lourdement chargé pourrait déranger la position de l'un des arbres qui forment le pont. De plus, les troncs ne sont pas exactement juxtaposés, et il faut éviter de passer à travers les interstices. Quant à nous, avec nos bottes, nous marchons difficilement sur ces arbres non équarris et où l'eau récemment haute a déposé une mousse glissante.

Les crocodiles, des vases de chaque rive, regardent nos évolutions, c'est le moment où jamais de ne pas tomber à l'eau.

Cela dure trois heures. Coco aime mieux passer sur le pont, porté sur les épaules de son maître, que de renouveler son expérience du Kingani; il regarde les sauriens et il a l'air de se dire : « Ils sont trop ! »

Sur l'autre rive, c'est encore le *pori;* les palmiers y sont plus nombreux, mais ils sont pour la plupart privés de tête. C'est au pied de l'un de ces arbres que fut inhumé Moffat, le compagnon de Cameron, et nous envoyons à ce malheureux une pensée émue, en passant auprès de l'emplacement probable de sa sépulture. La marche est difficile sur ce sol inégal, de boue desséchée.

Le soleil arde rudement. Vers le milieu du jour, nous apercevons dans le lointain un troupeau de buffles et malgré la chaleur torride Révoil et moi courons après, bientôt suivis par Ali, le chef des porteurs. Arrivés à bonne distance, Révoil s'arrête, ajuste un ruminant... et au moment où il lâche la détente, un étourdissement le jette à terre tout de son long. Ali s'empresse, il a dans sa gourde de l'eau avec laquelle il asperge le visage de notre chef, qu'il aide ensuite à se remettre sur pieds. C'est une petite insolation, dont il sera guéri dans quelques jours.

Quant aux buffles, ils courent encore.

La soirée de ce jour est marquée par une autre émotion. Révoil venait de s'étendre sur son lit de camp et il allait s'endormir, lorsqu'il sent à ses pieds un frôlement. Il allume vivement une bougie et que voit-il? un énorme serpent qui cherche à se glisser sous sa couverture. Sauter à bas de sa couchette et saisir son fusil pour châtier le téméraire est pour notre chef l'affaire d'un instant. Mais l'ophidien, aussi prompt que lui, disparaît comme par enchantement, et malgré les recherches des hommes de garde accourus à l'appel de Révoil il est impossible de le retrouver.

Cet incident a occupé une grande partie de la nuit, néanmoins au jour levant on plie bagages, et, en route !

Le pays devient plus praticable; le sol est meilleur, la marche plus facile. Nombreuses traces de léopards et de girafes. Nous longeons sans nous y arrêter un petit village composé d'une douzaine de paillotes : c'est Kobéringha.

Vers midi, au moment de la journée où il semble que la lumière solaire se change en plomb fondu nous arrivons au grand village de K'na-Kingo (chez Kingo), but de notre marche de ce jour, (17 janvier). Kingo est le frère de Simba-Mouéni et nous sommes sûrs de trouver chez lui un bon accueil. Le village est clos de trois enceintes : cactus, ronces et broussailles, et entouré de cultures; on voit partout des palmiers-dattiers sauvages, disséminés dans les champs. Nous pouvons goûter les fruits d'un de ces arbres, nous les trouvons âpres et secs.

Kingo est absent du village, il est en tournée dans ses terres, mais les gens de sa maison, auprès desquels nous nous recommandons de la reine noire, nous offrent l'hospitalité sous la vérandah d'une grande case dépendant de la résidence du chef. Tout auprès, un énorme borame domine tous les arbres voisins, englobé par des lianes arborescentes. Cette masse de verdure nous donne une ombre fraîche des plus agréables. Les habitants de K'na-Kingo ont l'air d'être de braves gens, travailleurs et paisibles, outre les cultures que nous avons vues, ils doivent faire aussi l'élève des troupeaux, car de tous côtés nous remarquons de beaux bestiaux, des chèvres, etc.; les basses-cours sont encombrées de volailles.

Le lendemain de notre arrivée, on nous annonce le retour de Kingo qui vient peu après nous faire une visite. C'est un homme jeune, gros, gras, content de lui; de bon gros yeux bêtes rient dans sa face noire. Il est vêtu d'une longue chemise blanche de Zanzibarite et porte un turban de couleur, d'étoffe fine. Un stick à la main, il s'efforce de prendre des airs de pacha. Une bonne figure, au demeurant et un bon garçon, malgré quelques ridicules. Il se montre fort courtois envers nous et, sitôt rentré chez lui, il nous envoie en cadeau une chèvre, du lait, du pombé et des œufs. Dans l'après-midi, nous allons lui rendre sa visite et le remercier; il est enchanté des cadeaux que Révoil lui a fait remettre un peu auparavant : une montre en argent, un flacon d'eau de lubin, un barillet de poudre, un pot de confiture de groseilles et une pièce de cotonnade à raies rouges. Il nous retient à dîner dans sa case, très confortable, et nous offre un repas copieux et bien servi — bien servi pour le pays, s'entend. Les plats de résistance consistent en un chevreau rôti, de la cuisse de girafe apprêtée avec force épices, de la courge, des bananes cuites, quantité de hors-d'œuvre plus ou moins succulents, bons fruits. Pombé à... indiscrétion.

Le roi abuse un peu même de ce breuvage; il devient encore plus jovial et plus communicatif et finit par nous mettre au courant de toutes ses petites affaires de ménage et d'extra-ménage. C'est, à l'entendre, un véritable Don Juan, et il nous raconte quelques-unes de ses aventures qui ne manquent pas de saveur. Il nous parle aussi de ses voyages; il peut se vanter d'avoir vu du pays : il a été à Bagamoyo, à Zanzibar, à Taborah, à Oudjiji.

Kingo a entendu parler de la France : c'est une île située dans la mer, un peu plus loin que Zanzibar; il y a de grands villages, mais moins beaux que la capitale de Zanzibar. Du reste, il aime beaucoup les Français et il prie Révoil d'aller saluer de sa part le chef de « K'na Frénji » quand nous retournerons dans notre « île ».

Enfin, le dîner s'achève; Kingo est complètement gris et, quand nous prenons congé de lui, il se jette avec un attendrissement sincère dans les bras de notre chef. Brave Kingo !

Nous arrivons à notre case juste à temps pour éviter le déchaînement d'un gros orage ou, pour mieux dire, d'un de ces subits ouragans dont l'Afrique équatoriale paraît être le laboratoire permanent. Le vent hurle et secoue furieusement la case; le ciel est sillonné d'éclairs, la foudre gronde. Les orages de ces pays-ci sont comme les colères de femmes nerveuses : ils font un sabbat d'enfer, cassent tout et finissent par fondre en pluie torrentielle, vrai déluge de larmes des éléments calmés et repentants.

Dans notre case, Ali-ben-Abdallah, le contremaître des porteurs, nous attend. Il vient signaler au chef un vol commis par un pagazzi; on a pris le coupable *flagrante delicto*. Que faut-il faire?

Révoil donne l'ordre d'attacher le voleur à un arbre pour le reste de la nuit; demain on le jugera. Ali s'en retourne sous les pleurs du ciel.

Ces faits ne sont pas rares; aussi, dans les caravanes, punit-on sévèrement les voleurs; il est d'autant plus nécessaire de faire des exemples quand l'occasion s'en présente, que le noir n'a qu'une idée confuse du principe de la propriété. Si on laissait les porteurs s'adonner à leur penchant, ils auraient vite fait de dévaliser l'expédition. Pour nous, *voler* est une grosse mauvaise action; pour le nègre, *chiper*, *crocher*, n'est qu'une peccadille, et encore! Dans certaines peuplades tout à fait barbares, on a ça dans le sang; on vole avec un cynisme tranquille mais en même temps avec dextérité. Cet instinct s'exerce de préférence au détriment des voyageurs, ceux-ci apportant avec eux maints objets qui tentent la cupidité naïve du noir; puis le blanc se garde mal contre les voleurs dont il ne soupçonne pas l'habileté et, enfin, le blanc n'est-ce pas l'ennemi?

Les noirs se volent bien aussi entre eux, mais comme ils ne possèdent généralement rien que tous ceux du village ou de la tribu n'ont eux-mêmes à discrétion, il en résulte que les vols sont plus rares. D'ailleurs, le volé ne tarde pas à découvrir le voleur auquel il a peut-être joué lui-même, autrefois, quelque tour pareil. Ils échangent des horions et n'en sont pas plus mauvais amis après, car, comme on dit dans le peuple, « un voleur qui en vole un autre, le diable en rit ».

Au contraire, dans les tribus noires déjà décrassées de la barbarie originelle, le vol est sévèrement puni, car le commencement de la civilisation qui s'y est introduit a eu pour premières conséquences de hausser le niveau de la moralité, et aussi d'élargir le cercle des besoins, d'attirer les objets nouveaux pour y satisfaire et d'augmenter la valeur relative de chaque chose.

La pluie nous empêche de partir le lendemain; on juge donc ce jour-là le voleur. Révoil le condamne à recevoir vingt coups de fouet. Les pagazzis, ounyamouésis et zanzibarites trouvent cette condamnation juste. D'ailleurs, elle est conforme à l'usage suivi dans les caravanes; pour le vol d'un objet dans une charge, vingt coups de fouet; c'est un prix fait... comme les petits pâtés. Mais les noirs aimeraient mieux les petits pâtés.

Les porteurs s'assemblent, appelés au centre du camp par le tambour; leur chef, Ali-ben-Abdallah, expose les faits. Révoil se tourne vers les noirs : « Le pagazzi est-il coupable? Mérite-t-il d'être châtié? » A l'unanimité, la réponse est affirmative. « Emmenez-le; il recevra vingt coups de fouet! » Les nyamparas s'emparent de lui, le ramènent auprès de l'arbre où il a été déjà attaché; il est lié de nouveau contre le tronc et le noir chargé des exécutions fait son office.

A peine détaché, le voleur, écumant de rage, saute aux faisceaux des Askaris, empoigne un fusil et couche Abdallah en joue. Aussitôt les soldats se jettent sur lui et le chef de l'expédition, qui a été témoin de cette scène, donne l'ordre de le réattacher et de lui donner vingt coups de fouet de plus, puis on le laisse attaché toute la journée afin de lui laisser le temps de se calmer et de faire de salutaires réflexions.

Après cette exécution, Révoil passe en détail la revue de sa caravane et constate que plusieurs de ses hommes sont malades : la dysenterie et les fièvres éprouvent cruellement notre personnel. Il faut procéder à un remaniement dans la distribution des charges, les hommes malades étant exempts de portage ; ils suivront la caravane et se borneront à rendre les petits services que leur état permettra d'attendre d'eux. On ne peut songer à les laisser ici où ils ne pourraient pas recevoir tous les soins dont ils ont besoin ; si c'était nécessaire, on les laisserait de préférence dans un village voisin d'une Mission française.

Afin d'améliorer un peu aujourd'hui l'ordinaire de la troupe, Révoil achète un bœuf. Férousi, aidé de quelques hommes, dépèce l'animal et le découpe ; Abdallah surveille la répartition des pièces de viande entre les marmites. Ce sont des discussions à n'en plus finir, chaque chef de marmite voulant avoir une meilleure part que le voisin. Les Ounyamouésis, surtout, sont insatiables ; si on les écoutait, ils prendraient toute la viande et ne laisseraient aux autres que les os.

Puis on distribue le pocho, en marchandises, puisque nous sommes en pays de ressources, et les hommes ont la permission d'aller au village troquer leur « méricani » contre des vivres. Comme il leur est défendu de conserver du pombé pendant les marches, si ce n'est une toute petite quantité, ils en boivent le plus possible tout en négociant leurs échanges, et quelques-uns rentrent au camp un peu gris.

Le soir, Révoil fait battre la m'ganda par les tambours. Les hommes sont bien reposés : ils ont bien dîné et sont en belle humeur. Ils accourent avec empressement et commencent à danser au centre du camp. Puis les Ounyamouésis se partagent en deux troupes et font un de ces simulacres de combat qui semblent former chez eux le fond de toute réjouissance publique. Ces danses, cette petite guerre sont généralement accompagnées d'un tapage infernal, le noir n'ayant pas précisément la joie silencieuse.

Entre temps, on a placé de distance en distance des torches

sur des pieux plantés en terre et elles suffiraient largement pour éclairer la fête, même si la lune, qui est dans son plein, ne nous comblait de sa douce lumière.

Cependant les cris, les chants, les torches, les tambours ont éveillé la curiosité des gens du village qui ne sont pas accoutumés à entendre tant de bruit à leurs portes. Ils viennent rôder autour du camp et, peu à peu, enhardis, ils finissent par s'en approcher. On les invite à pénétrer dans l'enceinte et ils ne se le font pas dire deux fois ; les hommes se mêlent aux danses tandis que les femmes assises sur leurs talons battent la mesure en frappant leurs mains l'une contre l'autre, ce qui fait s'entre-choquer, avec un bruit étrange, leurs bracelets de cuivre et de terre cuite.

Pendant que la joie coule à pleins bords, notre chef appelle Abdallah à l'écart et lui dit quelques mots tout bas ; le contremaître disparaît dans la foule et, après d'assez longues recherches, en ramène deux hommes sûrs. Tous trois, avec Révoil, se dirigent mystérieusement vers la grande tente sous laquelle sont rangées les charges et, après en avoir remué un certain nombre, ils en sortent chargés d'une caisse et d'un petit paquet oblong. Que diable signifie ce manège ? Au lieu de revenir vers le centre de la fête, ils sortent du camp et s'arrêtent derrière un petit tertre tout voisin et ils ne donnent plus signe de vie pendant une bonne demi-heure.

Mais tout à coup nous avons le mot de l'énigme, les chants, les danses, les cris s'arrêtent comme par enchantement et une clameur d'admiration s'élève de la foule noire, tandis qu'une brillante fusée monte avec un frou-frou dans le ciel. A bout de course, elle s'arrête, éclate et sème dans la nuit une pluie d'or. Aussitôt après celle-là, une autre part, puis une autre, encore une autre ; elles sont de feux différents : celle-ci jetant des étoiles vertes, celle-là des globes bleus, comme de grandes fleurs à minces tiges sans feuilles et qui laisseraient tomber sur le sol leurs clochettes embrasées. Alors, parmi les noirs, c'est un délire ; ils battent des mains, ils trépignent, poussent tous les cris que l'admiration peut faire sortir d'un gosier humain. Jamais, à K'na-Kingo, pas plus que dans aucun des villages voisins, ils n'ont vu le sorcier produire pareilles merveilles. Aussi ont-ils une fière idée des blancs! Auprès de nous, Saïd le zanzibarite, pérore au milieu d'un groupe; il a tant voyagé que rien ne lui est étranger, rien ne l'embarrasse.

— Vous avez bien vu, tous, ces étoiles qui tombent du ciel pendant la nuit? Vous ne savez pas où elles vont? Elles tombent dans l'île des blancs. Il y a des gens qui les ramassent et qui les mettent dans des fusils de cartons. C'est cela que le chef blanc fait partir maintenant !

Et les bracelets des femmes, dans leurs battements de mains admiratifs, s'entre-choquent à cette ingénieuse explication.

Mais le moment le plus sensationnel est celui où se déploie le bouquet : une rosace à pointes, tournant avec une rapidité vertigineuse et lançant de tous côtés des pétards rouges, blancs, bleus; enfin elle s'arrête de tourner et se transforme en une belle fleur. Personne ne souffle plus mot. C'est tellement beau que les plus bruyants restent bouche bée, les bras ballants, comme pétrifiés par tant de splendeur.

Nous pouvons partir tranquilles : les gens d'ici se souviendront longtemps de notre séjour parmi eux.

Enfin la fête se termine ; le tambour qui avait convié les danseurs au plaisir les invite maintenant à s'en aller. Les noirs du village s'en vont avec leurs femmes par petits groupes, à regret, et de loin en loin ils se détournent comme pour voir si, par hasard, il ne resterait pas dans le ciel quelque fusée oubliée. Le camp, bientôt, reste avec ses seuls hôtes habituels; on place les sentinelles avant d'aller dormir et chacun se retire, qui sous un arbre, qui sous sa tente.

Au loin, dans le Nord-Ouest, de fréquents roulements de tonnerre se font entendre sur les monts Oussagara et, dans la brousse, autour du camp, un tigre rôde et rugit; les hommes de garde, par bonheur, veillent bien et les feux entretenus avec soin tiendront éloigné jusqu'au jour ce dangereux rôdeur. Au jour, on relève ses traces à moins de cent mètres de nos tentes, mais le fauve est loin.

. . . .

En route. La caravane va allègrement; les malades, sans charges, suivent tant bien que mal. D'abord on marche à travers un épais fourré : herbes, arbustes, lianes et feuillages forment une véritable muraille dont la crête dépasse la hauteur d'un homme chargé de chaque côté du sentier, heureusement assez large et bien tracé. Ensuite le fourré s'éclaircit, le pays se découvre, l'herbe devient plus courte et l'on se croirait dans un grand parc. La solitude est complète : pas un homme, pas un animal, pas un oiseau.

Nous nous rapprochons toujours un peu plus des monts Oussagara qui se détachent en masses bleu sombre sur le fond plus clair du ciel; de gros nuages noirs stationnent au-dessus comme accrochés à leurs pics.

Au sortir du parc où nous cheminions tout à l'heure, nous nous trouvons dans une région moins agréable et, chose singulière, alors que nous n'avons pas vu traces d'habitations là où le paysage est le plus riant, nous rencontrons maintenant de nombreux groupes de huttes qui ne constituent pas à vrai dire des villages, mais dont la présence indique cependant que le pays est très habité.

Et tout en marchant, nous nous rappelons cette appréciation que tous les voyageurs ont portée et porteront toujours sur l'Afrique intertropicale : « Là où le pays est fertile, il est malsain; là où il est infertile, il est sain. » Cela explique sans doute la rareté des habitants dans les régions marécageuses et dans celles où le sol, sans être précisément marécageux, est très humide; la végétation y est d'une abondance, d'une beauté, d'une variété extraordinaires, mais il est impossible d'y travailler le sol trop généreux et même d'y séjourner quelque temps sans y contracter le germe de fièvres mortelles.

Un orage a dû crever hier par ici et toute la pluie dont il disposait, il l'a versée dans la campagne où nous sommes ; la terre, d'un

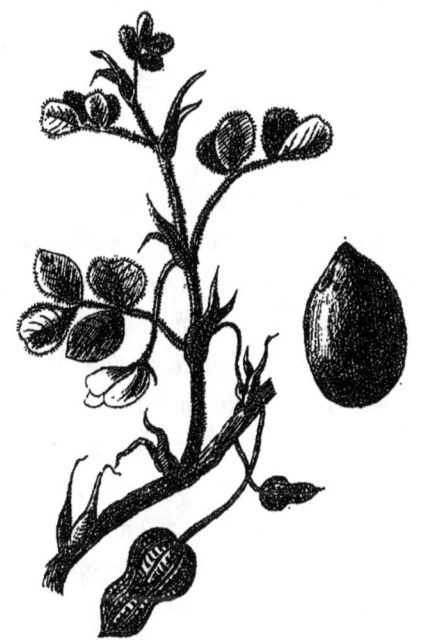

Arachide.

rouge brun, est toute détrempée et nous pateaugeons dans le sentier transformé en un ruisseau boueux.

Beaucoup de cultures : de vastes plantations de tabac, des forêts de bananiers et, çà et là, de beaux champs de maïs. Entre ces grands espaces, des champs plus petits sont consacrés à l'arachide, au montana, à la canne à sucre. L'aspect vivant du pays nous donne une excellente opinion des habitants. Les huttes et les cases se pressent par groupes de plus en plus importants ; ce sont maintenant de petits villages que nomme le guide : Kinamba, Komouïna, sont les plus considérables. Ces villages forment une sorte de confédération qui s'étend le long de la rivière Irouga (bassin du Ouami) sous le gouvernement d'un chef général nommé Farahon, qui est le vassal du sultan de Zanzibar.

Nous nous arrêtons pour camper dans le village du chef Niagheri, qui nous fait un accueil cordial et nous envoie en présent du lait, du riz et une poule. En remerciement du dîner très passable que nous faisons grâce à ce chef, Révoil lui envoie un joli pagne à bande rouge, un petit miroir et un pot de pommade.

L'envoyé de notre chef rapporte que Niagheri est ravi de ces cadeaux ; les notables du village viennent les admirer dans sa case ; ils palpent l'étoffe, se regardent l'un après l'autre dans le miroir ; ils voudraient bien essayer de la pommade dont le parfum caresse délicieusement leurs narines, mais Niagheri se réserve l'usage exclusif de ce trésor et il veille à ce que des doigts audacieux ne s'introduisent pas subrepticement dans le pot.

Le soir, il vient en personne nous remercier. De nombreux habitants du village lui font cortège et pénètrent à sa suite dans le camp. Il y a quelques hommes et une trentaine de femmes. Les femmes, sans exception, se passent de main en main une grosse pipe d'où elles tirent gravement des bouffées de fumée. Par contre, aucun des hommes ne fume et ceux qui viennent nous examiner semblent fort surpris de nous voir chacun une *bouffarde* à la bouche.

Révoil vient justement d'achever son courrier : il a écrit aux Pères de la Mission de Kondoa pour les informer de notre prochaine arrivée et il envoie un exprès porter sa lettre. Il va alors à la rencontre de Niaghéri qui se confond en remerciements et en salamalecs.

— Les gens de son pays, dit-il, sont heureux de notre séjour sur son territoire et ils vont exécuter devant nous des danses du pays, espérant que ce spectacle nous intéressera vivement. En effet, leur danse n'est pas banale; elle consiste à se jeter le haut du corps en avant, en arrière, de côté, par soubresauts, tout en balançant les bras. Cette gymnastique ne tarderait pas à provoquer chez un blanc de cruels haut le cœur; mais il faut croire que les nègres ont l'estomac plus solide que nous, car ils se livrent à leurs contorsions avec une ardeur toujours croissante. Le souci de danser selon les règles n'empêche pas les femmes de fumer et elles continuent à se passer la pipe de main en main sans interrompre leurs évolutions.

Cette scène se prolonge assez tard, au grand plaisir de nos hommes; eux et leurs femmes veulent à leur tour faire montre de leurs talents chorégraphiques devant les gens de Niagheri qui en sont éblouis.

Ce spectacle nous a intéressés. Malheureusement, les gens du village, en s'en retournant chez eux, ne remportent pas leurs puces. A force de se trémousser, ils ont perdu leurs parasites qui se sont réfugiés dans nos tentes où ils pullulent. Nous passons la nuit à nous gratter. Il y a du reste aussi beaucoup de rats et leur voisinage n'est pas plus agréable que celui des puces.

Le lendemain nous arrivons, en une étape, en vue de Kondoa. Les Pères de la Mission sont venus à notre rencontre : d'aussi loin qu'ils nous voient, ils saluent le pavillon français qui marche toujours en tête de la caravane, porté au bout d'une longue hampe par Ali-ben-Abdallah. Les Pères s'avancent vers nous les mains tendues, heureux de voir des compatriotes et d'entendre résonner la langue de la patrie.

Leur accueil est fraternel et empressé. Ils indiquent à Révoil un bon emplacement pour y dresser le camp : c'est à quinze cents mètres de là, à l'entrée du village de Kondoa, près de la grande et belle hutte — pour ne pas dire la maison — du chef Bouana-Saïd, malheureusement absent en ce moment. Son second,

Bouana-Nassar, vient se mettre à notre disposition et il est rempli pour nous de prévenances.

Bientôt, toute la population de Kondoa est rassemblée autour de nous; les hommes aident nos porteurs à dresser les tentes, à ranger les charges; les enfants viennent nous regarder de près avec la plus vive curiosité peinte sur leur visage joufflu et éveillé; la plupart d'entr'eux, sans doute, n'ont jamais vu d'autres blancs que les Pères, et notre attirail, nos vêtements, nos armes sont pour eux autant de sujets d'admiration et d'étonnement. Mais bientôt ils font connaissance avec leurs petits congénères que nous traînons à notre suite et ils cessent de s'occuper de nous pour faire des parties avec les enfants de nos porteurs. Toutes les physionomies respirent la cordialité, la franchise, la bonne humeur; évidemment, ces braves gens sont heureux de voir au milieu d'eux de ces Français dont on leur a dit tant de bien et que les Pères leur ont appris à connaître et à aimer.

Bouana-Nassar, le chef par intérim, a envoyé un homme de confiance choisir les deux plus belles chèvres de son troupeau et il les offre en présent à Révoil avec mille protestations d'amitié et de dévouement qui doublent la valeur du cadeau.

Dès que le camp est installé, on règle le service des gardes et nous nous dirigeons avec les Pères vers la Mission.

La station de Kondoa a été fondée en 1881 par les soins du capitaine Bloyet, agent de la section française de l'Association internationale africaine, sur un territoire régulièrement concédé par les chefs du pays à M. Émile Sergères, négociant, qui séjourna dans le pays avant de se rendre à Taborah, où il allait s'établir pour faire le commerce de l'ivoire. Lors de la liquidation de l'Association, le capitaine Bloyet, suivant les instructions qu'il avait reçues, céda la station aux Pères du Saint-Esprit; ces missionnaires étaient déjà établis depuis 1859 à Zanzibar et depuis 1867 à Bagamoyo; ils avaient des ramifications dans toute la contrée vassale du sultan de

Zanzibar et jouissaient partout d'une grande et légitime influence. Leur installation à Kondoa fut donc saluée avec joie par les populations d'alentour.

Cependant, le légitime propriétaire de la station, M. Sergères, adressa à notre ministère des affaires étrangères une protestation contre cette cession faite par l'Association d'un territoire qui lui appartenait et il déclara en même temps faire abandon *à la France* de cette propriété à lui cédée par les chefs, ses anciens possesseurs, propriété parfaitement limitée et définie et qui doit à sa position sur le chemin des caravanes une réelle importance. Bien que les droits de M. Sergères, et par suite ceux des missionnaires soient indiscutables, les agents de la *Compagnie* (allemande) *de l'Afrique orientale*, qui prétend exercer sous le haut patronage de l'empereur une autorité politique et matérielle dans le pays, ne veulent reconnaître comme dépendances de la station que le jardin entouré de palissades attenant aux constructions. Ils réclament, comme devant être compris dans le domaine de la Compagnie, tout le reste du territoire autrefois acquis par M. Sergères. De là quelque tension dans les rapports de nos compatriotes avec les Allemands. Les prétentions de ces derniers, du reste, sont également combattues par les chefs voisins; connaissant les procédés brutaux et autoritaires des Allemands, ils ne les voient pas sans appréhension chercher à fonder des établissements dans le pays et ils protestent, de leur côté, de la légitimité de la cession territoriale faite par eux ou par leurs pairs à nos missionnaires.

Ces derniers, au moment de notre passage, ne sont que deux à la station. Ils n'ont, disent-ils, qu'à se louer de leurs relations avec les chefs du pays, Bouana-Saïd et Bouana-Nassar, et il est facile de voir qu'ils jouissent eux-mêmes de toute la confiance et de toute l'affection de la population.

Cette situation flatte notre patriotisme. Révoil fait inviter les chefs les plus importants et les notables du pays à un palabre auquel nous assistons, entourés d'un groupe de nos soldats en uniforme mais portant les couleurs françaises sur leur poitrine.

L'uniforme des Askaris se compose d'une vareuse blanche dont le col rabattu laisse le cou bien dégagé et qui est boutonnée par devant avec une seule rangée de boutons, et d'une culotte bouffante qui se boutonne ou s'attache au-dessus du genou. La vareuse est serrée autour de la taille par une ceinture de cuir supportant une cartouchière. Une calotte blanche à gland rouge complète cette tenue. Point de chaussures ni de guêtres. En voyage, lorsqu'ils servent d'escorte à un explorateur, ils portent sur la poitrine une large cocarde d'étoffe aux couleurs de la nation du chef de la mission. Ces couleurs se portent quelquefois en brassard.

Les Askaris sont généralement de bons soldats, suffisamment disciplinés, dévoués à qui les traite bien ; il est rare que les voyageurs aient à se plaindre d'eux. Du reste, leurs écarts de conduite seraient signalés au retour à leurs grands chefs et punis plus ou moins sévèrement.

Le palabre se tient sous un grand arbre qui étend ses ramures en parasol ; il y a là une vingtaine de chefs ou de notables. Assis en demi-cercle sur leurs talons, ils ont l'air sérieux de gens qui savent l'importance de leur rang social ; à notre arrivée, ils se lèvent pour saluer à la mode arabe notre drapeau porté devant nous par un soldat, puis ils se rasseyent sans mot dire, gravement. Révoil s'avance au milieu d'eux avec un des Pères et son interprète et, s'étant assis sur un pliant, il leur adresse un long discours traduit phrase par phrase par l'interprète et que son auditoire écoute avec une déférente attention. Il remercie les principaux de ce village et des villages voisins de leurs bons procédés pour les Pères et de leur obligeance pour nous ; il les félicite du bon esprit qui règne dans la population et leur dit combien en France on s'intéresse au sort et à l'avenir de leur race ; il les engage à continuer leurs bons rapports avec les Pères qui s'attachent à les instruire, à les éduquer, à les soigner, et qui, dans ce lointain pays, représentent seuls, mais si noblement, l'élément français.

Les noirs ont écouté ces paroles en silence : mais dès que Révoil a cessé de parler, ils donnent tous les marques de la plus vive approbation : toutes les mains se tendent vers lui. Bouana-Nassar, le principal d'entr'eux se lève, et il répond au discours de notre chef d'une voix grave, en termes excellents : il le remercie au nom de tous de ses bonnes paroles et il promet que nos missionnaires, ainsi que les gens de notre nation, trouveront toujours des amis chez les habitants de ce pays, qui les aideront en toute circonstance, et au besoin les défendront de leur mieux. Pendant cette solennité, car c'en est une, et même fort imposante dans sa simplicité, le pavillon français qu'un Askari tient déployé derrière Révoil, flotte mollement à la brise.

On échange enfin les cadeaux, qui consistent, pour nous, en produits du pays, pour les chefs du pays, en armes et en vêtements de luxe ; et Révoil invite les chefs à assister au feu d'artifice que l'on va tirer aussitôt que la nuit sera tout à fait noire. Le feu d'artifice a le même succès à Kondoa qu'à K'na Kingo : mais ce ne sont pas les mêmes fusées : celles d'aujourd'hui sont toutes tricolores : dans les feux qu'elles sèment, dans la gloire du bouquet, dans l'effusion des gerbes, s'associent les trois couleurs de la France.

D'ailleurs, même enthousiasme, même admiration, que chez le frère de Simba-Mouéni : cris de joie, danses, battement de tambours, éclats de rire et rasades de pombé.... toutes les manifestations de la joie nègre la plus délirante.

Le palabre de la journée, la fête du soir, nous ont décidément gagné tous les cœurs : et demain, lorsque nous quitterons le village, la population tout entière nous fera la conduite jusqu'à plusieurs milles de là : c'est un véritable succès.

Mais revenons à Kondoa; nous passons cette nuit à la Mission : notre pauvre camarade Angelvy est malade : jusqu'ici, il n'était que souffrant des fièvres : un accès particulièrement fort vient de le prendre, et le condamne à un repos absolu : ses jambes et ses pieds enflés lui refusent du reste tout service. Bien couché dans un des bons lits de la Mission, il subit son sort avec résignation, il se sent très malade, mais il *veut* guérir : il veut être sur pied demain ; et peut-être la volonté triomphera-t-elle du mal. Un des Pères a été mordu par un serpent et a été lui-même obligé de s'aliter ; l'autre missionnaire se prodigue en soins et en prévenances et ne cesse de faire la navette entre les deux lits. Révoil de son côté ressent les symptômes d'une prochaine attaque de fièvre : il est abattu, se plaint d'une grande lassitude et souffre du cœur : je commence à être sérieusement inquiet de mes deux compagnons, et il faut les bonnes assurances et la force de persuasion du Père valide pour me rasséréner un peu.

Kondoa est à la limite de l'Oussagara, dans un pays enchanteur : les populations de ces contrées sont adonnées à l'agriculture : partout les gens sont au travail, dans les champs bien tenus et bien cultivés. La végétation est riche et variée : le sol généreux produit tout ce qu'on lui demande. L'aspect général de ce territoire fait songer aux paysages de la Suisse et du Jura. A peu de distance, les monts Oussagara étagent leurs masses, dressent leurs cimes couronnées de nuages blancs : et de belles forêts recouvrent leurs pentes. Des ruisseaux coulent dans toutes les directions : de nombreux sentiers parcourent les campagnes : les villages sont vastes, propres, bien bâtis. Quel dommage qu'un aussi beau pays soit aussi malsain ! Certes le climat de l'Oussagara est encore trop insalubre pour les Européens : ceux-ci peuvent vivre dans cette contrée à la condition de n'y pas travailler la terre : aussi l'Afrique orientale ne pourra-t-elle jamais être une colonie de peuplement : les gens d'Europe devront s'y borner à diriger des plantations ou à y faire le commerce ; le sol ne peut être cultivé que par les gens du pays.

D'ailleurs le climat n'est que très sec ou très humide : cela dépend des régions. Là où le climat est très sec, il n'y a pas de végétation à espérer : là où il est très humide, les blancs ne peuvent le supporter à cause des fièvres qu'il engendre. Seuls quelques cantons, tels que celui où nous nous trouvons, jouissent d'un climat mixte et, ici, il serait possible peut-être à des Européens de s'acclimater, mais au prix d'incessantes précautions. Ce sol est propice à

Manioc.

la culture du sorgho, du maïs, du manioc, de la patate, de la canne à sucre. Les principales essences qui peuplent les forêts sont l'ébénier, le teck, le palmier, le baobab et l'acacia. Toutes les herbes y atteignent des proportions fabuleuses : il est parfois aussi malaisé de se frayer un passage dans les plaines que dans la forêt vierge, tant la masse herbeuse est haute et puissante. Quant au gibier, on dirait que tout celui de l'Afrique s'est donné rendez-vous dans les savanes et les forêts de cette contrée : il serait trop long d'énumérer seulement les espèces : celles qu'on rencontre le plus sont les buffles, les girafes, les antilopes, les zèbres : les lions, les léopards vivent grassement au milieu des troupeaux sauvages qu'ils déciment : les rhinocéros et l'hippopotame se rencontrent partout, comme les écureuils, les singes et, gibier moins séduisant, les serpents de toutes tailles.

Les poissons abondent dans les rivières : mais les caïmans et les crocodiles pullulent le long des bords vaseux où les plantes aquatiques étendent leurs admirables feuillages. Dans les plaines embrasées, les insectes étincelants, les papillons aux mille couleurs rasent dans leur vol les cimes délicates des hautes herbes : le chant des oiseaux emplit les forêts.

Baobab.

Malgré son état maladif, Révoil a passé la journée à écrire : il envoie son courrier à Bagamoyo par un noir de Kondoa. Au camp, on a remanié les charges, nettoyé les armes, recousu les tentes, visité les provisions : on a passé la revue des hommes : le personnel est au complet, sauf un déserteur dont l'absence remonte à plusieurs jours et qui sans doute ne reviendra pas. L'état sanitaire des hommes est bon ; et ils paraissent toujours animés d'un bon esprit. Cela est remarquable : car peu de caravanes arrivent jusqu'où nous sommes parvenus avec leur effectif complet et leur monde bien portant. Ordinairement, c'est par trente et quarante que se chiffrent les désertions : les malades se sont attardés en grand nombre, dans les villages où l'on a séjourné, et ceux qui restent commencent à maugréer devant l'obligation d'aller plus loin.

Notre chef peut donc se féliciter, d'avoir réussi par une discipline douce et ferme à la fois à garder sa caravane en excellente « forme », malgré les difficultés de toute nature que nous avons eu à surmonter.

Rhinocéros.

A la Mission, deux pâtres ont tué un boa constrictor au moment où il allait enlacer une chèvre : c'est une bête énorme, de trois brasses et demie de longueur et que quatre noirs soulèvent avec peine. Le Père la fait dépouiller, et sa peau sera préparée et conservée avec soin. Les jardins de la Mission sont fort beaux : on y cultive avec succès, comme à M'Rogoro, certains légumes et plantes d'Europe. Partout des fleurs superbes, dont les senteurs embaument l'air. Nous remarquons un végétal que nous n'avions pas encore rencontré en Afrique : c'est une sorte de liane qui donne une gousse semblable à celle du cacao, mais plus grosse, et des fruits de laquelle on extrait une huile excellente : cette plante s'appelle le *couémé*.

Cette journée de repos aura été bonne pour nos malades, qui se sont astreints à une diète rigoureuse : ils n'ont pris que de la quinine et du thé chaud, et s'en trouvent fort bien. Quant au Père

Serpents boas.

qui a été mordu par un serpent, on lui a cautérisé sa blessure, sa fièvre est passée, et il peut se mettre à table le soir avec nous.

Comme notre dîner s'achève, on entend deux coups de fusil à quelques pas de la Mission : nous allons en hâte aux informations, et l'on nous dit que Kombo le cuisinier des missionnaires vient de tirer sur un lion. C'est possible ; mais il l'a manqué, et le fauve n'a pas attendu qu'un tireur plus habile vînt prendre l'arme des mains du noir. Il est loin et ce que nous avons de mieux à faire, c'est d'aller nous coucher.

— Vous avez, dis-je à l'un des Pères, de bien dangereux voisins?

— Oh, ils ne sont pas aussi dangereux que vous pourriez le croire : ils ne s'aventurent en territoire cultivé et habité que si la faim les y pousse, ce qui est rare, dans un pays aussi giboyeux que celui-ci, ou bien c'est par mégarde qu'ils s'approchent de nos bâtiments. Mais en général, ils aiment mieux se tenir loin de l'homme.... comme l'homme aussi aime mieux se tenir loin du lion. D'ailleurs, nous faisons bonne garde....

— Soit ; mais les boas ?

— Les boas, pythons et autres énormes ophidiens — on en voit qui mesurent dix et douze mètres de long, — sont moins dangereux que les petits serpents : ils sont aussi plus rares. Comme ils sont fort gros, on les voit et il est presque toujours possible à l'homme de les fuir ou de les tuer. Tandis que les petits reptiles se dissimulent sous les herbes, dans la crevasse d'un tronc, sous une pierre : s'ils vous entendent venir, ils détalent ; mais souvent vous posez le pied ou la main sur eux sans les voir, et c'est alors qu'ils vous mordent. La morsure de certaines espèces est mortelle : le venin de quelques-uns produit des effets presque foudroyants.

— Vous avez fait dépouiller le boa, dont vous garderez sans doute la peau comme trophée : que fera-t-on de la chair ?

— Nos noirs la mangeront demain : et ils n'en céderaient pas volontiers leur part, car c'est un manger excellent : cela a le goût de poisson, avec une légère odeur de musc.

. . . .

Cependant les Pères conseillent à Révoil, qui est tout à fait rétabli, de faire à Bouana-Nassar une visite de cérémonie : ils nous accompagnent, et nous servent d'interprètes.

En arrivant auprès de la case de ce personnage, notre chef fait tirer par les Askaris une salve de coups de fusil en son honneur, ce dont il est, comme nous l'avons su plus tard, particulièrement flatté. Prévenu de notre visite, il a mandé près de lui le sorcier du village, qui doit dire la bonne aventure à Révoil. Le sorcier est un vieil Ounyamouésis à barbe blanche, à l'œil malin : il est bizarrement accoutré de peaux de bêtes, et d'un manteau de fibres d'écorce : il est couvert d'amulettes — gri-gris ou fétiches — suspendus à son cou et à sa ceinture au moyen de cordonnets ou de lanières de cuir: il est d'ailleurs tout vieux, tout cassé, tout ridé, comme une vieille pomme noire: « une vieille pomme d'ébénier » dit en riant Angelvy.

Le magicien tient à la main son principal fétiche.

Cet étonnant appareil mérite bien les honneurs d'une description.

Cela se compose d'une série d'X en bois, articulés, comme l'instrument dont les enfants se servent pour faire marcher sur une table des soldats de bois. Il n'est pas sûr, même, que l'appareil divinatoire de notre sorcier soit autre chose qu'un de ces jouets, parvenu jusqu'en ce coin d'Afrique après des vicissitudes qu'il serait bien curieux de connaître. Nous voudrions l'examiner de près, mais le bonhomme se refuse avec horreur à nous le prêter, comme si nous devions en le touchant, commettre un sacrilège.

Bref pour tirer un oracle de cet instrument, le sorcier le tient par le côté A dans sa main droite, et l'approchant demi-fermé de ses lèvres il prononce dessus des formules cabalistiques de sa composition. Puis il serre les X, et frappe deux ou trois fois son genou avec le fétiche. Enfin, d'un mouvement sec, il l'oblige à s'ouvrir et, selon que le côté B, en se projetant en avant, tombe à droite ou à gauche de la ligne de projection, le devin établit l'horoscope du consultant.

Le vieux farceur fait toutes ses singeries sans rire : Bouana-Nassar, qui est pourtant un noir intelligent, garde pendant l'opération un sérieux sacramentel : quant à nous, nous nous efforçons de ne pas éclater de rire au nez de l'opérateur. Mais cela nous serait funeste ; le sorcier ne nous pardonnerait certainement pas notre irrévérence et après notre départ, il pourrait faire revenir son maître sur les bonnes dispositions qu'il nous a montrées.

Il faut être politique avant tout. Aussi Révoil qui est comme on dit, très adroit de ses mains, veut-il, sans froisser le noir dans son amour-propre, lui montrer que les blancs sont aussi sorciers que lui. Il exécute divers tours de passe-passe dont le devin est ébaubi. Quant au chef, il est sous le charme et sa considération pour nous ne connaît plus de bornes.

Ce jour même, notre chef commande à brûle-pourpoint de lever le camp : cet ordre inopiné nous surprend, mais chacun suivant nos attributions nous nous empressons à le faire exécuter. En moins d'une heure le camp est levé, les tentes sont roulées, les hommes chargés, la caravane formée : On fait un demi-kilomètre.

« Halte ! »

Et nous recevons l'ordre de revenir sur nos pas et de rétablir le camp. Ce n'était là qu'un exercice, pour tenir notre monde en haleine. Du reste, nous ne séjournerons pas longtemps ici ; et les noirs sont invités à compléter leurs provisions, en vue d'un départ prochain.

Les Pères ne veulent pas nous laisser partir sans nous avoir de nouveau à dîner : ils nous font cadeau d'une hache superbe et de trois sabres-baïonnettes :

— Espérons, nous disent-ils, que ces armes ne serviront qu'à éblouir les noirs.

Le fait est qu'elles brillent..... comme de l'acier.

Le 26 janvier nous partons de Kondoa : les Pères sont là, avec la population du village, et ils nous font la conduite pendant plusieurs kilomètres. Ce n'est pas sans un vif serrement de cœur que nous nous séparons de nos excellents compatriotes qui ont été pour nous remplis de toutes les prévenances. Les gens de Kondoa, Bouana-Nassar à leur tête, nous font bruyamment leurs adieux. Le sorcier lui-même nous voit partir avec regrets : il espérait peut-être que notre chef l'initierait à son art. Il s'approche de Révoil, comme le disciple s'approche du maître, et veut lui offrir un gri-gri, qui le préservera des brigands et des lions.

— Merci, mon brave, lui répond Révoil : j'en ai dans ma cartouchière de plus efficaces. — Cependant, il prend l'objet pour ne pas désobliger le brave homme. C'est un ongle de tigre, long de trois centimètres.

— Je le donnerai à une de nos élégantes qui le fera monter en breloque, dit-il en le mettant dans sa poche. Pourvu qu'elle ne déchire personne avec !

Après les adieux, nous nous remettons en marche : nous sommes en plaine, dans une des grandes vallées de l'Oussagara. Beaucoup de champs cultivés entre de petits villages. Les cultivateurs appuyés sur leurs bêches nous regardent passer.

Devant nous, dans la masse de l'Oussagara, les plateaux succèdent aux plateaux, couverts d'une végétation dont la nuance se fonce de plus en plus en s'éloignant de la plaine. Ce sont des étendues de vert jaune, entre des moutonnements de vert foncé, et çà et là, des taches d'un jaune fané, indiquant des toitures de huttes. L'effet du soleil se jouant au-dessus, les vapeurs qui flottent dans les gorges, les nuages accrochés aux cimes, nous font comparer à quelque canton de la Suisse cette pittoresque contrée.

Nous atteignons le M'Kondokoa, rivière aux eaux rapides et fraîches, qui coulent sur un lit de cailloux blancs, dans une vallée étroite.

Il est d'usage, quand on passe à Kondoa en se dirigeant vers l'intérieur, d'attendre dans ce village qu'une ou deux autres caravanes viennent s'y ravitailler, afin de se joindre à elles ou afin qu'elles se joignent à vous pour effectuer de concert la traversée des steppes de l'Ougogo. Nous avons été rattrapés, en quittant cette localité, par une caravane indigène qui se dirige vers les Lacs par un autre chemin que nous, mais qui doit néanmoins traverser la région mal famée où des brigands attaquent les voyageurs. Elle est conduite par un arabe nommé Raschid.

Elle se joint à nous, et nous acceptons volontiers de faire route avec elle, bien que notre excellent armement et le nombre de nos Askaris soient à nos yeux une protection suffisante : mais ceux de l'autre caravane n'ont que de mauvais fusils, peu ou point de munitions, et ils sont enchantés de la rencontre. La présence des blancs, d'ailleurs, suffirait pour leur donner confiance.

Nos deux caravanes représentent une force imposante de cinq cents hommes environ : la longue file des porteurs, flanqués de loin en loin des Askaris, se tord dans la plaine au grand soleil, à travers les herbes et les bouquets d'arbres, sur une longueur d'au moins deux milles. En tête marchent les tambours, tapant infatigablement sur leur instrument à une seule peau, qui rend sous leurs coups un son sourd, toujours sur la même note.

Nous arrivons ainsi à une série de petits plateaux du versant nord. Nous cheminons entre la M'Kondogoua au nord, et, au sud, un étang peuplé de milliers d'oiseaux aquatiques et de crocodiles. A chaque instant ce sont des vols de canards, d'ibis, d'aigles pêcheurs. De hautes touffes de bambous bordent l'étang, auprès duquel on ne s'entend pas parler, à cause des criailleries des volatiles se disputant quelque proie. Nous tiraillons à qui mieux mieux sur la gent emplumée, et Coco perd la tête en entendant tous ces coups de fusil. Il voudrait bien sauter à l'eau pour aller ramasser les victimes, et il est vingt fois sur le point de se jeter dans l'étang. Mais en voyant tous ces crocodiles, que ses aboiements laissent froids, il hésite. Ils sont trop ! Et notre brave quadrupède avec un air de dépit dans sa queue qui frétille, se borne à courir dans la brousse après les oiseaux tombés loin du rivage, et qu'il rapporte scrupuleusement à son maître.

Bientôt nous cessons le feu, car nous n'avons plus de munitions dans nos cartouchières, et il ne faut pas arrêter le convoi pour ouvrir une caisse. Heureusement que nous ne sommes pas encore dans l'Ougogo, sans quoi les pirates auraient la partie belle en nous tombant dessus à l'improviste.

Nous campons à M'Kadaghi, où se trouve en ce moment un Allemand, M. S...., agriculteur qui dirige la station agricole de Sima. Il est venu ici pour s'approvisionner de plants de bananiers et de papayers, fort abondants dans la localité. Nous avons avec lui une entrevue courtoise : il a pour escorte une vingtaine de nègres travestis en uhlans bleus, rouges, verts, etc. : tout un arc-en-ciel négro-germain. Ces enfants de la nature sous leurs uniformes disparates et qui les gênent aux entournures, sont d'un comique irrésistible. On dirait la garde nationale d'un Gérolstein africain. A côté de la tente de M. S.... un immense pavillon allemand flotte en haut d'un mât trop grand et trop gros.

Les indigènes ne paraissent pas autrement émus de cette mise en scène : il nous semble qu'ils font le vide autour de M. S.... qui ne connaît pas leur langue et éprouve, nous dit-il, les plus grandes difficultés à se procurer ce dont il a besoin.

Le lendemain, nous passons à gué la M'Kondoa, pour arriver à Mounié Oussagara, où se trouve, au bord même de cette rivière la station principale de la Société allemande de colonisation.

Cet établissement se compose de bâtiments en terre et en briques cuites au soleil, à demi démolis par les pluies. Le seul habitable, sur le terrassement élevé sans doute en prévision des inondations, sert à la fois de magasin et de résidence à M. Rh..... agent de la Société, qui nous invite fort aimablement à nous arrêter chez lui pour la nuit. Il est préposé là, avec quelques noirs, à la garde du pavillon allemand ainsi qu'à la surveillance de la rivière, et du pays environnant. Tout en causant il nous avoue que le séjour de cette sorte de guérite, où se donnent rendez-vous tous les moustiques du pays, est pour lui dépourvu de charmes. Le fait est que ce ne doit pas être gai, surtout avec des populations qui se conduisent envers les Allemands comme le chien de Jean-de-Nivelle.

Révoil décline l'offre de M. Rh..... Il se propose de camper à un petit village situé à une demi-heure de là, et où nous arrivons bientôt. M. Rh..... nous accompagne, enchanté de pouvoir fuir pour quelques heures sa moustiquière.

Le premier objet qui s'offre à notre vue en arrivant à Mounié, est un fortin arabe, en briques, et en terre battue avec des roseaux, qui tombe en ruines, et auprès duquel se dresse encore, maintenu par ses chaînes, le mât où flottait naguère le pavillon de Sa Hautesse. Les trente soldats arabes que le sultan y entretenait sont toujours là, n'ayant jamais reçu de Zanzibar l'ordre de s'en retourner. La Société de Colonisation, en s'installant dans le pays, s'était empressée de faire abattre le pavillon ; mais les gens du pays ne continuaient pas moins à se considérer comme les sujets du sultan. La crainte seule les empêchait de manifester leur mécontentement de cette expropriation ; et ils exprimaient leur fidélité à leur souverain en tenant les Allemands en quarantaine et en leur refusant jusqu'aux moindres victuailles nécessaires au ravitaillement de la station.

M. S... n'ayant pu se procurer à M'Kadaghi tous les arbustes qu'il lui fallait, est venu jusqu'ici et retrouve auprès de nous M. Rh... Malgré l'assurance qu'il montre, on sent que ces Messieurs ne se font pas d'illusions sur les sentiments de la population à leur égard; ils voient bien que leur établissement dans l'Oussagara sera — comme dans toute l'Afrique orientale — long et laborieux et tout ce qu'ils disent des projets de leurs commettants et de la prospérité de leur Société, n'a pour but que de sauver les apparences vis-à-vis de nous, ce dont en somme nous ne saurions les blâmer. Mais nous craignons bien que les Allemands n'apprennent ici, à leurs dépens, ce que coûte la colonisation qui prétend ne s'appuyer que sur la force.

Nos Ounyamouésis font demander à Révoil par leurs nyamparas

de rester ici le lendemain sous le prétexte qu'ils ont leur sorgho à décortiquer. Mais nous n'avons pas de temps à perdre et notre chef leur oppose un refus formel, d'autant qu'à Kondoa ils ont eu cinq jours de repos, pendant lesquels ils auraient pu s'occuper de leurs provisions. Mais à Kondoa le pays était bon, les habitants hospitaliers, la vie facile : les gaillards ont mieux aimé faire la fête. Et maintenant ils se trouvent, comme la cigale, fort dépourvus.

— Vous verrez, dit Révoil en renvoyant les nyamparas, que demain ils feront grève !

Cela ne manque pas d'arriver.

Au moment de lever le camp, ils s'asseyent devant leurs tentes et refusent de partir. Que faire? Les contraindre ici, sous les yeux des Allemands?

Ce serait un scandale. Et puis, tout compte fait, il faut bien qu'ils décortiquent leur sorgho; qu'ils aient eu ou non le temps de le décortiquer plus tôt, le fait est qu'il n'est pas décortiqué et il faudra toujours leur donner le temps de faire cette préparation.

Révoil les envoie *in petto* à tous les diables, mais il finit tout de même par les laisser à Mounié sous la garde et la responsabilité d'Ali-ben-Abdallah.

Quant à nous, nous allons de l'avant avec le reste de notre caravane et la caravane indigène.

CHAPITRE V

Le cours de la M'Kondoa. — Le chef Makrimoura. — Les Ounyamouésis rallient la caravane. — La région des pillards. — Angelvy tombe gravement malade. — M'Pouapoua. — La mission anglaise. — Le Dr Baxter. — Volés et mordus par les hyènes. — Famine. — Le départ d'Angelvy est résolu. — Triste séparation.

En quittant Mounié-Oussagara, on entre dans une région parcourue, paraît-il, par de nombreux pillards. Aussi notre chef donne-t-il l'ordre de placer les Askaris en tirailleurs tout le long et de chaque côté de la caravane. Ils ont pour mission d'explorer les abords du chemin que l'on suit, surtout près le sentier, et de donner l'alerte au premier symptôme alarmant. Dans ce cas, le convoi s'arrête et tous les tirailleurs, d'un même côté, opèrent leur rassemblement sur celui qui a donné l'alarme; un des chefs de l'expédition part alors en reconnaissance avec quelques soldats dans la direction indiquée.

Nous suivons sans hâte le cours de la M'Kondoa dans une vallée superbe, resserrée entre de hautes montagnes, sur les flancs desquelles apparaissent quelques villages dont nous nous tenons à petite distance.

Nous voyons distinctement leurs huttes coniques, semblables à des ruches d'abeilles. Les cultures qui en dépendent s'étendent parfois jusqu'auprès du sentier que suit notre caravane. Parfois même le sentier les traverse; puis on retombe dans des espaces incultes, couverts de hautes herbes où nos hommes avancent avec difficulté. Puis nous nous retrouvons sous bois et ce n'est pas sans quelque satisfaction, car si la végétation ici favorise les embuscades, au moins avons-nous de l'ombre. La solitude est complète, mais une infinité d'oiseaux peuple les ramures; les perruches, surtout, abondent, et le ramage de la gent ailée que notre invasion effarouche trouble seul le silence de la nature. Le cours capricieux de la rivière serpente parmi ce bois et décrit de grands lacets; elle est en cet endroit très étroite et si peu profonde, avec des berges si sûres, que par deux fois nous la passons à gué afin d'éviter de grands détours inutiles.

Un joli site nous retient quelques instants : au cœur d'un massif de grands arbres enguirlandés de lianes, la M'Kondoa, comprimée en amont des rochers, s'échappe de sa prison de granit et retombe en une petite cataracte mugissante dans un bassin naturel de roc sonore. Des lianes, de longues herbes flottent comme des chevelures vertes dans le bouillonnement écumeux de l'eau. Ce Niagara en miniature, si frais et si clair, dans ce cadre de verdure, avec, au-dessus, le caquetage des perruches et le pépiage des oiseaux apeurés, fait songer à une escapade de jeune fleuve. Après cette cascade, la M'Kondoa, assagie, coule paisiblement entre les berges plates que nous venons de longer.

Nous rencontrons quelque gibier dans cette étape; des écureuils se jouent tout près de nous dans les branches comme pour nous narguer. Mais on les laisse prendre tranquillement leurs ébats : la consigne est de ne pas tirer sur les hôtes des bois. S'il y a des rôdeurs dans le voisinage, il est inutile de leur annoncer, par nos coups de fusil qu'une caravane passe par là. D'ailleurs, on profite de ce que l'ombrage du bois rend la marche moins fatigante pour hâter le pas; nos porteurs ne sont pas des foudres de guerre et malgré la présence en bon ordre des Askaris sur les flancs de la colonne, il leur tarde visiblement de sortir d'une région où tant de leurs confrères ont reçu, à ce qu'ils disent, des coups de flèches ou des coups de fusil.

Vue de Koudoa (Page 190).

Si l'on en croit les traditions de la brousse, leurs craintes ne sont pas dénuées de fondement; quoi qu'il en soit, nous ne rencontrons âme qui vive. Nous sortons du bois. Nous retrouvons le même aspect de pays : des champs s'étendent inégalement entre des places de hautes herbes et des surfaces couvertes de brousse. Cependant, à mesure que nous avançons, les endroits cultivés deviennent de plus en plus nombreux. Ce sont toujours les mêmes cultures : des bananiers, du mil, des patates. Les gens d'ici, pas plus que leurs congénères dont nous avons traversé les villages ne tentent rien de nouveau, ne demandent à la terre ni un effort, ni une surprise, ni un produit différent de ceux qu'ils sont accoutumés à recueillir de génération en génération. Il est vrai qu'ils bornent leurs désirs, sur le chapitre gastronomique, à la seule satisfaction de leur appétit. Pourvu qu'ils aient de quoi manger à leur faim, ils ne demandent rien de plus, exception faite, bien entendu, du *pombé*. Alors, à quoi bon s'astreindre à des cultures compliquées? Se rendre esclaves de nouvelles plantations? Il est déjà bien rare qu'ils cherchent à se procurer du gibier, alors que le pays en est rempli et qu'ils n'auraient qu'à tirer dessus; comment se condamneraient-ils à gratter la terre pendant des heures pour tirer du sol un légume ou une graine de plus? Ils aiment bien mieux dormir à l'ombre quand la tâche quotidienne — réduite au minimum d'efforts — est terminée. Puis, il faut tenir compte de l'insécurité dans laquelle ils vivent aussi. Ce n'est pas le tout que de cultiver; il faut commencer par défricher et ce n'est pas une mince affaire avec la végétation folle, vivace, infernale de ces contrées; elle repousse à mesure que vous l'arrachez, et si la moindre racine est restée dans les entrailles du sol, au bout de peu de jours, le champ est de nouveau recouvert d'herbes ou d'arbustes. Après, il faut défoncer, ensemencer, veiller continuellement sur les sillons et plus tard sur les plants venus à maturité pour en détourner, à force de cris, les oiseaux et les singes. Tout cela est fatigant et demande beaucoup de temps.

Qu'une tribu voisine vous cherche querelle, qu'elle batte la vôtre, elle brûle votre village, emporte vos récoltes et dévaste vos champs. Vous voilà bien avancés. Alors le noir, qui est naturellement enclin à la paresse trouve bien préférable de ne rien faire. Mais quand la contrée sera pacifiée, sillonnée par des routes et, en attendant les routes, par de fréquents convois, quand les blancs auront apporté là leurs capitaux, leur énergie, leurs méthodes de mise en valeur et leurs procédés de culture, les populations naïves, ignorantes, paresseuses, et souvent farouches, se transformeront; elles auront des besoins nouveaux et ne pourront plus demander à la guerre et au pillage la satisfaction de leurs désirs; alors, sans doute, elles se mettront résolument au travail et aideront l'Européen à faire de leur pays un des plus riches du monde. Mais combien d'années cette évolution exigera-t-elle? Combien de déboires coûtera-t-elle aux premiers pionniers de la civilisation? Combien? L'histoire du monde se constitue si lentement!

Cependant, nous approchons d'un groupe de villages : Kiraza ou Kirara — qui peut-être n'est qu'une seule agglomération — et notre chef décide qu'on campera là.

Notre camarade Angelvy est de plus en plus souffrant : il faut le porter depuis le milieu de l'étape; il est heureux pour lui que l'on s'arrête, mais il est urgent d'arriver sans retard à M'Pouapoua où on pourra lui donner de meilleurs soins.

Ces villages de l'Afrique, tant orientale que centrale, sont en somme de petites républiques, chacun formé d'une tribu ou d'une branche de tribu. Le chef de la famille, ou le plus ancien chef de famille, s'il y en a plusieurs, est le chef du village et gouverne avec l'assistance d'une espèce de conseil des anciens, les autres chefs de groupes. Tous les villages d'un même canton forment une sorte de confédération et reconnaissent pour suzerain, plutôt que pour roi, le chef du village le plus puissant.

Bien peu de ces roitelets, en effet, sont autocrates; le plus souvent ce sont des ordres plutôt que des avis qu'ils reçoivent de leurs vaseaux ou de leurs conseillers; le lien de la confédération n'apparaît que si la présence d'un ennemi commun nécessite l'union de tous les efforts; mais dans les circonstances ordinaires, chaque chef régit comme ses conseillers et lui l'entendent les affaires de son village.

Révoil nous dit qu'il en est de même chez les Somalis, chez les Danakil et, en général, dans toute l'Afrique qu'il a visitée. D'où nous pensons que l'organisation patriarcale de ces tribus barbares leur est enseignée par leur propre instinct de conservation et de sociabilité et que sans doute ce régime est celui qui est le plus en harmonie avec les secrètes lois de la nature.

Le chef de Kiraza, Makrimoura et sa femme Gotora, nous font un accueil cordial; ils nous envoient en cadeau un bélier. Révoil, touché de cette attention, fouille dans les charges de cadeaux afin de trouver quelque présent bien féminin à l'intention de Mme Gotora, qui est du reste venue nous voir revêtue de ses plus beaux atours; ils consistent en une collerette plate, de seize à vingt tours de laitons gros comme un crayon. Les tours du laiton sont exactement juxtaposés, et cela reluit comme la face du soleil. Si bien que la tête noire — mais avenante — de Mme Gotora est comme posée sur un plateau d'or. Les autres femmes, en passant auprès d'elle, lancent sur cette éblouissante parure des regards d'envie; hélas, en tout pays, les personnes de ce sexe sont bien les mêmes! Chez nous, elles ne peuvent passer devant les devantures des bijoutiers sans couler vers les vitrines un coup d'œil de convoitise; malheureusement, la bijouterie, chez nous, coûte plus cher qu'à Kiraza.

L'auguste époux de Gotora préfère visiblement au clinquant les liqueurs alcooliques; bien que nous ne soyons pas venus en Afrique pour corrompre la race noire, nous lui offrons un verre d'absinthe : c'est de l'absinthe à quelques sous le litre fabriquée avec on ne sait quelles autres plantes que celle dont le nom se lit sur la bouteille;

27

il n'y en a certainement pas de plus corrosive dans la buvette de l'enfer. Néanmoins, Makrimoura semble trouver une volupté sans égale à déguster cette « consommation » et, à la dernière gorgée, sa langue a un claquement de regret. On lui en offrirait bien un autre verre... mais cela l'agiterait probablement plus que de raison; il serait capable de battre sa femme en rentrant au logis et nous ne voulons pas être cause d'un scandale aussi pénible.

Nous demandons à notre ami si le pays est giboyeux, car nous sommes en veine de chasse. Il nous indique quelques endroits dans la montagne et nous partons avec Coco.

Nous ne voyons pas le moindre gibier; néanmoins, nous n'aurons pas perdu tout à fait notre temps car nous avons l'occasion d'admirer des sites très pittoresques. Tout en battant la montagne à l'aventure, nous tombons dans un village de bédouins. Ils ont établi leurs demeures dans des anfractuosités de la montagne ou à l'abri de rochers en saillie, complétant ces abris par des cloisons faites de branchages entrelacés et des toitures de chaume. Révoil trouve ces gens et ces habitations semblables à ceux qu'il a vus en pays Somali. Ils semblent fort misérables; pour tout vêtement, des peaux d'animaux grossièrement taillées et assemblées; pour ustensiles des poteries de terre rudimentaires. Les femmes portent leurs enfants sur le dos, dans un sac. La coquetterie, chez elles, non plus, n'a pas perdu ses droits : elles ont des colliers, des bracelets, voire des amulettes en perles de verre de couleur. Le miel doit entrer pour une grande part dans leur alimentation, car ils possèdent un grand nombre de ruches assez grandes, affectant la forme d'un œuf coupé par moitié et bien tenues — mieux tenues que les huttes.

Nous revenons au camp. Nos Ounyamouésis, qui étaient restés à la halte précédente pour décortiquer leur sorgho, sont arrivés en notre absence. On compte leurs charges qui sont au complet et Révoil donne l'ordre de les faire camper loin de nous, hors du village, en punition de leur désobéissance. La pénitence sera douce, car on leur a assigné, pour y dresser leurs huttes ou leurs tentes, un site ravissant, véritable oasis pleine de palmiers superbes (*borassus flabelli formis*). Nous regrettons même de ne pas avoir choisi cet endroit pour notre propre campement lorsqu'un porteur, en dressant sa hutte, tue un serpent de 2^m,25 de longueur, brun, tout uni et, dit-on, de dangereuse espèce. Cet incident calme quelque peu nos regrets.

Puis, tandis que nous assistons aux préparatifs de campement des retardataires, la pluie commence à tomber; nous regagnons en hâte nos propres tentes.

Nous trouvons Angelvy toujours très souffrant et bien abattu par la fièvre.

C'est par un temps gris et maussade que nous partons le lendemain matin de chez Makrimoura. Il n'a pas trop plu la veille au soir, de sorte que les chemins sont supportables.

Révoil, qui va et vient le long de la caravane remarque à la queue du convoi quatre ou cinq individus dont les allures louches ne lui reviennent pas du tout. Ils sont évidemment étrangers au village d'où nous sortons et Ali, consulté, croit reconnaître en eux des M'Gayos, gens d'une tribu qui habite loin de là et qui jouit d'une réputation détestable. Nul doute, ce sont des rôdeurs. Notre chef s'avance résolument vers eux, revolver au poing, et les prévient qu'au premier acte inquiétant de leur part on leur tirera dessus comme sur des chiens. Ils se le tiennent pour dit et, se voyant reconnus, ils s'éclipsent un à un dans la brousse.

Dans cette région, il faut traiter de même tous les gens que l'on voit chercher à se faufiler dans les caravanes. Ce sont des pillards qui cherchent à mettre le désordre parmi les porteurs afin de pouvoir voler les charges à leur aise et souvent ils ont, dans le voisinage, des acolytes qui viennent leur prêter main forte si l'on fait mine de les craindre. L'on doit même, en traversant cette région, veiller à ne laisser derrière la caravane aucun traînard. Le malheureux porteur qui resterait en arrière pour se reposer serait sûr de son affaire : les pirates le tueraient pour s'emparer de sa charge.

Nous serons exposés jusqu'à M'Pouapoua à des rencontres pareilles.

Le territoire que nous traversons est ondulé ; les traces d'hippopotames y sont nombreuses.

Après avoir franchi le Kitalé, affluent de la M'Kondoa, nous campons au milieu du pori infesté de Ouahéhés, tribu pillarde et guerrière. Heureusement que nous sommes en nombre ; l'air martial de nos Askaris les détournent de nous chercher noise. D'ailleurs, notre camp est bien groupé, dans une bonne position au bord de la rivière ; tout le monde est présent ; les charges sont au complet, les armes en bon état. Les nombreuses traces de bêtes que nous avons vues nous font espérer une belle chasse ; nous partons avec nos fusils le long du cours d'eau ; partout des pistes toutes fraîches indiquant que les hôtes des bois et des plaines d'alentour viennent s'abreuver ici ; justement, nous tombons à un endroit que, d'après les foulées, les bêtes choisissent pour sortir de la rivière après avoir bu et s'être baignées ; quel bel affût ce serait !

Mais nous ne sommes pas plus heureux pour cela. La présence d'une troupe bruyante et nombreuse dans la vallée a dû effaroucher le gibier, car nous ne rencontrons rien ; les oiseaux seuls continuent à peupler les arbres des rives, mais nous ne nous amusons pas à les tirer. Soirée et nuit sans alerte.

Le jour suivant est un dimanche, le 31 janvier. Au moment de se mettre en marche, on s'aperçoit que la caravane de Raschid, qui suit la nôtre depuis Kondoa, et qui avait campé la veille au soir à quelques centaines de mètres de notre camp, dans un repli de terrain, s'est mise en route sans nous prévenir. Elle doit avoir une bonne avance car son départ doit remonter à deux ou trois heures. L'on se demande ce que signifie ce coup de tête et si Raschid est devenu fou. En effet, ce n'est pas le moment, en plein pays Ouahéhé, de se séparer de gens plus forts que soi et, si les pillards attaquent le convoi de notre Arabe, il n'aura que ce qu'il mérite.

Cependant, nous avançons rapidement; le chemin est bon et frais et bientôt nous avons rattrapé Raschid que notre chef tance vertement et qui, d'ailleurs, reste assez sot de son escapade.

Nous atteignons ainsi le grand étang aujourd'hui desséché

Chacal.

d'Ougombo. De cette vaste surface encadrée de bois de toutes parts, s'envolent par centaines des marabouts, des échassiers mêlés aux geais, aux perdrix et aux cailles.

Au fond de l'emplacement jadis occupé par l'étang il reste des flaques d'eau larges et profondes; les plantes aquatiques ont continué de prospérer dans le sol vaseux incomplètement desséché : toute une population ailée vit et barbote bruyamment dans ce bas-fond où nul ne vient l'inquiéter. Cet endroit doit être également très fréquenté par les chacals, les girafes et les buffles, dont nous remarquons de nombreuses traces dans le sol mou : mais nous ne voyons pas ces animaux, qui à notre approche se sont sans doute enfouis dans les fourrés voisins. Décidément il faut renoncer aux grandes chasses quand on chemine en si nombreuse compagnie. Marchant toujours, tantôt sous bois, tantôt en plaine découverte, nous arrivons au campement de Godegodi : quelque tribu a dû séjourner là assez longtemps, car nous trouvons en cet endroit un certain nombre de ruches, abandonnées mais en mauvais état. Cela fait supposer que nous trouverons de l'eau dans les environs ; une tribu ne se fût pas fixée là, s'il n'y avait un cours d'eau à proximité. Nos investigations nous font en effet découvrir à peu de distance le lit d'un ruisseau. Mais il est complètement à sec et ne se remplit sans doute qu'après de grandes pluies. Cependant, l'humidité que l'on voit de place en place dans les plis les plus creux de la dépression nous engage à y creuser des trous. Nous en tirons une eau bourbeuse, saumâtre, qui ne pourra même pas servir à faire le thé. Les hommes de Raschid qui ont repris la queue de notre caravane, et dont les outres sont vides, se jettent avidement dessus. La disette d'eau doit être la cause du départ clandestin de notre Arabe, ce matin. Il espérait probablement arriver avant nous à cet endroit et y trouver encore un peu d'eau, qu'il se fût empressé de recueillir pour sa caravane sans s'occuper de la nôtre.

Quelques-uns de nos porteurs prétendent bien connaître cette région : ils nous affirment qu'en descendant le lit du ruisseau, nous trouverons assez d'eau pour les deux troupes. Et comme leur avis peut être bon et que trois cents hommes souffrent de la soif, nous suivons la petite vallée, malgré la rude étape que nous venons de franchir. Partout, le terrain foulé nous apprend que la sécheresse doit sévir au loin : les animaux sont venus de toutes les directions vers le ruisseau pour s'y désaltérer. Le lit du cours d'eau est pétri par les girafes, les antilopes et les buffles. Mais ils ont dû s'en retourner la langue pendante. Les espèces foisonnent dans le pays. Nous apercevons au loin un troupeau de vingt-cinq antilopes : près d'elles, on voit sept girafes, sept grandes silhouettes désœuvrées.

Enfin nous trouvons un peu d'eau, dans une cuvette assez vaste, où le peu d'eau charriée en dernier lieu par le ruisseau s'est écoulée. Déception ! Elle est limpide, donc les animaux n'en ont pas voulu : elle doit être trop saumâtre, sans quoi ils l'eussent troublée en y piétinant pour la boire. En effet, elle est tout aussi mauvaise que celle des trous. Il faut pourtant nous en contenter. Nous camperons là : il serait impossible à nos hommes et à nous-mêmes d'aller plus loin.

Dans les environs, nous tuons une douzaine de pintades et nous faisons dans des nids une ample récolte d'œufs de ces oiseaux ; à défaut d'eau buvable nous boirons…. des œufs à la coque.

Dès l'aube, le lendemain, nous envoyons quelques hommes en aval à la recherche d'une eau meilleure : ils reviennent sans en avoir trouvé. L'on se résigne donc à remplir quelques outres de celle que nous avons là. Si nous n'en trouvons point d'autre en

Pintade.

chemin il faudra nous en contenter jusqu'à M'Pouapoua : et l'étape pour arriver là n'est pas de moins de neuf ou dix heures. Outre que ce liquide a mauvais goût, il jouit de propriétés désagréables, qui nous forcent à nous arrêter fréquemment : et dire qu'en France on paie si cher quelques verres d'eau laxative ! Nos gens qui étaient allés à la recherche de l'eau racontent qu'ils ont trouvé un emplacement où des Maquï avaient campé la nuit précédente : ils y y avaient fait ripaille avec la chair de quatre bœufs, dont les os jonchaient la place, et qu'ils avaient dû voler dans quelque village Ouahéhé. Tant mieux : ceux-là ont le ventre plein pour plusieurs jours et ils ne nous inquiéteront pas si nous les rencontrons.

Au moment où nous allons nous mettre en route, Révoil arrête un noir qui traverse le camp sans mot dire, mais avec une hésitation qui fait naître des soupçons.

On le débarrasse de son arc, de ses flèches et de son bagage composé d'une natte, d'une marmite de terre et d'un peu de tabac. On l'interroge et dès les premiers mots l'identité de ce rôdeur s'établit : ce n'est autre qu'un de nos propres porteurs qui allait nous abandonner pour prendre la brousse et sans doute se joindre aux pillards du pays. On le livre au chef des Ounyamouésis qui a soin de lui attacher sur les épaules une bonne charge.

Voici encore un ruisseau desséché, tout près d'un endroit appelé Simbo, où les caravanes font halte ordinairement. Nous nous y arrêtons un moment, nous demandant si nous allons camper là ; des Ounyamouésis creusent le fond du lit à sec : un peu d'eau se montre au fond des trous ; peut-être en aurait-on davantage en forant plus profondément. Cet arrêt a permis à la queue de la caravane d'arriver jusqu'où nous sommes. Angelvy qui venait aux derniers rangs, marchant bien difficilement à cause de l'abattement où le jette la fièvre, ne peut plus avancer : il se traîne plutôt qu'il ne marche, ayant une grosse enflure à l'aine, qui le fait beaucoup souffrir.

Révoil avait au premier moment pensé que l'on trouverait ici assez d'eau pour remplir quelques outres et quelques bidons et que nous pourrions continuer notre marche vers M'Pouapoua. L'état de notre camarade nous impose l'obligation de camper à Simbo : peut-être le second de l'expédition sera-t-il mieux demain : on dresse donc tentes et huttes. Pendant ce temps nous partons en chasse : Révoil tue deux pintades, tout ce que nous avons pu approcher à portée de fusil : le gros gibier demeure invisible : on ne voit que ses foulées.

L'on a poussé le forage assez loin pour recueillir de l'eau en quantité suffisante : malheureusement, elle est aussi mauvaise que celle de la veille. Il faut nous en contenter, malgré la diarrhée qu'elle occasionne. Pour comble de malchance, Révoil est à son tour repris de la fièvre ; il passe la nuit à grelotter et le lendemain matin Angelvy ne va pas mieux : on l'emporte sur un fitacon, car il faut sortir le plus tôt possible de cette région aride et malsaine.

C'est par une belle route que nous gagnons M'Pouapoua : mais le trajet est long. Nous cheminons sous bois, en suivant un sentier bien tracé et égal. On se croirait dans un grand parc. Quantité d'oiseaux égaient cette solitude de leur ramage. Mais ce qu'il y a de plus remarquable, c'est la quantité d'insectes de toutes tailles, de toutes couleurs, contre lesquels il faut presque se défendre : dromica, carabiclès, buprestes, etc.; certains, dont l'espèce nous est inconnue, jettent des feux, en passant dans les rais de soleil, comme des pierres précieuses.

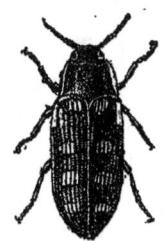

Bupreste.

Partis de Simbo à six heures du matin, nous arrivons en vue de M'Pouapoua à une heure et demie après midi.

M'Pouapoua est un gros bourg situé au pied des montagnes, à l'origine d'une plaine où paissent quelques troupeaux de bœufs, ce qui n'empêche pas les vivres d'y être extrêmement chers.

Bien que nous n'ayons pas atteint l'endroit où notre chef se propose de camper, comme l'étape a été dure, la caravane fait halte pour prendre un peu de repos. Nous allons nous asseoir à l'ombre d'un grand arbre bien reconnaissable par la position qu'il occupe dans la plaine et sous lequel se sont reposés avant nous Cameron, Stanley et maints autres voyageurs européens de moindre importance. Pendant que nous sommes là, un orage subit se déclare avec une violence inouïe : éclairs, tonnerre, grêle, pluie, rien n'y manque : le grand arbre au-dessus de nos têtes est secoué si rudement qu'il en craque jusque dans ses racines. En quelques minutes tout est fini : le ciel recouvre sa sérénité du matin, mais nous sommes trempés jusqu'aux os et le thermomètre est tombé à 16°. Au reste, M'Pouapoua a la réputation chez les noirs d'être un pays très froid. Nos porteurs sont vite secs, n'ayant, à part leur langouti, que leur peau pour tout vêtement. Mais le changement de température les surprend désagréablement et ils grelottent à qui mieux mieux. Les sautes de température sont très considérables ici : une heure après l'orage, le soleil est redevenu brillant : mais l'horizon reste couvert : nous aurons d'autre pluie dans la soirée. Cependant, nous nous sommes remis en marche et nous gagnons en cette nouvelle traite le lieu du campement. Sur notre droite court une série de hauteurs au pied desquelles se trouvent une Mission anglaise et les tembés du village. Comme dans les autres régions, le tembé est ici une enceinte en parallélogramme, renfermant des habitations, des magasins, etc. Mais ici les murs des tembés sont faits de terre gâchée avec de la broussaille ou des branchages, ce qui offre des surfaces pleines sur lesquelles les gens ont fait pousser du gazon.

Partout des champs en pleine culture : quelques noirs qui y travaillent nous regardent passer de loin, sans manifester d'ailleurs ni étonnement ni animosité : cependant le drapeau français qui est porté fièrement en tête de notre troupe, paraît les intriguer. C'est que s'ils voient souvent des caravanes traverser leurs territoires, ils ont — trop rarement hélas — l'occasion d'en voir s'avancer à l'abri des trois couleurs de notre pays.

Un ruisseau où l'orage de tantôt a mis quelques centimètres d'eau serpente à travers les cultures.

La première tente que l'on dresse est celle d'Angelvy : notre pauvre ami est toujours bien malade : il a reçu malgré nos précautions une partie de l'ondée et cela n'est pas fait pour le remettre. Le camp s'élève peu à peu : on l'établit avec un certain soin car nous passerons probablement plusieurs jours ici. Tandis que nous sommes occupés à surveiller les travaux, un missionnaire (de la

Mission anglaise) vient gracieusement nous souhaiter la bienvenue, s'informer de l'état sanitaire de la caravane et nous inviter à déjeuner pour le lendemain.

Révoil le fait entrer dans sa tente car la pluie commence à tomber et cela nous permet de causer assez longuement avec lui des choses et de la politique de la contrée.

Le Rév. S. Baxter — c'est son nom — nous apprend qu'un explorateur allemand, M. Fischer attend depuis longtemps au bord du Nyanza que le roi de l'Ouganda lui donne la permission de pénétrer dans ses états et de venir jusqu'à sa capitale. Le Révérend nous dit encore que le bishop (évêque) anglais de la région, M. Haummington, a été tué à trois jours de marche de la résidence du roi, vers laquelle il se dirigeait sans autorisation et sans invitation. Ces nouvelles sont regrettables : néanmoins elles nous permettent de supposer que les missionnaires français sont mieux en cour dans l'Ouganda que les Allemands ou les Anglais, puisque le roi de ce pays a fait demander au supérieur de Bagamoyo de lui envoyer des Pères du Saint-Esprit pour évangéliser ses sujets. Sans nous réjouir, loin de là, de la mésaventure tragique survenue au bishop Haummington, nous sommes heureux de voir nos compatriotes jouir d'une faveur marquée auprès de ce puissant monarque.

Le Révérend nous demande naturellement quel est le but de notre voyage : et sa question, certes, n'a rien de déplacée ; mais il y a beaucoup de raisons pour ne pas lui dire — pour ne dire à personne jusqu'à nouvel ordre — où nous allons. Et Révoil lui répond avec assurance que nous nous proposons de gagner le Congo par le Manyéma, afin de reconnaître ces régions au point de vue géographique.

La réception à la Mission, le lendemain, est charmante. Nous trouvons là tout le confort qu'il est possible de se procurer en ce pays : ces Anglais ont vraiment le génie de l'installation, de l'organisation. La table est bien servie, les mets abondants, variés, excellents; d'ailleurs, cuisine anglaise : bière et vin de premier choix. Conversation agréable et courtoise : le Rév. S. Baxter a avec lui deux autres missionnaires, qui parlent comme lui notre langue assez couramment.

Au sortir de table, nous visitons avec nos hôtes la Mission et ses dépendances. Angelvy, de plus en plus souffrant, n'a pu nous accompagner. Le Rév. S. Baxter qui est, paraît-il, médecin et chirurgien en même temps que missionnaire nous promet d'aller voir notre ami dans la journée.

La station de M'Pouapoua compte déjà plusieurs années d'existence. Elle a été fondée à grands frais, les bâtiments principaux étant en pierre : il a fallu faire venir de Zanzibar à dos d'homme la chaux nécessaire pour la construction. Elle joint la solidité à l'élégance : le site où elle s'élève est ravissant : à première vue, l'on dirait d'un cottage de quelque riche *farmer* anglais. Des bâtiments auxiliaires en bois sont, en ce moment même, en voie de construction. Les missionnaires dirigent les travaux, que les noirs du pays exécutent moyennant salaire.

La Mission est entourée de plantations vastes et bien cultivées dont quelques-unes appartiennent à des indigènes, qui ont été heureux de pouvoir placer leurs cultures à l'abri du drapeau britannique, contre les déprédations des Ouahéhés et des Ouahoumbas, maraudeurs redoutés de la région.

Les courges et autres cucurbitacées : melons, pastèques, citrouilles fort abondants dans l'Ouagogo, commencent à faire leur apparition dans ces champs.

Les missionnaires ont, outre leur potager, un beau jardin d'agrément où ils cultivent toutes les essences florales indigènes et quelques-unes d'Europe. Dans un parc clos de palissades, ils élèvent des autruches : nous comptons six de ces grands oiseaux dont le plumage est si apprécié et dont la chair peut être considérée comme viande de boucherie. Elles sont apprivoisées et nous voient sans étonnement circuler dans leur enclos : elles viennent familièrement manger dans notre main des morceaux de courge que nous leur tendons et dont elles sont très friandes.

Une école évangélique est établie dans la Mission : c'est une vaste salle en hangar, proprement tenue avec des bancs, des tables, un tableau noir et, suspendus au mur, quelques tableaux pour les leçons de choses. Comme bien l'on pense, l'enseignement est des

Autruche.

plus sommaires. Au reste l'école fonctionne depuis peu de temps et les négrillons qui la fréquentent en ce moment sont, croyons-nous, les premiers élèves des missionnaires dans le pays. Toutes proportions gardées cependant, les résultats obtenus ici ne sont pas à la hauteur de ceux obtenus par les Pères du Saint-Esprit à Bagamoyo.

Le programme jusqu'à présent se borne à la lecture, à l'écriture et aux quatre règles. Les tableaux de leçons de choses représentent des objets, des animaux, des végétaux du pays : l'élève apprend à les nommer en anglais et le maître (un des missionnaires) lui fait énumérer les usages, les qualités de l'objet ou de l'animal représenté par l'image. Les éducateurs ont à lutter non seulement contre la paresse incroyable des petits noirs, mais encore contre l'indépendance de ces jeunes intelligences, que n'a encore assoupli aucune discipline pédagogique. Il faut louer leurs efforts : peu à peu le désir de s'instruire viendra à ces sujets encore réfractaires à tout assujettissement de l'esprit.

Avant de quitter la Mission où nous avons été si cordialement reçus, Révoil tient à écrire quelques lignes de remerciement sur le registre que les Révérends conservent comme le Livre d'or de la station — et ils ont raison car le « book of thoughs and recollections » porte à chaque page des appréciations flatteuses et des témoignages de reconnaissance, de voyageurs qui nous ont précédés.

Le Rév. Baxter veut bien nous reconduire au camp.

Nous trouvons notre cher malade plus abattu encore que le matin. Le révérend, après l'avoir examiné consciencieusement, déclare qu'il ne peut aller plus loin, et nous donne même à entendre que sa vie est en danger. Cette révélation nous consterne. Outre que nous portons à notre malheureux camarade, dont nous avons pu apprécier la droiture, le courage et le dévouement, une affection fraternelle qui nous fait compatir de tout cœur à son état, nous voyons qu'il va falloir nous séparer de lui, juste au moment où nous allons entreprendre la traversée de l'Ouagogo, la partie du voyage la plus périlleuse et la plus pénible. Nous allons perdre non seulement un bon ami, mais encore un collaborateur précieux par ses connaissances pratiques et sa grande habitude des choses de l'Afrique orientale.

Cependant, l'état d'Angelvy est si inquiétant qu'il n'y a pas à hésiter sur le parti à prendre.

Révoil, dont cette pénible séparation va augmenter les fatigues et les responsabilités, et qui est lui-même miné par la fièvre se montre en cette circonstance comme toujours admirable de courage et de résolution.

— « Eh bien, dit-il, puisqu'il le faut, nous lutterons seuls. Quoiqu'il arrive je ne faillirai pas à la tâche qui m'incombe. J'irai de l'avant tant que mes forces me le permettront ! Espérons que la Providence ne nous abandonnera pas ! »

Le Révérend engage notre chef à renvoyer Angelvy à la côte sans aucun retard : le salut du malade dépend peut-être de la rapidité avec laquelle il regagnera un climat plus salubre. Au reste il lui faut des soins longs et délicats qu'il ne trouvera que là-bas.

Heureusement qu'un autre missionnaire anglais, M. Blackburn doit passer ici demain ou après, venant des Lacs et se rendant à la côte. Ce révérend a certainement une bonne escorte, des porteurs et des provisions suffisamment. Les porteurs de notre ami se joindront à la caravane de M. Blackburn et ainsi Angelvy, fera le trajet dans des conditions plus agréables et plus sûres. Révoil s'occupe à trouver parmi notre troupe les hommes qu'il faut pour transporter le malade en hamac : cela va réduire notre effectif alors que pour franchir le pays Ouagogo nous aurions plutôt besoin de renforts ; enfin, il le faut ! On prépare pour le voyageur des provisions et quelques médicaments : d'ailleurs il va repasser par les Missions françaises que nous connaissons, et il y trouvera si cela est nécessaire des soins et de quoi se ravitailler.

Ce ne sont pas là nos seuls soucis. La caravane est à bout de vivres. A la Mission, on n'est pas approvisionné pour ravitailler, fût-ce au poids de l'or, une troupe aussi nombreuse. Il y a deux jours que nos hommes se nourrissent d'herbes, de végétaux plus ou moins sains et nutritifs. Il y a bien des bœufs dans le pays, puisque nous avons vu un troupeau : mais les gens ont appris notre détresse et ils demandent de leurs bêtes ou des vivres qu'ils peuvent avoir des prix effrayants : pour un bœuf, trente linges de couleur, un fusil, deux barils de poudre ; et il faudrait dix bœufs pour que tout le monde mange à sa faim ! C'est-à-dire que si l'on se soumettait à leurs prétentions, l'on dépenserait ici tout ce qui nous reste de marchandises d'échange. Il faut noter que ces gens-là sont relativement civilisés : à mesure qu'ils se civilisent, ils connaissent mieux la valeur des choses, les difficultés pour le voyageur de se ravitailler en certain pays, et leur rapacité croît en raison de leur degré de civilisation. Ils ne comprendront les véritables lois du commerce que lorsqu'ils seront tout à fait civilisés ; mais nous ne pouvons pas attendre qu'ils en soient là : ce serait peut-être un peu long.

Révoil réunit les chefs des porteurs et tient conseil avec eux sur la situation. On convient d'envoyer quelques hommes chercher des vivres — s'ils en trouvent — à deux jours de là, dans un village que le révérend nous a indiqué. L'on n'envoie bien entendu que des hommes sûrs — d'autres ne reviendraient pas ; et on ne leur confie pas de marchandises : les vendeurs, s'il y a lieu, viendront se faire payer au camp.

La nuit est venue ; il pleut à torrents : nous fumons mélancoliquement notre pipe auprès de la couchette d'Angelvy : cette soirée est la plus triste de celles que nous avons passées ensemble depuis Bagamoyo.

Nous ne sommes pas seuls, paraît-il, à souffrir de la disette : les fauves d'alentour ne doivent pas être mieux partagés que nous sous le rapport des vivres : cela se voit à leur audace. Comme il n'est pas possible à cause de la pluie torrentielle, de garder les feux du camp allumés, la lueur et la flamme ne les tiennent pas à distance et ils viennent jusque parmi les tentes chercher quelque proie à enlever. Une hyène, ou un léopard, vient de mordre au pied un noir endormi. Cris terribles du malheureux, imprécations des autres noirs, remue-ménage infernal par tout le camp. Nous sautons sur nos armes et tirons quelques coups de feu pour effrayer les rôdeurs. Bientôt tout s'apaise; une heure se passe sans incident, tout le monde s'est endormi; tout à coup un frôlement contre la tente réveille Révoil : il saute dehors, et voit une grande hyène qui s'enfuit, emportant dans sa gueule notre dernière chèvre ; on n'avait

Hyène.

justement pas voulu la tuer puisqu'elle ne pouvait suffire au repas de toute la caravane et on comptait la joindre aux provisions d'Angelvy. Révoil tire au jugé; il a la chance de toucher la hyène qui se sauve en hurlant — mais en laissant sur la place la chèvre étranglée et à moitié déchiquetée.

On se recouche : Va-t-on pouvoir dormir, enfin ?

Pas du tout.

Un grand cri éclate tout à coup : c'est un noir qui vient d'être cruellement mordu à la joue par une bête — on ne sait laquelle — qui s'enfuit en bondissant, renversant devant elle les huttes et les tentes de nos porteurs. Tout ce monde réveillé en sursaut, bousculé par l'animal plus gros qu'un gros mouton, se met à crier à la fois : c'est un vacarme infernal... mais l'animal cause de tant d'émoi court encore. Toute la nuit se passe ainsi !

Et pendant ce temps nos amis de France se figurent peut-être que la vie de la brousse est complètement dépourvue de distractions !...

Après deux jours d'absence, les hommes envoyés à la recherche de vivres rentrent au camp. Ils rapportent pour tout potage quelques poignées de grains : eux-mêmes n'auraient pas assez de cela pour un seul repas ! Nos gens continuent à manger de l'herbe.

Il nous faut quitter M'Pouapoua au plus vite, sous peine de voir déserter nos porteurs en grand nombre, ou d'en voir plusieurs tomber malades.

Nous attendons toujours l'arrivée de M. Blackburn. Pendant ce temps, Révoil a fait équiper trente hommes pour le transport d'Angelvy.

Ces préparatifs nous impressionnent tristement ; c'est avec un profond chagrin que nous voyons approcher le moment de la séparation : elle est pourtant indispensable ; et c'est pour Angelvy une question de vie ou de mort. Bien qu'il connaisse la gravité de son état, lui-même est plein de tristesse à la pensée qu'il va bientôt nous quitter.

Révoil prépare un courrier volumineux que notre camarade emportera à Zanzibar, d'où il partira pour la France ; et notre chef, tout en écrivant, essuie de temps à autre furtivement une larme.

Nous avons enfin pu acheter un bœuf étique après un marchandage de plusieurs heures. Il a fallu donner en échange un rouleau de cuivre, deux *djoras* de *Kaniki,* six *diffs* blancs et six autres de couleur. Le tout représente une valeur de quatre-vingt-dix francs, ce qui est hors de prix pour ces pays-ci. Mais nos hommes auront quelque chose de plus confortable que des herbes à se mettre sous la dent; et les coquettes de M'Pouapoua pourront porter de nouveaux colliers et de nouveaux bracelets.

M. Blackburn, si impatiemment attendu finit par arriver; nous allons à son avance avec M. Baxter et Révoil le prie de prendre notre compagnon avec lui pour son retour à la côte; le Révérend y consent de fort bonne grâce, mais il ne partira de M'Pouapoua que dans trois jours. Comme la disette des vivres nous empêche de prolonger autant que cela notre séjour en cet endroit, il est convenu que Angelvy partira dès demain pour Momboya, où il attendra, le climat y étant meilleur et les vivres frais et abondants; il attendra là le Rév. Blackburn, qui le prendra en passant dans cette localité. Nous pouvons être tranquilles, la route de M'Pouapoua à Momboya par Toubougui est sûre, et ne présente pas de difficultés.

Quant à nous, comme notre monde crie famine, nous partirons demain pour l'Ouagogo, par Lhouino.

Au camp, où nous sommes de retour, nous mettons la dernière main à notre courrier, tandis que l'on abat le bœuf, dont on distribuera les quartiers aux chefs de marmites.

Révoil remet à Angelvy un grand chronomètre et différents papiers que notre ami devra laisser en dépôt au Consulat; il lui remet en outre une belle boîte d'insectes recueillis et conservés depuis Bagamoyo avec des soins particuliers; le consul de France se chargera de la faire parvenir à un naturaliste de Paris.

Cependant nos noirs sont si joyeux à la pensée qu'ils vont avoir de quoi manger, qu'ils organisent un tam-tam; et le son joyeux du tambour, les acclamations des affamés, contrastent singulièrement avec nos préoccupations, avec la tristesse des dernières heures que nous passons avec notre compagnon de route.

Vers le soir, on le transporte à la Mission, où le Révérend

Baxter a obligeamment offert de lui donner l'hospitalité pour la nuit : il y sera infiniment mieux que sous la tente, dans la fraîcheur nocturne, avec le bourdonnement des moustiques.

Le lendemain est le 6 février 188... Au camp, on est debout dès le jour. Le gros de la caravane part à huit heures, prenant les devants sur nous; nous la rejoindrons tantôt. Ce matin, nous allons déjeuner à la Mission, puis nous mettrons Angelvy en route avec ses porteurs.

Les Askaris, leurs chefs en tête, viennent faire leurs adieux à notre camarade; ces braves gens sont vraiment touchants, dans l'expression du respect et de l'affection qu'ils témoignent au pauvre malade; ils lui font force recommandations relatives à l'eau qu'il trouvera en route, à la manière de voyager, etc. ; et ils lui prodiguent les encouragements : il lui suffira, disent-ils, de respirer pendant quelques jours l'air de la mer pour être tout à fait guéri. A la Mission, le déjeuner a été triste : l'heure est venue de nous séparer, car nos hommes ont une bonne avance, et il ne faut pas nous exposer à perdre leurs traces.

Nous faisons nos adieux à Angelvy qui va partir le premier, et nous veillons à la formation de sa petite caravane; on l'emporte dans un hamac où nous le couchons aussi bien que possible; un noir tiendra un parasol déployé au-dessus de sa tête, et au premier symptôme de mauvais temps, ses porteurs dresseront les tentes. Nous lui avons donné des conserves, de la pharmacie, ce dont il pourra avoir besoin. Plus tard il trouvera auprès du Rév. Blackburn tous les secours nécessaires.

Nous nous séparons après nous être embrassés en pleurant, en proie à une émotion indicible; la petite troupe se met en marche par un vallon ombreux. A dix heures, elle a disparu sous les arbres, dans l'éloignement.

Nous quittons alors la Mission, en remerciant de grand cœur les hôtes qui nous ont si cordialement reçus et qui ont été si bons pour notre infortuné ami. Nous nous rendons à l'emplacement de notre camp, où nous attend notre escorte ; le Révérend Baxter nous accompagne, et là seulement nous lui faisons nos adieux. Il a été parfait pour nous jusqu'à la dernière minute. Nous nous mettons en route pour gagner Chounigo, à l'entrée de la Marenga M'Kali, où notre caravane doit camper.

Chemin faisant, nous croisons quelques nègres ouagogos se rendant à M'Pouapoua. Les gens de cette peuplade diffèrent grandement des noirs de la côte. Bien faits, sveltes, dégagés, le nez droit et la physionomie intelligente, ils ont l'air aussi beaucoup plus sauvages que les nègres disciplinés et façonnés par le joug arabe. Ils sont armés d'arcs et de lances à large fer et portent martialement des boucliers de peau de bœuf tendue sur une armature de bois. Ils ont le corps tatoué de rouge et les jambes ornées de bracelets munis de grelots. Pour coiffure ils ont dans les cheveux des plumes d'autruche, de pintade, de faisan. Chez eux le lobe de l'oreille est largement percé ; ils y enchâssent un disque de bois dans le pourtour duquel est creusée une rainure qui sert à le retenir dans l'ouverture du lobe ; cela ressemble assez à la parure en usage chez les femmes ounyamouésis. D'autres ont, au lieu de ce disque, une chaînette de métal qui pend presque jusqu'à l'épaule.

L'aspect du sol a beaucoup changé : sa teinte rouge, due au minerai de fer dont il est chargé, finit par fatiguer l'œil. De profondes ravines coupent la route et la rendent difficile ; à l'époque des pluies, ce sont là autant de torrents, tumultueux et dangereux à franchir. A droite et à gauche, des montagnes granitiques, aux crêtes anguleuses, barrent l'horizon. Mais bientôt une éclaircie nous dédommage des fatigues de la route ; des plaines vastes et riantes s'ouvrent devant nous, se déroulent à nos regards dans la direction de l'ouest.

Il nous faut environ cinq heures pour rejoindre la caravane que du reste nous trouverons campée.

Nous traversons quelques petits ravins où la végétation produit des sous-bois charmants; tout est vert, tout en fleur. Nous suivons le flanc des montagnes, laissant la route de Kisokoué à notre droite et nous passons le col de Chounio habité par des Ouagogos, dont on voit de loin les tembés. Devant nous s'étend la M'Renga M'Kali; dans le fond, une série de montages peu élevées et de collines forment le grand cirque de la M'Renga.

Nous trouvons dans cette immense plaine plusieurs bois d'acacias, et nous arrivons bientôt à l'endroit où nos hommes sont campés, auprès d'un ravin où ils ont pu trouver de l'eau potable. Les récentes pluies nous valent cette aubaine, car dans la M'Renga l'eau des puits est en temps ordinaire aussi mauvaise que celle de Godegodi et de Simbo.

Notre colonne s'est encore accrue d'autres petites caravanes qui avaient demandé à M'Pouapoua à se joindre à la nôtre. Cela forme une masse de sept cent cinquante hommes, qui, en marche, ne laisse pas d'être imposante. La conduite de toutes les caravanes réunies est naturellement dévolue à Révoil en sa qualité d'Européen, et aussi parce qu'il compte dans la sienne propre une troupe nombreuse et bien armée d'Askaris qui, au besoin, défendraient tout le monde.

Chaque caravane, comme de juste, doit payer aux chefs dont on traverse les territoires les droits qui lui incombent; mais les roitelets seront plus accommodants avec Révoil qu'avec les maîtres des petits convois, si ces derniers voyageaient isolément; ils ont peu de monde et presque pas d'armes; ils ne sont pas en état « d'en imposer »; avec nous ce sera tout différent.

Et nous n'en aurons pas moins du fil à retordre, car les steppes de l'Ouagogo sont comme hérissés de petits despotes dont les exigences et les vexations sont bien connues de tous ceux qui ont parcouru cette partie de l'Afrique.

CHAPITRE VI

En route pour la M'Renga M'Kali sur Mouarah. — Le *pori* avec ses grandes plaines désolées. — Fausse alerte. — M'Voumi. — Les Ouagogos. — Les chasseurs d'éléphants. — Le *Ougo* ou *hougo*, plaie de l'Afrique centrale. — Pillage et Négociations ; présents forcés. — Chaloula. — Révoil tombe malade.

Le 7 février, on sonne le réveil avant le jour ; le temps est couvert et frais ; la senteur âcre de la terre d'Afrique flotte dans le brouillard matinal. Nos hommes se dépêchent, en frissonnant un peu, à plier les tentes. Chacun s'équipe pour le départ. Le chef des porteurs fait l'appel et constate qu'un Ousoukouma a déserté : c'est un récidiviste ; une autre fois il nous avait brûlé la politesse, mais on l'avait rattrapé. Aujourd'hui, on n'a pas le temps de courir après lui ; et du reste, s'il déserte facilement, c'est qu'il a la vocation de la brousse. Il n'y a qu'à l'y laisser se débrouiller : il regrettera son ancienne condition avant que nous ne le regrettions. Tout le monde est chargé ? En route !

Nous traversons d'immenses plaines, complètement nues et désolées : pas un arbre, pas un rocher saillissant du sol brun ; pas un point de repère ; on marche comme sur un océan figé : c'est le *pori*. Le pays, quant au sol et à l'aspect désert, offre une grande ressemblance avec la Makala ; seulement, dans la Makala on voit quelques palmiers ; tandis qu'ici rien n'égaie le paysage — si l'on peut appeler un paysage cette étendue rase qui n'en finit plus. Révoil marche en tête de la colonne ; on avance en rangs serrés et il n'y a pas de traînards ; ce n'est pas que les noirs soient plus vaillants aujourd'hui : c'est qu'ils ont peur des pillards Ouagogos.

Le *pori* heureusement n'est pas éternel : après trois heures de marche d'un bon pas, nous en voyons la fin. Nous entrons sous bois. La route est, là, assez belle ; de côté et d'autre se trouvent de nombreuses flaques d'eau qui se sont formées par suite des dernières pluies. On chemine toujours prudemment et en bon ordre, car la route sous bois est encore plus propice aux coups de mains que la nudité du *pori*.

Mais voilà que tout à coup on entend éclater des cris terribles au centre de la caravane. Le convoi s'arrête ; brusquement les porteurs déposent leurs charges ; les Askaris répartis le long du convoi se rassemblent en toute hâte sur le centre et Réveil accourt précipitamment vers le groupe d'où partent encore des cris perçants. Comme la caravane sinue à travers bois, on ne peut d'un coup d'œil l'embrasser tout entière ; cet émoi général est donc fondé ; s'agit-il d'une attaque inopinée ?

Au milieu du désarroi les bagages gisent épars, avec fusils, manteaux et ustensiles de cuisine. Des gens courent effarés ; et d'autres plus résolus viennent se grouper autour de nous. Qu'est-ce donc ? Heureusement ce n'est qu'une fausse alerte. C'est un essaim d'abeilles de passage qui s'est abattu sur la caravane, et qui en se jetant sur notre monde a semé le désordre et la terreur dans nos rangs.

Une fois la panique passée, hommes, femmes et enfants reviennent prendre leur place en piteux état, couverts de cruelles piqûres qui leur boursouflent le corps. Chacun reprend sa charge ; l'on se remet en marche, ceux-ci en riant de l'alarme, ceux-là en geignant.

Vers une heure de l'après-midi nous arrivons à une grande mare d'eau douce, M'bouyouni Zrouana.

La végétation alentour est toute saccagée, et d'énormes trous

Le *pori*, sur la route de M'Renga M'Kali.

se voient dans la vase au bord de la mare, et dans la plaine : ce sont les traces d'un éléphant qui doit être de grosseur monstrueuse, si l'on en juge par la dimension des empreintes de son pied ; elles sont ovales et profondes, dans les endroits où le sol est à demi résistant, de trois à quatre centimètres : ces grands trous aux parois bien nettes n'ont pas moins de 37 à 39 centimètres de longueur sur 25 à 26 de largeur. Le pachyderme ne laisse pas que ces traces de son passage : son gros corps, ses grosses pattes abattent et brisent tout ce qui se trouve devant lui : herbes et arbustes, là où il est passé, sont foulés, brisés, écrasés, enfoncés dans le sol. Dans les jungles, l'éléphant perce à travers la végétation un véritable tunnel par où on peut cheminer derrière lui sans inconvénients, car les végétaux qu'il a foulés ne se redressent plus.

Les chasseurs de profession peuvent dire exactement, en voyant une trace semblable quelle est la taille de l'animal, quel est son sexe, et s'il y a longtemps qu'il est passé par là. Si nous étions d'humeur à poursuivre le pachyderme, nous pourrions faire appel aux connaissances d'Ali ; mais d'autres soucis nous empêchent de courir après l'éléphant : d'ailleurs nos fusils ne sont pas d'un calibre suffisant pour lui donner la chasse.

Nous restons deux ou trois heures auprès de la mare, à nous reposer : grâce au voisinage de l'eau, l'herbe est drue aux environs et nous paressons, allongés dessus, avec une satisfaction légitime. On profite de cette halte pour prendre un léger repas : on n'a pas le temps de cuisiner : un de nos serviteurs étend une nappe sur l'herbe, range dessus nos assiettes de fer battu, nos couverts, nos gobelets, et quelque boîte de conserve, du biscuit de mer, de l'eau claire, forment notre collation.

La caravane se remet enfin en route et nous allons de ce pas jusqu'à Bango, où l'on arrive à six heures et demie du soir. Pendant que l'on dresse les tentes, Révoil fait mettre les bagages et les charges en tas au centre du campement, les tentes sont dressées l'une contre l'autre et cette nuit, un cordon de gardes qui se relèveront d'heure en heure, entourera le camp. Ces mesures prises dans le but d'éviter une attaque possible, nous songeons à dîner : la journée a été pénible et nous avons tous l'estomac dans les talons. Comme nous allions nous mettre à table, arrive une troupe d'hommes, envoyés par le D' Baxter, et qui marchaient sur nos traces depuis M'Pouapoua. Ils viennent de la part de leur maître réclamer un noir, serviteur de la Mission, qui a profité du départ de notre caravane pour s'enfuir parmi nos porteurs : en un mot, un déserteur. On ne s'était pas aperçu de la présence de cet homme, qui avait fait l'étape d'aujourd'hui sans être remarqué parmi les autres nègres. Mais dès qu'il est signalé, on a vite fait de le trouver et de l'empoigner. On le remet aux gens du D' Baxter : nous avons reçu trop de preuves d'amabilité de ce missionnaire pour ne pas saisir avec empressement la première occasion qui s'offre à nous de lui être agréables. Nos hommes n'ont rien à manger, cependant ils restent calmes ; les noirs sont ainsi faits : confiez-leur les provisions dont ils doivent se nourrir pendant plusieurs jours, ils vont s'empifrer de tout ce qu'ils ont jusqu'à ce qu'il ne reste plus un grain de mil. Mais s'il faut ensuite rester un ou deux jours sans manger, ils se serrent le ventre sans murmurer.

Du reste ils savent aussi bien que nous que nous sommes en pays difficile. Demain, s'il plaît à Dieu, nous éviterons le passage de Mouarah où le chef des Ouagogos se fait un malin plaisir d'arrêter et de rançonner les caravanes ; et il est tellement exigeant qu'il exaspère tous les voyageurs. Presque tous les explorateurs qui ont précédé l'expédition Révoil ont dû régler à coups de fusil le droit de passage. Comme Révoil désire avant tout éviter toutes complications de nature à discréditer notre drapeau, il a engagé à Choungo un guide qui doit conduire la caravane par Idifou, au N.-E. de Mouarah ; de cette façon nous éviterons les terres du tyranneau, qui n'aura rien à nous réclamer.

Nuit froide. Les fauves ont rôdé et rugi autour du camp jusqu'au jour. Aux premières lueurs du matin on sonne le réveil. Les Ounyamouésis se font remarquer par leur peu d'empressement à plier bagages : c'est la fraîcheur de la nuit qui les a comme figés ; évidemment s'ils sont gourds à l'ouvrage, ce n'est pas d'avoir trop mangé hier au soir.

On part; Réveil marche en tête avec le guide ouagogo, un grand diable maigre, grincheux et taciturne qui répond à peine aux questions de notre chef.

Chemin faisant nous tirons des pintades, des perdrix et d'autres jolis oiseaux. A chaque instant maintenant nous rencontrons des flaques d'eau sur lesquelles bourdonnent des myriades et des myriades de moustiques. La caravane les attire; ils se ruent sur nous et nous importunent. Néanmoins il n'y a pas trop à se plaindre : le sentier est large, bien battu, le terrain est bon, on marche facilement. Çà et

Perdrix.

là on voit à quelques pas du sentier, soit un squelette humain, soit des débris de charges. C'est ce qui reste de quelque porteur traînard qui ne suivant pas d'assez près sa caravane, aura été assailli, tué et dévalisé par des pillards. Ce spectacle peu réjouissant a du moins le bon côté d'inspirer à nos hommes une salutaire terreur : jamais ils n'ont marché en aussi bon ordre. Il y a bien deux heures et demie que nous marchons lorsque Réveil s'aperçoit que le guide lui fait suivre la route de Mouarah, ce village que précisément nous voulions éviter. Vertement tancé, le noir finit enfin par avouer en rechignant que s'il a fait prendre cette direction à la caravane, c'était pour céder aux menaces des Ounyamouésis : ceux-ci connaissent plus ou moins bien la région et comme ils savent que le chemin d'Idifou est plus pénible que celui de Mouarah, ils préfèrent passer par cette dernière localité, bien qu'ils sachent à quelles exigences on va se trouver en butte. Mais cela leur est égal : c'est le blanc qui paie le ougo. Il est trop tard pour revenir sur nos pas; mais il est encore temps de faire un exemple. Révoil fait appeler tous les chefs ounyamouésis et les prévient que puisqu'ils ont poussé le guide à prendre cette route ils en subiront les conséquences. Si le chef de Mouarah a des prétentions aussi exorbitantes que d'habitude pour le ougo, ils en paieront la moitié. Il est juste qu'ils préfèrent un sentier agréable à un sentier pénible; mais il n'est pas juste que le voyageur supporte par leur faute une perte. Ils comprennent très bien ce raisonnement et regagnent leurs postes la tête basse, la mine allongée.

Le soir nous établissons le camp dans une vaste et belle clairière; comme les hommes n'ont absolument rien à manger, Révoil fait ouvrir les caisses de provisions et leur donne trois caissons de biscuit. Ce pis-aller est pour eux un régal. Dans toute l'Afrique, le noir a la passion du biscuit, du *biscout*. Au Sénégal, les noirs feraient n'importe quoi pour une galette de biscuit : ils le trempent dans de l'eau sucrée avec de la cassonnade et c'est pour eux un régal exquis.

Ici ils n'ont pas de cassonnade, mais ils apprécient hautement tout de même le *biscout*. Tout en mangeant ils devisent sur les Ouagogos, chez lesquels grâce à la mauvaise foi et à la couardise du guide, nous arriverons demain.

Le pays ouagogo est l'enfer du voyageur : Stanley en a dit : « Là se brassent quantité de troubles et de désordres; il s'en échappe comme des essaims de vermine qui font damner le voyageur. Nulle part l'indigène ne sait si bien se rendre désagréable. On pourrait croire qu'il existe dans l'Ougogo une école de malice et de basse ruse, où les chefs passent maîtres ès vilains tours. » Un pays de rêve, quoi!...

Cette région n'était autrefois qu'une immense solitude, sans habitants, sans culture aucune, couverte en maints endroits de forêts épaisses. Les Ouagogos qui ont quelque analogie avec les Massaï y vinrent en émigration, chassés sans doute par la guerre du pays qu'ils habitaient auparavant. Avec patience ils ont abattu et brûlé les forêts et ensemencé de vastes champs où le maïs et le millet poussent aujourd'hui en abondance. Les Ouagogos offrent à la curiosité du voyageur un réel attrait. Généralement nus, les hommes n'ont pour tout costume qu'un lambeau de peau de chèvre grand comme un mouchoir de poche, qu'ils portent pendu au cou. Ils s'enduisent le corps d'ocre rouge mélangé de graisse ou de beurre et se peignent un œil en blanc et l'autre en noir. Quant aux cheveux, ils sont ornés soit de tortillons d'écorce, soit d'un faisceau de plumes de coq et on les porte noués en queue de perruque. Le lobe de l'oreille est démesurément percé, et allongé par le poids de l'ornement qui s'y accroche : un énorme galet de bois ou une chaînette en fil de fer. Les bras sont garnis de bracelets en corne ou en ivoire au biceps et au poignet; les jambes, de jarretières de grelots.

Maïs.

L'armement du guerrier consiste en une lance dont le fer, en forme de feuille de caoutchoutier, atteint une largeur démesurée, et un bouclier de cuir de bœuf, bariolé de couleurs, d'une largeur proportionnée à celle du fer de la lance.

Quelques-uns portent en outre des sabres et des massues; on en rencontre souvent qui sont armés de l'arc et des flèches.

Les femmes sont vêtues d'une jupe courte; elles ont le thorax nu; les bras et les jambes sont ornés de bracelets en fil de laiton.

Les Ouagogos vivent réunis par familles dans des *tembés* : ce sont, comme on l'a déjà dit, de vastes bâtiments carrés avec une cour intérieure où l'on parque le bétail.

Ils vivent surtout de laitage, et leur richesse consiste en troupeaux de bœufs et de chèvres dont le nombre va toujours croissant, car on tue rarement ces animaux et les Ouagogos ont rarement l'occasion d'en vendre; hommes, femmes, enfants et animaux grouillent pêle-mêle dans de véritables mares de boue infecte et de fumier.

C'est cette population qui occupe les principales routes de M' Voumi, Nangouire qui mènent à l'Ounyanyembé.

Comme les caravanes ne peuvent se ravitailler que chez eux, et que, hors la saison des pluies, on ne trouve d'eau que dans les citernes qu'ils ont creusées pour leur usage et qu'ils gardent jalousement, les voyageurs sont obligés de compter avec eux et trop souvent de subir leurs exigences féroces.

Leurs chefs arrêtent au passage les convois qui se dirigent vers la région des Lacs et qui ne peuvent prendre un autre chemin, malgré la menace des vexations qui les attendent. L'on est bien obligé de se soumettre aux injonctions de ces roitelets. Une caravane, même escortée d'hommes armés, n'est pas assez forte pour lutter contre la population de la région; d'ailleurs au premier engagement tous les porteurs ounyamouésis jetteraient bas leurs charges et se sauveraient dans la brousse. Toute une expédition serait donc perdue en un instant si l'on manifestait seulement la velléité d'en venir aux mains avec ces sauvages.

Les Ouagogos font preuve dans leurs relations avec les voyageurs d'une finesse peu commune. Quand une caravane arrive sur le territoire d'un de ces chefs — qui prennent pompeusement le titre de sultan — il commence par envoyer vers le voyageur son porte-parole au *M'Sagira* qui est chargé d'assigner à la troupe l'endroit où elle devra camper. Puis, l'émissaire remet au lendemain l'entrevue que l'on doit avoir avec son maître pour la négociation du tribut à payer — *ougo*.

La négociation, il faut s'y attendre, durera de quatre à cinq jours; d'abord parce que le roitelet convoite tout ce qu'il voit, et tout ce qu'il suppose en possession de la caravane; ensuite, parce

Guerrier Ouagogo.

qu'il est de bonne politique pour lui de retenir le voyageur le plus longtemps possible. Plus le voyageur aura attendu, plus il aura hâte de s'en aller et alors il se montrera plus docile. Puis pendant le temps que dureront les démarches, les hommes de la caravane feront des dépenses dont les gens du village profiteront; tandis que le chef et le roi parlementent par l'intermédiaire du *M'Sagira*, les sujets du « sultan » viennent dans le camp offrir à des prix insensés un peu de lait, des légumes (ou pour mieux dire quelque plante comestible desséchée), jusqu'à du son. Et comme il serait impossible de trouver à cinq heures à la ronde quoi que ce soit à manger sans le concours de ces voleurs, on leur paie ce qu'ils demandent dix ou quinze fois la valeur de ce qu'ils apportent.

De cette façon la tribu fait ses affaires tandis que le « sultan » fait les siennes.

Aucun voyageur — à moins de s'exposer à combattre, ce qui est gros d'aléas — ne peut s'affranchir de ces tribulations. Les Arabes eux-mêmes, bien qu'ils sillonnent constamment le pays, y sont assujettis ; mais comme ils résistent mieux au climat meurtrier de la contrée et s'inquiètent peu de la mortalité parmi leurs malheureux porteurs, ils peuvent user de plus de patience et cèdent moins facilement aux exigences des Ouagogos.

Nous faisons notre première halte dans cette zone maudite. Pour comble de malechance, la famine sévit dans la contrée, et la chaleur, qui est torride, nous rend le séjour en cet endroit très pénible.

De grandes plaines en culture nous entourent ; on n'y voit en fait d'arbres que des baobabs à fruits comestibles. Par contre, on voit partout des troupeaux de vaches et de chèvres, mais peu d'habitants. La mère du chef de Mouarah qui est mort il y a trois ans, réside près de là. Notre camp est établi à proximité d'un ruisseau : la nuit est froide ; — le thermomètre est descendu à 19° ; on gèle. Les hyènes hurlent autour de nos tentes, et nous empêcheraient de fermer l'œil si nous n'avions encore pour troubler notre repos des hordes de criquets et de perce-oreilles sous nos abris.

Le lendemain, nous transportons le camp à une demi-heure de là, à l'endroit où campent habituellement les caravanes. C'est un emplacement marqué par des rochers énormes, émergeant du sol.

A peine les tentes sont-elles dressées là, que Révoil est pris d'un violent accès de fièvre qui le cloue sur sa couchette, complètement paralysé. Les vomissements, le mal de tête le font souffrir le martyre durant vingt-quatre heures. Et pendant ce temps les Ouagogos circulent bruyamment dans le camp : impossible de les chasser et de les faire taire.

Le jour de notre installation, la mère du chef de Mouarah nous envoie un peu de lait par une esclave. On charge cette femme de remercier sa maîtresse, à qui Révoil ira porter lui-même un cadeau dès qu'il pourra marcher.

Le jour suivant notre chef se sent mieux ; il veut se lever, mais il est si affaibli que l'on ne peut songer à partir aujourd'hui : il ne peut encore marcher. Cependant malgré son extrême débilité il ne cesse pas de s'occuper des affaires de la caravane ; il pense à tout, voit tout par lui-même.

Nous remarquons que les Ouagogos qui encombrent le camp ont par leurs jambes grêles un peu cagneuses et leur stature quelque ressemblance avec les Somalis. Les Gogohouines de Gananeh, qui sont une caste inférieure des Somalis seraient-ils les descendants d'émigrants Ouagogos? C'est là un problème anthropologique que nous n'avons pas le temps d'élucider.

La nuit du 10 au 11 février est encore froide. Révoil qui ressent un peu de fièvre n'a pu fermer l'œil, et a été hanté des plus tristes pensées durant les heures d'insomnie. Aussi a-t-il, le matin, l'air plus défait et plus abattu que la veille. Cependant il faut partir; nos hommes heureusement — à part les malades — sont dispos et en train. Ils ont pu se procurer des vivres et ils se sont bien reposés. On lève le camp dès l'aube; il y a cinq porteurs atteints de la fièvre, par suite des marches forcées, des privations, du froid. Ils sont exempts de service; il faut partager leurs charges entre les autres. Cela peut se faire sans trop de discussions, certaines charges ayant beaucoup diminué depuis Bagamoyo.

On se met en route pour gagner M'Voumi, résidence de Charoura, chef ouagogo, fils de Mouarah, et par conséquent petit-fils

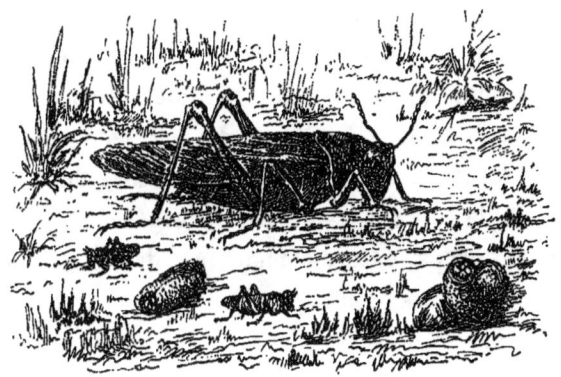

Criquets.

de la « sultane » qui nous a offert du lait il y a trois jours. Révoil n'ayant pu faire en personne une visite à cette princesse, lui a envoyé par le chef des porteurs le cadeau qu'il lui destinait : quelque pièce d'étoffe et de la parfumerie.

C'est donc avec ce Charoura que nous allons avoir à discuter pour la première fois le *ougo !*

Nous traversons de grands champs cultivés, arrosés par des ruisseaux torrentiels, où nous trouvons une eau excellente. De loin en loin s'étendent de petites flaques d'eau saumâtre où barbotent et volètent en grand nombre des canards et autres oiseaux aquatiques. Des Ouagogos qui travaillent aux champs nous regardent passer. Le sentier va en montant; le terrain est découvert au loin ; notre caravane forme une longue file qui se déroule sur une longueur de près de deux kilomètres, comme un immense serpent moucheté par places de blanc. Le sol est d'argile et de sable rougeâtre : la seule végétation qui y pousse naturellement consiste en des herbes folles et des acacias rabougris.

Vers dix heures, par un soleil brûlant, nous atteignons M'Voumi. Le thermomètre accuse malgré la bise 36°5 à l'ombre. Le guide conduit la caravane à l'endroit où l'on doit paraît-il attendre les ordres de Charoura : c'est l'emplacement d'un campement indigène abandonné qui est reconnaissable à des vestiges de ruches. Nos hommes se précipitent sur cet emplacement pour choisir les meilleures places, et surtout pour ramasser les brindilles de bois qui y sont éparses car, en dehors de méchants roseaux ou de broussaille, ils ne trouveront rien ici pour faire du feu et il leur faudra acheter le bois nécessaire aux Ouagogos.

Nous n'avons pas encore commencé à dresser le camp, qu'un messager de Charoura vient nous inviter de la part de ce chef à aller camper auprès de sa résidence. Le site qui nous est assigné est au bord d'un ruisseau dont nous ne pourrons utiliser l'eau, car elle est troublée par les animaux et sans doute plus ou moins saine à cause des herbes qui y traînent. Mais en creusant dans le sable nous trouvons l'eau à peu de profondeur ; et celle-là, s'étant filtrée en passant à travers le gravier, est bonne et pure.

Révoil indique aux contremaîtres la place où chaque groupe de la caravane doit s'établir ; il choisit pour nous-mêmes un petit îlot formé par un bras étroit du ruisseau, et ombragé d'acacias, sous lesquels on dresse nos tentes.

Ces mesures prises, nous songeons avant tout à donner à nos malades les soins que réclame leur état.

L'un d'eux paraît atteint de fièvre typhoïde ; le second a un abcès énorme à l'aisselle, le troisième une affreuse blessure au bras, causée par un éclat de fusil ; le quatrième a les pieds hachés de crevasses; enfin le cinquième est atteint de fièvres intermittentes très violentes et de dysenterie. Deux ou trois de ces malheureux sont à bout de forces; si nous les conservons dans la caravane, nous nous exposons à les laisser en route dans les quarante-huit heures. Que faire, cependant? Ici, nous sommes comme dans le désert; ce n'est pas chez les gens de M'Voumi que ces pauvres diables trouveront les soins intelligents et dévoués avec le repos qu'il leur faudrait. Si on les laisse ici, on les laissera crever comme des chiens, ou bien, s'ils se rétablissent, on les vendra comme esclaves.

Révoil, mal portant lui-même, oublie son propre état pour se préoccuper de ces pauvres gens.

Bientôt notre camp est envahi par les vendeurs et les curieux. Parmi ces derniers nous remarquons des Ouahoumbas ou chasseurs d'éléphants (habitants de la région de Momboya) armés de leurs arcs et flèches empoisonnées. Ces arcs et ces flèches sont d'un fini remarquable; le fer des flèches, long d'environ 15 centimètres, est enduit d'une couche épaisse de poison jusqu'au tiers de sa longueur; le fer et la hampe de la flèche sont entourés avec soin d'une bandelette de peau mince, qui les protège contre l'humidité, la pluie, etc.; l'arme conserve, grâce à cette précaution, toute sa force de pénétration.

Une seule de ces flèches, nous disent les Ouahoumbas, suffit pour tuer un éléphant. Nous ne dirons rien du costume de ces chasseurs, et pour cause : ils n'en ont aucun, Ils n'ont même pas autour des reins le simple cordon que l'on trouve chez les peuplades les moins vêtues comme un semblant de sacrifice à la pudeur; nos Ouahoumbas sont absolument nus, comme des vers.

Les femmes sont plus curieuses à observer : leurs bras et leurs jambes sont entièrement couverts de gros fil de cuivre enroulé en spirale, cette parure sous laquelle elles ont peine à se mouvoir ressemble assez à nos ressorts de sommier. Aux lobes des oreilles pendent des disques — également faits de fil de laiton enroulé en spirale, qui reposent sur les oreilles. Sur le sommet de la tête, entièrement rasée, il ne reste qu'une mèche de cheveux. Au cou, un grand collier de grains de verroterie ou d'ivoire. Le corps est drapé dans une sorte de tunique de peau retenue à la taille par une ceinture. Ce bizarre accoutrement m'empêche pas chacune d'elles de porter une véritable cargaison de calebasses ornées de coquillages, ou des charges de viande boucanée des animaux tués par leurs maris.

Comme bien l'on pense ces gens ne se livrent pas par plaisir à la chasse : ils se nourrissent des animaux qu'ils abattent et trafiquent du surplus de la chair et des dépouilles. Les défenses d'éléphant, les cornes des buffles, les peaux de toutes leurs victimes sont pour eux d'un grand profit. Afin de conserver les viandes qu'ils veulent vendre, ils les boucanent, et les portent ensuite de village en village. Le boucanage est comme le savent nos lecteurs une préparation qui consiste la plupart du temps à sécher la viande préalablement découpée en lanières longues et minces, et exposée sur des claies, à la fumée de grands feux. On pourrait croire en voyant l'armement primitif des chasseurs, qu'ils font peu de mal au gibier. Mais ce serait une erreur. Leurs armes, évidemment, ne valent pas pour la chasse des fusils du calibre 8 ; mais le chasseur noir a une foule de ruses au service de son industrie : il connaît admirablement les mœurs des animaux qu'il poursuit et sa sobriété, son agilité, sa patience extraordinaires lui permettent de suivre sa proie aussi longtemps qu'il le faut pour trouver l'occasion de la frapper à coup sûr. Du reste les chasseurs n'emploient pas que l'arc et les flèches ; ils tendent aussi des embuscades aux animaux, des pièges à la fois naïfs et savants. L'éléphant et le rhinocéros ou l'hippopotame par exemple, sont sans cesse exposés à recevoir sur la tête au moment où ils y pensent le moins un lourd cylindre de bois armé à sa partie inférieure d'une longue pointe de fer, et qui, suspendu par les noirs en haut de quelque arbre, et subitement lâché au moment où l'animal passe, l'assomme et souvent le tue sur le coup.

Beaucoup de chasseurs portent en guise de trophée, qui à la ceinture, qui suspendus au col, suivant la mode de la contrée certaines dépouilles des animaux qu'ils ont tués ; ou bien cela sert à orner la case du noir, car généralement les chasseurs de profes-

Éléphant.

sion n'appartiennent pas à des tribus nomades. On garde ainsi la queue de presque toutes les bêtes. Quand on a tué un éléphant, ce sont les poils qui s'épanouissent en bouquet à l'extrémité de sa queue, et qui sont aussi gros que des baleines de corset.

Ce n'est pas seulement à cause de leur aspect pittoresque que nous avons plaisir à voir les Ouahoumbas se promener dans le camp ; leur visite nous enlève un gros souci, car nous pouvons leur acheter de la viande pour notre monde et pour nous-mêmes. Nous échappons ainsi à la nécessité de nous ravitailler d'ici à Kanyenyé, à des stations où nous aurions été sûrement victimes de la cupidité de chefs ouagogos.

Parmi les curieux qui circulent dans le camp, il y a aussi des Ouagogos, soit de M'Voumi, le village voisin, soit de localités éloignées. Quelques-uns ont adopté la manière de se vêtir des Zanzibarites et se promènent gravement dans une grande chemise ou blouse blanche, avec un caleçon ou une culotte de cotonnade — des autres en sont encore à la mode de leurs pères : un chiffon quelconque autour des reins, ils ont le corps et le visage peinturlurés d'ocre rouge; leur coquetterie se montre aussi dans leurs ornements d'oreilles qui consistent, soit en un cylindre de bois, soit en une rondelle en spirale de feuilles de palmier passée dans le lobe de l'oreille gauche. Ou bien encore en une sorte de pendeloque assez compliquée; elle se compose d'une petite armature de fer ou de cuivre de la forme des poignées dont nos repasseuses se servent pour manier les fers chauds, et longue de trois à quatre centimètres; cette armature, introduite dans le lobe affreusement ouvert pour la recevoir, enferme le bourrelet de l'oreille; elle supporte une série de chaînettes ou simplement de fils de laiton, pendant jusque sur l'épaule, et flottant aux mouvements de la tête.

En attendant que Charoura le chef de M' Voumi, se décide au sujet du ougo, les chasseurs nous guident sur notre demande et moyennant rétribution, dans le pays ; nous avons espéré que, avec eux, nous rencontrerions des éléphants ; mais après avoir battu en tous sens les environs, nous n'avons vu, des pachydermes, que les trouées faites par leurs gros corps en certains endroits, à travers la végétation.

Lorsque nous rentrons au camp, Ali Abdallah et le chef des Ounyamouésis qui étaient partis de leur côté pour offrir de la part de notre chef à Charoura, suivant l'usage, quatre ou cinq pièces d'étoffe comme entrée en pourparlers, viennent dire à Révoil qu'ils n'ont pas trouvé le roi à son tembé. Le rusé coquin s'est absenté, ou il feint une absence pour nous faire attendre vingt-quatre heures de plus et nous imposer des conditions plus dures. La contrariété que cette nouvelle cause à Révoil provoque chez lui un accès de fièvre, qu'il ne réussit pas à couper en absorbant deux doses énormes de quinine. Son état ne laisse pas d'être inquiétant, car malgré l'énergie dont il fait preuve, il est visiblement miné par l'affreux mal du pays. Il faut cependant négocier avec Charoura. Le lendemain on lui apporte vingt pièces d'étoffe de couleur, en l'adjurant de faire connaître au plus tôt ses intentions pour le ougo. Il fait dire qu'il rendra sa réponse le jour même, à midi. Pendant ces allées et venues, les gens du village sont revenus au camp, avec des vivres qu'ils essaient de vendre à nos hommes et dont ils demandent des prix exorbitants. Ce commerce est prévu par Charoura; ses atermoiements calculés le favorisent, au profit des Ouagogos. Et il ne faut pas croire que l'on trouvera ailleurs ce dont on a besoin à des prix plus abordables. Une promenade dans la campagne ce matin, nous a permis de constater que nos hommes seraient aussi bien tondus dans les tembés d'alentour. Ainsi pour un demi-kibabaou (environ un demi-litre) de grains de courge, on nous a demandé cinquante grammes de tabac; pour un kibabaou de farine grossière de millet, un *doti* de méricani; pour dix œufs de pintade, un *kitambi* (pièce d'étoffe de couleur) etc., etc... tout est à l'avenant.

En voyage, en exploration surtout, il faut être philosophe : nous avons de l'eau très fraîche, très pure, excellente ; et nous nous disons que c'est toujours cela — car enfin nous pourrions aussi bien avoir de l'eau bourbeuse, saumâtre, imbuvable, et les prétentions des Ouagogos n'en seraient pas moins excessives.

Enfin le M' Sagira de Charoura apparaît, porteur des paroles de son auguste maître : Charoura a réglé le ougo. Voici ce qu'il demande :

1° Quatre fusils.

2° Quatre barils de poudre.

3° Quatre rouleaux de fil de cuivre rouge.

4° Six beaux linges de couleur.
5° Quatre djoras d'étoffe rouge.
6° Quatre limes.

On ne peut pas dire que ce seigneur laisse passer gaiement les voyageurs sur ses terres !

Ce n'est pas tout : Charoura demande — mais on sait que cela signifie : exige — que nous poursuivions notre route par tel chemin qu'il lui plaira de nous désigner, et sous la conduite de guides qu'il se réserve de nous fournir — à nos frais. Il a bien voulu ajouter que ce seraient des hommes sûrs. On n'est pas plus aimable !

Quelle envie que l'on en aie, il ne faut guère songer à discuter les prétentions de cet affreux moricaud ; en ce pays, les chefs marchandent, mais ils ne laissent pas marchander. On convient même de lui envoyer tout de suite son ougo ; en lui donnant satisfaction sur l'heure, peut-être évitera-t-on quelque nouvelle demande de sa part.

Ah bien oui ! Nos hommes, partis à trois heures, porteurs des objets demandés par Charoura, sont de retour à quatre. L'inévitable M' Sagira les accompagne. Le chef des Ouagogos veut autre chose. Il demande des barils de poudre de dix livres au lieu de cinq, du cuivre jaune au lieu de rouge et des fusils avec ornements, les fusils sans fioritures ne lui paraissant sans doute pas en rapport avec le luxe de sa cour. Révoil, encore frémissant de fièvre, donne l'ordre de satisfaire Charoura. Les porteurs repartent. Ils ne reviennent qu'à la nuit ; et ils rapportent tout, à l'exception de la poudre. Charoura a réfléchi ; il se prononcera demain. C'est par trop violent. Révoil est furieux, nous sommes furieux. Ali Abdallah et le chef des Ounyamouésis ; les porteurs, les soldats, les femmes, les enfants, tout le monde crie contre Charoura. Coco, excité par la mauvaise humeur générale grogne aussi. Mais de tous nos noirs, aucun ne bouge. Il n'y a pas à compter sur eux pour un coup de force : « ils « débinent » le chef ouagogo, mais si Charoura paraissait, ils se sauveraient comme des lièvres dans la brousse. Leur visible couardise porte à son comble l'exaspération maladive de Révoil ; il s'écrie :

— Vous n'êtes tous que des poltrons et des femmes ! Si vous étiez des hommes, nous partirions ce soir au clair de la lune, et nous enverrions promener ce sauvage avec ses prétentions !

Et dire que tous les voyageurs sont forcés d'en passer par les exigences de ce coquin ! C'est une honte pour la civilisation. Et si l'on ne veut pas céder, il faut en venir aux mains. A vrai dire, les Ouagogos malgré le barbouillage de leur peau noire, malgré leur accoutrement guerrier, lances, flèches, casse-têtes, boucliers, sabres, ne sont pas bien redoutables. Ils ne tiendraient pas un quart d'heure devant une cinquantaine de bons fusils ; il faudrait qu'ils fussent entre les mains de gens résolus ; mais, à la première escarmouche, les porteurs ounyamouésis lâcheraient pied, jetteraient leurs charges, fileraient dans la brousse et ne reviendraient plus ; de sorte que le vainqueur serait plus embarrassé après qu'avant sa victoire.

A en juger par le premier acte de la comédie qui se joue ici, nous avons encore bien des ennuis à surmonter avant d'arriver dans la Maganda M' Kali !

Le soir de ce jour-là, à neuf heures, Révoil réunit les chefs du personnel de notre caravane et le chef des caravanes étrangères. Car le ougo qu'il faut donner à Charoura doit acquitter le droit de passage de toutes les caravanes : la nôtre et celles qui se sont jointes à nous. Les chefs de ces dernières devront avant de se séparer de nous, rembourser leur part de péage. On tient conseil. On se résout enfin à essayer, demain, de contenter l'insatiable Charoura — que diable va-t-il bien demander !

Puis on déposera nos malades dans quelque tembé des environs, et on profitera de la nuit suivante pour partir secrètement dans la direction d'Idifou. Nous échapperons tous ainsi aux bons offices de Charoura, qui projette certainement de nous faire dépouiller un peu plus par ceux de ses amis chez lesquels il entend nous faire passer.

Ce complot est raisonnable : les Ouagogos malgré leur air de tranche-montagnes ne sortent pas le soir quand il y a dans le pays des étrangers qu'ils rançonnent, de peur de recevoir de mauvais coups; à tout prendre même, pourquoi ne lèverait-on pas le camp cette nuit même, « à la cloche de bois? » Cette idée, que Révoil lance comme par mégarde au milieu de la discussion, fait long feu. Les noirs approuvent bien le projet pour demain... parce que c'est demain. Mais prendre un parti comme cela, et l'exécuter sur l'heure : ah! non, ils n'en sont plus! Et puis au fond ils ont peur de Charoura; et Révoil craint bien que demain, malgré leur belle assurance, ils se montrent tout aussi indécis.

Au matin nous partons avec dix hommes, à la recherche du tembé hospitalier qui recevra nos malades. Enfin, après deux heures de marche nous trouvons un petit village, où l'on nous assure que nos gens seront bien traités jusqu'à leur rétablissement, et en attendant le passage d'une caravane qui les ramènera à la côte. Sitôt rentrés au camp, nous organisons le départ de nos malades, auxquels on laisse un certificat de libération et huit doti qui leur serviront à payer leur nourriture. Ils partent : nous voilà délivrés d'un grand souci.

Sur ce, arrive le « porte-paroles » de Charoura; le chef veut aujourd'hui : 1° tout ce qu'il a demandé en dernier lieu la veille, plus 2° six pains de tabac, quatre grands linges riches de couleur et des poires à poudre.

Nos hommes dont les jambes flageollent de peur tournent vers Révoil des regards suppliants; il n'y a décidément pas à compter sur eux pour donner une correction à ce mécréant. Quant au M'Sagira, il se souvient justement qu'il a oublié quelque chose : le chef a demandé aussi des oriflammes et... je le donne en mille au lecteur — des assiettes !... Heureusement qu'il n'a pas stipulé que les assiettes fussent en porcelaine de Sèvres ! Mais il n'en aura ni comme cela ni autrement, car nous ne possédons que celles dont nous nous servons.

Charoura du reste ne fait que suivre la tradition de ses prédécesseurs. Un jour, paraît-il, Mouarah qui « régnait » avant lui, voyant passer une caravane d'Arabes avec leurs souryas (femmes) se mit en tête d'exiger qu'une femme et le plus bel âne du convoi fussent compris dans le ougo — et force fut aux Arabes d'en passer par là !

Cependant Révoil essaie d'obtenir une réduction sur les exigences de Charoura : le M'Sagira est renvoyé vers lui, avec Ali Abdallah, qui revient bientôt la mine déconfite : le « roi » ne veut rien entendre. Il faudra payer.

Entre temps, on a fait l'appel des Askaris de la caravane et Révoil les a passés en revue pour s'assurer s'ils sont tous valides : l'escorte d'Angelvy, les maladies, les désertions, les congediements à Kondoa ont sensiblement réduit leur effectif à cinquante-trois hommes. Ils ont pour armes 29 chassepots ou carabines Gras et 21 fusils à piston. Ce serait assez pour forcer le passage ; mais il y a les Ounyamouèsis, dont la fuite nous serait plus préjudiciable que les exigences de Charoura — et c'est bien là-dessus que compte le maudit nègre. Toute notre caravane, plus celles adjointes, forment un total de cinq cents personnes environ.

Les heures, en s'écoulant, ont encore modifié les prétentions de Charoura : si ce n'était pas si énervant, ce serait d'un haut comique. Il demande à présent des capsules, des clochettes, des grelots, des assiettes, des perles — et encore de la poudre.

Nos hommes tremblent comme des feuilles, et cette fois chacun dans le camp se saigne pour satisfaire aux nouvelles exigences du chef des Ouagogos.

Révoil est hors de lui ; afin de se distraire un peu, il va passer la soirée à l'affût des hyènes ; il n'en tue aucune, mais la fraîcheur du soir a détendu ses nerfs : il revient plus calme. Le M'Sagira est là, qui l'attend ; Charoura a encore quelque chose à demander : des balles et du plomb. « Mais, assure mielleusement le messager, tu pourras partir demain sans faute au point du jour. »

— « Va dire à ton maître lui répond Révoil avec impatience que je ne lui donnerai rien de plus, et que je partirai demain. »

Le lendemain est un dimanche, le 14 février. Révoil qui a eu la fièvre toute la nuit voit en se levant à huit heures, que les tentes sont encore debout. Cela le jette dans une colère indescriptible.

— Abattez les tentes ordonne-t-il ; et que l'on se prépare pour la route ! Les Zanzibarites seuls obéissent. Plus civilisés que les Ounyamouésis, et en tous cas plus disciplinés, ils commencent à trouver eux aussi la plaisanterie mauvaise. Il est facile de voir qu'il ne leur répugnerait pas de mettre le potentat à la raison. Révoil n'aurait qu'un signe à faire : les chassepots et les Gras partiraient tout seuls : le tembé de Charoura flamberait comme paille. Cependant les Ounyamouésis ne bougent plus. La peur de Charoura les hypnotise : quels niais ! Ils envoient leurs contremaîtres vers Révoil, pour le supplier d'attendre l'exeat de Charoura.

Sur ces entrefaites, le despote arrive en personne. Il a de nouvelles prétentions, et il commence par exprimer son étonnement de ce que l'on ait abattu des tentes « sans sa permission. » Révoil alors s'emporte et lui répond en termes peu diplomatiques. Mais Charoura qui n'entend point le français ni l'arabe est insensible à ce langage que le M'Sagira son interprète se garde bien de lui traduire ; et puis il est au-dessus de ce qu'on peut lui dire ou dire de lui, pourvu que ses victimes se laissent plumer, il les laisse crier. Les Ounyamouésis sont terrifiés, ils se précipitent sur les tentes que les Askaris viennent d'abattre, et ils les remontent fiévreusement, tandis que d'autres supplient notre chef de céder encore aux exigences du « sultan ».

Et, fait à noter, ce « sultan » si avide n'a pas eu la pensée d'offrir un œuf de bienvenue à la caravane, depuis que nous sommes sur ses terres ! Les chefs de caravanes auraient pourtant un moyen bien simple de calmer les convoitises toujours nécessaires de ce gentleman : ce serait de ne plus passer par ses États; de suivre la route de Nanguira. Ils éviteraient ainsi cette exploitation intolérable, ces exigences doublement ruineuses et odieuses. Car, la façon dont le ougo est soutiré donne, ici, à cette plaie de l'Afrique centrale, un caractère particulièrement exaspérant; ces exigences, toutes ridiculement exagérées qu'elles soient, le bandit pourrait au moins les formuler en une seule fois, au lieu de retenir le voyageur, de l'affamer, de l'importuner, de chercher par mille vexations à lasser sa patience, tandis que le malheureux, qui doit forcément finir par céder, se voit obligé de payer et de nourrir son personnel pendant que dure cette comédie toujours longue. Toute la journée du dimanche se passe à discuter avec Charoura qui finit par obtenir à peu près ce qu'il est venu chercher, soit 100 linges à lui donner en plus au lieu de 120 qu'il demandait.

On ne termine qu'à huit heures du soir.

Charoura nous a extorqué :

4 fusils,
8 barils de poudre,
1,120 coudées de linges blanc et de couleur,
4 rouleaux de cuivre,
15 livres de perles,
30 clochettes,
10 ceinturons,
12 assiettes de fer blanc,
des balles, du plomb, des capsules, du tabac, etc., etc.

Plus, quatre jours de station, durant lesquels le « commerce local » nous a tondus en conscience.

Ce que nous avons disputé à Charoura, les hyènes se chargent de nous l'enlever.

Pendant la nuit du dimanche au lundi, elles ont emporté, traîné, ou roulé on ne sait comment, nos marmites de campement qui contenaient les restes de notre dîner; elles ont défoncé et brisé, en la roulant, ma jarre contenant trente litres de farine qu'elles ont souillée et dispersée partout; et elles ont déchiqueté les seaux en toile de notre cantine, dont on retrouve des lambeaux un peu partout, le long du ruisseau près duquel nous sommes campés.

Ce n'était pas assez des tribulations que nous a imposées ce maudit nègre; nous voilà privés d'un matériel bien utile et qu'il nous sera difficile de remplacer.

Enfin, nous quittons M'Voumi : c'est le réveil après un mauvais rêve.

CHAPITRE VII

Matoumbourou. — Kira-Maganza. — Révoil est toujours très souffrant. — Encore la question du ougo. — Le M'Sagira. — Le chemin de Kanyenyé. — Ouahéhés. — Nyaguiré. — Chasse au zèbre. — Les Rouga-Rougas. — Arrivée à M'Dabourah.

Depuis que nous étions quasi-prisonniers de ce scélérat de Charoura, nous complotions de partir à la faveur de la nuit pour Poungonza, afin de nous soustraire aux exigences de son collègue et complice, Kira-Maganza, en évitant de passer par son village, Matoumbourou. La nuit d'après, nous aurions encore profité de la nuit pour brûler la halte à Mounianzaga, et serions arrivés à M'Panga ; de là..... mais hélas, en ce satané pays les chefs de caravanes proposent et les chefs de villages disposent.

Ah, si nos hommes n'étaient pas des poltrons ; mais ce sont des tremblotteurs, que le nom seul de Charoura ferait rentrer sous terre. Il nous faut donc passer par ce dernier caprice des coquins... et par Matoumbourou, où il faut nous attendre à être exploités dans les règles.

Charoura a pris la précaution de nous donner quatre guides. Ce n'est pas de peur que nous nous perdions : c'est de peur qu'une fois hors de vue de son maudit village, nous ne prenions une direction à notre convenance. Nos porteurs, naturellement, ne se permettraient pas de prendre un autre sentier que celui où les mènent les guides. Nous suivons le flanc des collines à travers des champs de montana, avec çà et là de petits bouquets de bois rabougris où dominent les acacias et les épines. Le sol est partout raviné et desséché. Cependant nous trouvons de l'eau en quelques endroits, dans les creux de lits de torrents à sec.

D'ailleurs la distance à franchir n'est pas très considérable ; bientôt nous atteignons Matoumbourou.

C'est un petit village, mais il est construit dans un site assez agréable, sur le flanc d'une colline, et entouré de nombreux champs en culture. Le chef de Matoumbourou, l'ami de ce brigand de Charoura, possède un immense tembé au centre duquel nous voyons, du sentier que nous suivons et qui longe le village, un gros troupeau de bétail.

Un émissaire de Kira-Maganza vient nous dire de camper tout à côté de ce tembé, sur un emplacement aride et nu, où l'on ne voit même pas un arbre. Mais Révoil refuse catégoriquement d'obéir à cette injonction : il choisit lui-même le lieu du campement, au bord d'un ravin sablonneux de cinquante mètres de large, dans un petit bois dont l'arbre le plus touffu abritera nos tentes.

Peu après notre installation, le chef arrive : c'est un vieillard à l'air débonnaire, mais rusé. Cette visite nous semble devoir être d'un bon augure ; au moins nous serons directement en relations avec lui ; ce ne sera pas comme avec Charoura qui ne s'est montré que pour nous soutirer un dernier tribut. Cependant nous pensons bien que sa visite n'est pas désintéressée : il vient se rendre compte de visu de l'importance de la caravane — ou plutôt des caravanes ; il est accompagné de cinq suivants qui n'ont pas les yeux dans leur... langouti. Du regard, ils furètent partout, comptent les hommes, soupèsent les ballots, apprécient les fusils. Après ceux-là arrivent un à un le fils du chef, puis son beau-frère, puis toute la famille. Ces gens ne doivent pas avoir vu souvent d'Européens ; ils examinent longuement et avec un étonnement sincère nos chaussures, nos grandes guêtres, nos vêtements. Le briquet dont Révoil tire des étincelles et la loupe qui sert à enflammer des morceaux de papier ou de chiffon leur arrache des cris d'admiration.

« Ce sont des sorciers », dit avec un air entendu le fils du chef, un grand dadais qui se pavane avec un bouquet de plumes planté en toupet dans ses cheveux ; il porte autour des jambes, au-dessous du genou, des rondelles découpées dans des coquillages qui ressemblent au calache que les Somalis portent sur le front.

Le vieux chef, tout en causant, fume sa pipe comme un simple mortel.

Révoil lui fait remettre, ainsi qu'à chacun de ses compagnons, quelques jolis linges à titre de présent, et lui fait dire par le chef des Ounyamouésis qui sert d'interprète, combien il est mécontent des agissements de Charoura. Puisque lui, Kira-Maganza désire que les caravanes passent par ici et se plaint de n'avoir pas vu de *mzongo* (étrangers) depuis de longues années, il n'a qu'à bien agir avec nous, et quand nous serons de retour dans notre pays, nous conseillerons à nos amis qui voudraient venir par ici avec des caravanes, de prendre la voie de son village plutôt que celle de Mounianzaga. Le bonhomme goûte fort ce discours diplomatique — ainsi que les liqueurs diverses et les sucreries dont on le gorge, dans l'espoir que ces douceurs auront une influence lénitive sur ses prétentions. Il se retire enfin avec son monde : demain, dit-il d'un air bonasse, on parlera du ougo. En attendant, il va faire prévenir les gens d'alentour de notre arrivée, afin que l'on nous apporte des vivres en abondance et que nos hommes puissent se ravitailler à bon compte.

Nous nous regardons, ébahis ; quelle différence avec Charoura ! Celui-là, décidément, n'est pas un chef : c'est un père. Nos bénédictions accompagnent l'excellent homme, qui s'en va en titubant légèrement.

La bienveillance de ce patriarche a mis Révoil en belle humeur ; nous allons ensemble faire un tour dans la montagne pour voir le pays en panorama. Il se déroule à nos yeux en un vaste steppe où ne pousse çà et là qu'une végétation maigre et rare, au loin, des collines et quelques mamelons arrêtent la perspective. C'est d'un aspect morne et désolé.

« Heureusement, dit Révoil, que le chef est plus agréable que le pays ! »

Au retour, il a un léger accès de fièvre qui l'oblige à s'étendre sur sa couchette ; cependant il fait appeler dans sa tente les chefs des autres caravanes, et entre deux absorptions de quinine leur signifie qu'il entend que le ougo soit réglé le lendemain même ; que chacun d'eux se mette en mesure d'en payer cette fois sa quote-part, et que tout le monde se tienne prêt à partir dès que cette affaire sera terminée.

Le lendemain, à la première heure, un messager est dépêché vers le patriarche pour lui rappeler sa promesse de régler ce jour même le ougo ; Kira-Maganza fait répondre qu'il a été très content de notre réception, la veille ; qu'il va venir tout à l'heure apporter du lait et discuter avec notre chef la fameuse question du ougo.

— « A la bonne heure, fait Révoil joyeux, voilà un sauvage qui sait vivre ! » Et il se frotte les mains.

Vers midi, on entend parler avec volubilité à l'entrée du camp. Serait-ce déjà le chef ? On se précipite. Ce sont deux Ounyamouésis de notre troupe qui étaient partis vers un tembé voisin pour acheter quelques vivres et qui ont été assaillis, battus et dépouillés par une troupe de Ouagogos.

Ils sont en piteux état : l'un a l'œil poché ; l'autre a été à moitié assommé à coup de massue. Un nouvel exprès est immédiatement dépêché à Kira-Maganza pour lui signaler cette agression et lui demander prompte et bonne justice. Il répond à notre envoyé qu'il va expédier vingt hommes à la recherche des coupables et des objets volés, et que les voleurs seront condamnés à donner un bœuf à titre de dédommagement à leurs victimes.

En effet trois ou quatre heures plus tard on vient nous dire que les Ouagogos ont renvoyé les armes et les vêtements de nos porteurs, mais en place du bœuf promis, c'est une chèvre qui tient lieu d'indemnité. C'est maigre ; mais cela vaut mieux que rien. Il serait peut-être impolitique d'indisposer en ce moment par nos exigences un chef que nous avons trouvé si bien disposé.

Nous conseillons donc à nos Ounyamouésis de se contenter de la chèvre.

Cependant le chef si bien disposé n'est pas encore venu régler le ougo ; le soir arrive, pas encore de chef. Ce sera sans doute pour demain. Cela fait quarante-huit heures perdues ; Révoil commence à trouver que le roitelet n'est pas si bon prince.

Voilà tout de même dix jours pleins que nous sommes dans cet infâme pays, que nous aurions pu traverser d'un bout à l'autre en six jours, soit en six étapes. Ce n'est pas seulement agaçant, c'est aussi fort onéreux. Puis, cette région est une véritable fournaise, où aucun site n'attire le voyageur ; il faut rester mélancoliquement au camp, où l'on s'ennuie ferme, malgré les pipes innombrables que l'on fume pour tuer le temps.

La chasse aux insectes — et il y en a par ici d'assez rares — et l'affût aux hyènes, sont les seules distractions possibles. On dit « l'affût » et c'est tout ; car en dépit de patientes embuscades nocturnes dans le steppe, nous n'en avons tué aucune ; toutes celles que nous avons vues sont passées hors de la portée de nos fusils.

En rentrant au camp passé minuit, nous voyons arriver une petite caravane de trente porteurs qui a franchi nuitamment l'Ouagogo jusqu'ici et qui vient se joindre à la nôtre. L'habitude au désert est ainsi ; il n'y a rien à dire. Les nouveaux venus campent où il leur plaît et nous allons nous coucher, tandis qu'un violent orage éclate dans le S.-O. Les roulements du tonnerre se répercutent avec un fracas énorme sur l'immense plaine ; les éclairs épouvantent les fauves, dont les rugissements se mêlent aux bruits des éléments.

Au matin, l'orage n'est pas calmé ; un grand vent s'est levé et de fortes bourrasques secouent nos tentes ; auprès de la sienne,

Révoil ramasse deux magnifiques coléoptères d'une espèce des plus rares : des possus.

Quant aux pourparlers pour le ougo, ils sont renvoyés à demain. Nous sommes tout à fait revenus sur le compte du vieux chef; sous son air patelin et cordial, ce n'est évidemment qu'un forban comme Charoura.

Révoil est tellement contrarié de ce nouveau retard qu'il a encore un accès de fièvre, mais celui-là, accompagné de vomissements est fort grave et le pauvre explorateur doit malgré sa vaillance rester couché pendant vingt-quatre heures. Du reste cela n'empêche pas les négociations relatives au ougo de commencer le lendemain.

Hélas, où sont nos illusions de la première entrevue ! Kira-Maganza est encore plus féroce que Charoura! Il ne se montre plus; il a envoyé son M'Sagira discuter la grande question.

Et le M'Sagira exige :

Quatre fusils,

Quatre grands barillets de poudre,

Quatre rouleaux de cuivre rouge de 20 tours chacun,

Cent cinquante pièces d'étoffe,

Douze cents coudées de linges blanc et de couleur,

Une marmite,

Dix boîtes de capsules,

Deux sacs de balles,

Dix livres de perles,

Dix grandes pièces d'étoffe de couleur avec franges,

Dix pains de tabac.

« Et ce sera tout » dit le porte-parole en terminant cette fantastique énumération, dans laquelle il omet volontairement les journées passées sur le territoire de son vieux sacripant de maître, et pendant lesquelles toutes nos caravanes se sont nourries de denrées achetées au poids de l'or aux gens du pays.

Il faut remarquer que les villages où le voyageur est rançonné de la sorte sont seulement à quelques heures l'un de l'autre, ce qui fait que l'on marche de vexation en vexation.

Les âmes sensibles, en Europe, s'émeuvent en apprenant de temps à autre qu'un explorateur a réglé le prix du passage à coups de fusil, et l'on crie bien haut contre ces Européens qui massacrent de pauvres noirs sans défense. Il faut avoir passé par la tondeuse de ces coquins, avoir trépigné d'impatience devant leurs énervants procédés, pour comprendre que certains voyageurs finissent par perdre patience. Au surplus, on en viendrait rarement aux mains si l'on avait avec soi des gens résolus, dont l'attitude en imposât à ces tyranneaux, généralement aussi lâches qu'exigeants, et qui rabattraient singulièrement de leurs prétentions si on leur mettait le marché en main sur le ton que donne la certitude d'être bien secondé en cas de besoin.

Mais avec des pleutres comme les nôtres, il vaut encore mieux s'exécuter ; au premier conflit ces gaillards se sauveraient comme des lièvres, et pour n'avoir pas voulu donner quelques brasses de méricani ou quelques capsules de plus, nous perdrions toutes nos charges, munitions et provisions.

Révoil fait donc porter au patriarche démasqué ce qu'il demande. Mais quelques heures après, nos hommes reviennent avec le ballot d'étoffes. Kira Maganza s'est ravisé : avant de terminer « l'affaire » il veut encore un *boura* (superbe foulard de soie de grandes dimensions) pour chacun des membres de sa famille : et ils sont six !

On enrage : mais il faut bien en passer par là ; on donne les six bouras, en souhaitant à ces nègres que la peste les étouffe.

Ces incidents ont encore le mauvais résultat de mettre Révoil, déjà rendu fort irritable par les fièvres, hors de ses gonds. Il répète continuellement :

— « J'en ai assez à la fin... j'en ai assez ! qu'ils prennent garde! » Le fait est que ces maudits nègres feront bien de ne pas nous pousser à bout.

Nous avons cependant une couleuvre à avaler : le M'Sagira toujours solennel revient au camp ; il s'était trompé : le chef voulait bien des bouras, mais il avait demandé en outre soixante linges de couleur et un fusil de plus.

Là-dessus, explosion de colère de Révoil qui s'empare d'une trique et va payer au porte-parole un tribut que ce fonctionnaire n'est point venu réclamer. Le M'Sagira lève déjà le pied pour s'enfuir lorsque Ali Abdallah, heureusement, se jette devant notre chef et le supplie de ne pas frapper le noir, par crainte de quelque représaille.

Bref, cette journée se passe en tiraillements. Mais c'est la dernière : le M'Sagira et le chef n'auront plus rien de nous. Nous faisons le compte de ce que nous coûte notre passage, jusqu'ici, dans l'Ouagogo.

Kira-Maganza a reçu pour le ougo une quantité de marchandises valant 232 piastres. Charoura en a reçu autant; cela fait 464 piastres. En comptant la piastre pour 5 francs, on voit que 48 heures de route dans cet abominable pays nous coûtent 2320 francs. Il faut ajouter à cela dix jours de stationnement forcé et coûteux, et pour environ 50 piastres de «petits cadeaux» que l'on n'a pu s'empêcher de faire tantôt ici, tantôt là. Tout compris, cela se monte à 2600 francs, en chiffres ronds! Dans la forêt de Bondy on voyageait à meilleur compte.

— Pour peu que cela continue, dit Révoil, tout notre matériel se fondra entre leurs pattes noires... et nous n'arriverions pas au bout de l'Ouagogo !

Il passe une très mauvaise nuit et le lendemain matin il se trouve bien faible et bien abattu, avec cela, tout étourdi par la quinine qu'il a prise par fortes doses. Cependant il veut s'éloigner à tout prix de Matoumbourou. Un des Ounyamouésis de la petite caravane qui s'est jointe en dernier lieu à la nôtre nous servira de guide.

La fièvre est un mal redoutable qui vous enlève toute énergie, toute volonté. Révoil se lamente d'être si éprouvé :

— Je suis bien faible, dit-il : j'éprouve des bourdonnements incessants dans la tête et mon cerveau bat la campagne ; il me semble que je roule de Paris à Marseille, en Belgique, un peu partout. J'ai hâte d'arriver au prochain campement, tant mes jambes ont de peine à me porter. Et malgré cela, cinq heures de route par monts et par vaux me semblent un jeu !

Les Européens ne peuvent guère se soustraire aux fièvres d'Afrique ; tous paient à ce fléau un tribut plus ou moins fréquent. Le malheureux qui en est atteint se sent envahir par le désespoir. Le dégoût de la vie s'empare de lui. Et ceux-là succombent fatalement, qui ne sont pas soutenus par le sentiment du devoir, l'amour de la Patrie, le souvenir des êtres qui leur sont chers !

— Allons, bonne étoile murmure notre chef, ne t'éclipse pas encore. Laisse-moi remplir le mandat qui m'est confié. Laisse-moi revenir auprès de ceux qui m'aiment, qui me suivent du cœur, sans se douter des angoisses qui me torturent.

. . . .

Nous sommes à Thabana, près de Didimo, sous bois, à proximité de quelques tembés ouagogos dont les chefs sont venus au-devant de nous pour recevoir leur cadeau.

Le soir, notre chef de caravane va le leur porter.

Mais ces personnages, dont le plus influent s'appelle Kionaligo, refusent trois linges de couleur et un peu de tabac, qu'on leur offre, afin qu'ils nous procurent des guides pour la traite du lendemain.

Ils font demander par leur commun porte-parole, trente doti, un barillet de poudre, un fusil et trois linges riches.

Révoil hésite à faire encore ce sacrifice, qui d'ailleurs n'en empêchera pas d'autres. Malheureusement, personne dans ses troupes réunies ne connaît la route qui, en passant sous bois, nous ferait éviter M'Panga où de nouvelles exigences, de nouvelles tribulations, nous sont sans doute réservées, et le point de Myanza (où Rheinart, un voyageur allemand qui était revenu à la côte peu avant notre départ de Bagamoyo, a dû livrer bataille aux Ouagogos auxquels il a tué quarante-trois hommes, tandis qu'il perdait treize de ses porteurs).

En évitant ces deux localités, nous gagnerions directement Kanyenyé, puis Iséké, et enfin M' Dabourah, station zanzibarite où nous trouverons des soldats du sultan Saïd Bargarsh.

Malgré la fièvre et la fatigue, Révoil veut aller parlementer lui-même avec les Ouagogos, et revient en annonçant qu'ils ne veulent pas démordre.

Les chefs des petites caravanes adjointes à la nôtre se récrient alors et ne veulent rien donner pour parfaire les exigences des guides. On les laisse discuter avec notre chef de caravane et le chef arabe des trente Ounyamouésis; ils commencent à nous ennuyer aussi, ceux-là, avec leur avarice. Il faudrait toujours que ce soit nous, qui avancions la totalité du ougo. Et s'ils ne veulent ou ne peuvent pas nous rembourser ces avances, ensuite? S'ils ne veulent pas donner leur part, leur dit Révoil, qu'ils restent ici.

Ils finissent tout de même par réunir dix linges; nous en donnons quinze dont cinq de couleur. Nous donnons le fusil et le barillet de poudre. Et l'on tombe d'accord, puisqu'on va avoir des guides, sur la nécessité de partir dès demain et de gagner Kanyenyé au plus vite.

La nuit a été assez bonne; il a fait moins froid que d'habitude mais en revanche, au matin, il vente terriblement.

Pendant que la caravane se forme et s'ébranle, tambour en tête, on va chercher les guides qui naturellement demandent encore quelque chose : du tabac, des capsules, des balles, etc.

Nécessité n'a pas de loi : on cède à cette nouvelle exigence. Nous voilà partis !

La route que nous suivons sous bois est assez agréable, bien que la végétation rabougrie que nous voyons flatte peu l'œil. Ce sont toujours à peu près les mêmes arbres : acacias, vignes sauvages avec beaucoup de grappes vertes semblables à des groseilles à maquereau, etc.

Nous nous arrêtons vers le milieu du jour près de tembés isolés, abandonnés par leurs habitants après quelque incursion d'Ouahéhés, qui font dans ce pays de fréquentes razzias. Nous apprenons avec plaisir que les Ouagogos, si durs et si inhospitaliers envers les étrangers, sont de temps à autre victimes de plus voleurs qu'eux.

Il fait une chaleur torride, mais nous nous procurons une eau assez bonne en creusant un trou dans le sable, au fond d'un vallon qui doit servir de passage à un cours d'eau dans la saison des pluies.

La quinine prise à haute dose a remis Révoil sur pied ; mais il a l'estomac bien délabré et souffre de tous les troubles qui accompagnent ordinairement cet état.

Nos porteurs voudraient nous persuader de camper ici ; mais nous n'avons pas de temps à perdre et ce que nous désirons avant tout, c'est de sortir au plus vite de l'Ouagogo. Nous nous bornons donc à faire une halte en cet endroit. Des Bédouins surviennent à propos, avec une provision de miel, que nous leur achetons. Comme ils ont l'air d'être de braves gens, Révoil en engage deux comme guides supplémentaires ; ils aideront à abattre les branches pour faciliter le passage des porteurs le long du sentier qu'il faut suivre de nouveau sous bois et qui n'est fréquenté, à ce qu'il semble, que par les éléphants et les buffles. On repart à trois heures.

Le soleil est de plomb ; le temps orageux. A mesure que nous nous enfonçons sous bois la marche devient plus difficile, et six hommes armés de haches vont en avant de la colonne pour abattre les obstacles et frayer le chemin.

Nous ne nous arrêtons qu'à six heures, au pied d'une colline formée de blocs énormes de granit et de micaschite. Là, sur un bel emplacement, nous disposons nos tentes; chacun s'occupe à dresser les abris. Le camp offre l'aspect le plus pittoresque, bien que la lune ne soit pas encore levée. Le ciel tout noir reflète la lueur de nos feux, et les feuilles des mimosas teintées de rouge se détachent dans l'obscurité comme des dentelles fines.

Dès l'aurore, on lève le camp. Révoil cette fois est bien reposé et réconforté par une tasse de bouillon de conserve. Nous prenons la tête de la colonne avec nos guides ouagogos.

Ces matins-là, hier soir, ont encore réussi à nous soutirer du tabac et des linges. Mais il faut être justes, ils méritent cette gratification. Ils ouvrent la route sous bois, en profitant autant que possible des percées faites par les éléphants et les buffles. Nous voyons de temps à autre de ces animaux qui s'enfuient à notre approche. Mais nous sommes trop pressés pour nous occuper d'eux. La hache fonctionne continuellement; de temps à autre elle tombe sur des arbres dans le tronc desquels nous trouvons du miel. Les Ouagogos ont la main heureuse pour ces trouvailles; ils sont doués d'un œil et d'un flair remarquables : à la seule physionomie d'un arbre, ils devinent s'il abrite une ruche.

Ils connaissent les moindres recoins, les méandres les plus cachés de la forêt; ils nous guident vers des étangs où l'eau est bonne; les hommes altérés s'y précipitent et boivent avidement; puis on y remplit les outres.

Cependant, les guides recommandent le silence, à cause du voisinage possible de rôdeurs et de pillards car nous approchons de la route de Kanyenyé qui est, paraît-il, un passage mal fréquenté.

En traversant un grand sentier sablonneux, nous remarquons de nombreuses traces de pas; on s'arrête, on s'interroge, on se groupe, on serre les rangs; les traînards, heureusement peu nombreux, rallient le gros de la troupe, et l'on reforme la colonne, qui se remet en marche pour ne plus s'arrêter que vers onze heures, au bord d'un étang dont l'eau est fraîche et pure.

C'est là que nos guides ouagogos doivent nous quitter; ils ne s'étaient engagés qu'à nous faire traverser par un raccourci la région boisée, où n'existe aucune voie; leur tâche est remplie, ils s'en retournent après avoir indiqué le chemin à suivre dorénavant et en nous recommandant la plus grande vigilance, car nous avons encore quelques milles de bois à franchir.

Nous restons en cet endroit jusqu'à deux heures après-midi, pour nous reposer et nous restaurer. Puis nous repartons.

Le désir d'atteindre Kanyenyé au plus vite et d'en finir avec la crainte des Ouagogos donne des jambes aux plus fatigués pour gravir et descendre une série de petites collines.

Enfin, après une étape assez dure, on arrive à un nouvel étang, ce qui est bien conforme aux indications des guides. Révoil a décidé de passer la nuit là; on dresse les tentes et les abris en cercle; au centre on amoncelle les bagages en un tas, et les hommes, pour dormir, s'étendent, roulés dans leurs couvertures, autour de ce mamelon de colis et de charges. Mais tous ne dorment pas : des sentinelles se relèvent d'heure en heure.

A minuit, alerte! Une troupe de gens fort nombreuse, disent nos hommes, vient d'arriver; elle se cantonne de l'autre côté de l'étang; elle se dispose à attaquer notre camp.

Les Zanzibarites sautent bravement sur leurs armes; les Ounyamouésis se disposent bravement... à fuir.

Il fait heureusement clair de lune. Révoil fait ouvrir une caisse de cartouches et place chacun à son poste. Puis il envoie une dizaine d'Askaris en éclaireurs. Nous partons sur leurs talons, car ils hésitent à avancer et ils finissent par marcher avec nous. Les nouveaux venus nous laissent approcher sans aucune difficulté; ce sont des

Ouahéhés en costume de guerre, c'est-à-dire tous sont barbouillés de blanc; ils vaquent à l'installation de leurs abris; leurs boucliers de peau de bœuf auréolés de crins de zèbres reposent contre des arbustes.

Ils déclarent en nous apercevant n'avoir aucune intention belliqueuse à notre égard; depuis deux jours ils connaissent notre présence dans la région, mais ils n'ont pas affaire à nous et ils ne nous demandent que de les laisser tranquilles, ce qui en effet rentre bien dans nos projets puisqu'ils sont si pacifiques. Ils ajoutent qu'ils sont en expédition contre les Ouagogos, de qui ils viennent de razzier un village, et ils emmènent une femme et deux enfants prisonniers.

Ils préparent un bûcher pour faire cuire un bœuf entier qu'ils viennent d'égorger, et qu'ils ont pris aux Ouagogos. (Nous pensons à part nous qu'ils ont joliment bien fait.) Il n'y a là qu'un petit groupe de guerriers; nous supposons que c'est une avant-garde; quoi qu'il en soit nous rentrons paisiblement au camp, où règne le plus vif émoi. Pour nos gens, ce n'est pas une poignée de Ouahéhés qui campe auprès de l'étang, c'est 200, 300 Ouahéhés: une armée!

Nous rions de cette terreur, néanmoins, par prudence, on veillera toute la nuit; et nous-mêmes nous dormirons tout habillés et tout bottés, afin d'être prêts à toute éventualité.

Mais le lendemain matin, nous sommes honteux pour nos porteurs et pour nos gens d'escorte, en voyant défiler dans le camp *quatorze* Ouahéhés seulement! Et encore parmi eux n'y a-t-il que quatre hommes faits; les autres sont des adolescents! Cette poignée d'aventuriers a razzié un village et jeté l'épouvante parmi ces terribles Ouagogos devant lesquels nos hommes au nombre de plus de trois cent cinquante, avec de nombreux fusils, ont tremblé pendant dix jours!

Si les engagés de Sewa portent bien, en revanche ce sont de fameux poltrons!

Ces Ouahéhés se rendent à Kanyenyé, où ils nous précéderont seulement de quelques heures.

Nous partons de notre côté ; la route, toujours sous bois est assez agréable ; on voit beaucoup de pistes, mais on rencontre peu de gibier. Les traces d'éléphants sont nombreuses. Révoil attrape de temps à autre quelques insectes.

Vers onze heures, la forêt cesse ; les champs cultivés apparaissent. Une vaste plaine couverte de hautes herbes s'étend devant nous. A l'ouest, l'horizon est barré par une chaîne de grandes collines, de laquelle surgissent les sommets des monts Séklé et Mokoundoukou. Nous nous arrêtons près d'un étang, autour d'un énorme baobab, sous l'ombrage duquel nous faisons dresser nos tentes. Le soleil darde rudement, le thermomètre marque au soleil 43°,5 et, à l'ombre, dans un courant d'air, 31°,5. Le baromètre est assez rassurant : 689,5.

Mais nous sommes à court de vivres. Nous battons les fourrés du voisinage, à la recherche d'un gibier quelconque, et après quatre heures de chasse nous revenons chargés de quinze pintades et de deux belles gazelles, que Révoil a abattues par un doublé. Il veut faire cuire lui-même les gazelles et les accommode en rôti avec une sauce indienne ; c'est délicieux. On distribue les restes à nos gens qui goûtent fort le talent culinaire du chef de l'expédition.

Au moment de nous mettre en route, le lendemain, on s'aperçoit de l'absence de deux Ounyamouésis : auraient-ils donc déserté ? C'est peu probable, dans un pays aussi peu hospitalier. Cependant, nous sommes trop pressés pour courir à leur recherche ; on se dépêche de répartir leurs charges entre quelques-uns de leurs camarades. Mais à peine cette opération est-elle terminée que les deux coureurs apparaissent.

D'où viennent-ils, qu'ont-ils fait pendant ce temps-là ? Mystère. Impossible de leur arracher un mot là-dessus. Cela ne leur évite point quelques coups de bâton qu'ils méritent ; il faut reconstituer leurs charges ; c'est toute une affaire, quand on n'a pas de temps à perdre. Enfin nous voilà partis.

La route est en plaine, le pays est désert. De loin en loin cependant on voit un tembé, avec des cultures alentour et des troupeaux aux champs. Le gibier à plume est très abondant. A chaque instant un vol de pluviers, d'aigrettes, de tourterelles, de ramiers,

Pluvier doré.

de canards, se lève au passage du convoi, des fourrés d'acacias ou des groupes de baobabs.

Nous arrivons sans incidents à Tagarza, où il n'y a qu'un grand tembé, auprès duquel le camp doit être établi.

A peine sommes-nous arrivés qu'un marché s'improvise : les gens du tembé nous offrent de la viande, du lait, de la montama : mais tout cela est à des prix exhorbitants. Quatre verres de lait se paient un kitambi, dont la valeur représente quatre francs; un litre de montama coûte un doti de méricani d'une valeur de trois francs. Pour un veau vivant, on demande un fusil ou un baril de poudre, environ quarante francs.

Malgré cette cherté, nos hommes peuvent se procurer quelques vivres; et Révoil achète deux bœufs que l'on abat séance tenante pour leur en distribuer la viande.

Les Ouahéhés, attirés par la curiosité, envahissent notre camp ; ils n'offrent rien de bien remarquable, bien qu'ils soient tous armés.

Aigrette.

Un seul se distingue des autres par la recherche de son accoutrement. Il porte un grand bouclier de peau semblable à celui des Massaï, et à son côté un sabre à lame en large feuille. Ce brave tient à la main une lance d'une longueur extraordinaire ; il a un œil peint en rouge, l'autre en blanc ; sur le corps des barbouillages ou des tatouages variés. On dirait d'un clown faisant son entrée dans le cirque. Il s'est mis en frais de toilette, pensant probablement qu'il aura l'air très effrayant ; et il n'est que cocasse. Auprès de ce guerrier se tient un personnage à l'allure mystérieuse, qui est entièrement drapé dans un *léto* ou chemise de femme. Il se fait désigner le chef de l'expédition, et se dirigeant vers Révoil, il demande à entrer dans sa tente : l'escogriffe aux yeux rouge et blanc nous dit alors, comme en confidence, que c'est le chef de la région.

Diable ! Il faut se le concilier !

On s'empresse autour de cet enchemisé : nous nous confondons en prévenances, nous lui faisons de menus cadeaux : nous avons été tellement écorchés jusqu'à présent que nous ne savons qu'inventer pour tâcher de nous rendre propice ce haut personnage. Sur ce, un groupe d'autres guerriers arrive au camp disant qu'ils viennent de la part du chef du pays dont ils sont les soldats.

« Le chef du pays ? Mais il est dans ma tente ?

« Non point. *M'Zongo*. Le chef est dans son tembé. Tu le verras tout à l'heure ! »

Révoil entraîne les soldats devant sa tente : ils éclatent de rire en voyant à l'intérieur l'homme à la chemise et son seïde se prélasser sur des pliants, et ils avertissent Révoil qu'il n'héberge là que deux farceurs. Révoil furieux de la mystification rentre dans sa tente, d'où il déloge ces moricauds, à grands coups de pied au derrière.

Révoil envoie alors Ali-Abdallah faire visite au vrai chef, qui demande comme cadeau six linges de couleur.

Il nous envoie un peu de lait, et plus tard, vers quatre heures, il vient lui-même afin de quémander du tabac. Il paraît qu'il n'a pas grands droits dans le pays, car il nous recommande d'être en garde contre les prétentions des Ouahéhés sur le *ougo* et de les réduire de beaucoup.

Le soir, nous essuyons un violent orage qui éclate dans le N. N. O. comme celui de la veille. La nuit est chaude, les hyènes ne cessent de rôder, de hurler, et de se battre pour se disputer, aux abords du camp, et dans le camp même, les restes des bêtes abattues dans la journée.

. . . .

De là nous partons pour Nondoie, où nous devons encore stationner pour payer un gros *ougo* soit aux Ouagogos soit aux Ounyamouésis, car ceux-ci et ceux-là sont tour à tour maîtres de la route, suivant les fortunes de la guerre. Que l'on paie aux uns ou aux autres, peu nous importe, pourvu que nous ne payions pas aux uns et aux autres.

A onze heures nous arrivons auprès du tembé du sultan Nyaguiré.

Nous établissons notre camp tant bien que mal, sans un arbre pour abriter nos tentes ; aussi loin que la vue peut s'étendre il n'en existe aucun.

Révoil fait une visite au sultan ; celui-ci a l'air assez bonhomme et reçoit avec un plaisir visible les deux beaux linges que notre chef lui donne en cadeau. Mais Révoil, ayant eu à prendre quelque objet dans sa poche en tire par hasard le trousseau de clefs nickelées qu'il porte toujours sur lui. A cette vue, les yeux du noir brillent de convoitise ; et il demande les clefs pour s'en faire des pendants d'oreilles! Comme on les lui refuse, il demande des cigarettes, croyant, bien qu'il voie Révoil « en griller une » que ces petits rouleaux sont des ornements auriculaires tels que ceux, en bois ou en feuilles, que les Ouagogos se passent dans le lobe de l'oreille. Enfin, il se rabat sur le fusil de Révoil, sur son ombrelle, sur tout ce qu'il voit ; il demande tout cela sans arrogance, mais sur le ton que prendrait un enfant gâté. Une nuée de parasites l'entoure, et tous ces gens-là demandent aussi quelque chose. Révoil a bien de la peine à se débarrasser de cette foule, mouvante et bourdonnante comme un essaim de moustiques. Le lendemain le marché s'improvise avant le jour, mais les victuailles sont hors de prix.

On attend vainement toute la journée le M'Sagira qui doit apporter les paroles du chef relativement à l'ougo. Mais le soir, le chef mande auprès de lui notre chef de caravane, qui la veille accompagnait Révoil et avec lequel il peut s'entretenir sans interprète.

Il dit à notre homme qu'il n'est pas le seul maître du pays, et qu'il est obligé de partager le ougo avec les Ouahéhés ; et ces Ouahéhés sont d'une exigence !... Ils voudraient tout pour eux, et ils ne lui donnent, à lui chef, qu'une petite, petite part. Bref, il nous favorisera de son mieux auprès de ces terribles Ouahéhés afin qu'ils n'exigent qu'un faible *ougo*, si l'on veut lui donner en cachette pour lui tout seul deux rouleaux de cuivre rouge, du tabac et des clefs. La serrurerie française a décidément dans ce pays-ci un succès imprévu.

Mais Révoil craint d'être dupe d'une rouerie du noir qui n'a sans doute imaginé ce petit complot que pour se faire donner des clefs ; il préfère attendre pour se prononcer sur cette requête, la décision des Ouahéhés. — Ces derniers affluent de tous côtés. La chaleur est accablante et orageuse ; le thermomètre marque 52°5 au soleil et 34°2 sous nos tentes. C'est la journée la plus chaude que nous ayons eue depuis longtemps.

Enfin le ciel se couvre ; la pluie serait pour tous la bienvenue, mais malgré nos souhaits il ne pleut pas ; et nous n'avons à boire que de l'eau boueuse prise aux citernes des ouagogos.

Les gens des environs ayant appris notre présence viennent avec du bétail, du miel, du lait, de la farine ; mais nos hommes n'ont pas d'économies et ils n'achètent rien.

On attend toujours le M'Sagira, qui n'arrive pas.

Nous voilà menacés de rester encore ici demain ; et cependant nous avons hâte de gagner M'Dabourah.

Afin de ne pas perdre plusieurs heures de plus au dernier moment, en discutant avec les chefs des petites caravanes leur contribution à l'ougo, Révoil les prévient dès maintenant d'avoir à tenir prête leur quote-part. Alors ces moricauds se répandent en lamentations, jurent sur ce qu'ils ont de plus sacré qu'ils n'ont ni linges de couleur, ni poudre, ni cuivre ; en un mot, rien. A les en croire, ce sont de bien pauvres gens ! Mais nous savons très bien qu'ils mentent. Ils ont de tout ce qu'il faut ; seulement ils ont vu que le M'Zongo a la main facile : ils espèrent qu'il paiera pour tout le monde. Ainsi, dans ce diable de pays, on est rançonné aussi bien par ses ennemis que par ses alliés. Mais ils ont compté sans leur hôte ; Révoil est bien décidé, suivant la manière dont la question du ougo sera traitée par le M'Sagira à se séparer de tous ces grugeurs : il paiera notre ougo et laissera les autres se débrouiller.

Cette journée encore se passe, et pareils à sœur Anne nous n'avons pas vu venir celui que nous attendons.

La matinée du lendemain est marquée par un incident qui manque de tourner au tragique. Heureusement que Révoil, avec le tact et la sagesse dont il nous a déjà donné maintes preuves, a pu empêcher les choses de se gâter.

Une bande de pillards ouahéhés passait près de notre camp, allant faire une razzia à Miganza. Ils s'approchèrent du chef de caravane, qui fumait sa pipe, couché dans l'herbe. L'un des guerriers lui présenta un rameau, en disant :

— Crache sur ces branches, et dis : *piga Ouagogos* (frappe les Ouagogos).

Ali, sans défiance et sans arrière-pensée, crut que cela serait réellement agréable aux Ouahéhés ; et retirant sa pipe de sa bouche, il envoya sur le rameau un long jet de salive. Alors mes gaillards se partagent les branches du rameau et en plantent des brins dans leurs boucliers et dans leurs cheveux comme des fétiches qui doivent favoriser leur razzia. Puis, faisant un détour, ils entrent dans le camp par le côté opposé et se plaignent au M'Zongo qu'un de ses hommes qui est couché dans l'herbe, là-bas, a regardé leurs armes de trop près et a même voulu les toucher. C'est, paraît-il, une offense et cela appelle des dommages-intérêts : c'est deux doti qu'ils demandent. On appelle Ali, qui ne veut rien donner et raconte comment la scène s'est passée. Les Ouahéhés feignent d'être indignés, et menacent de tout massacrer; en attendant, ceux d'entre eux qui ne prennent pas part au colloque explorent le camp du regard, cherchant évidemment comment ils pourront profiter de l'incident pour dérober quelque chose. Ils sont nombreux, bien armés, et nos gens les entendant élever la voix se cacheraient dans un trou de rat. Avec cinq ou six fusils on calmerait leurs exigences, mais Révoil ne veut pas d'affaire. Il leur fait donner leurs deux doti, à la condition qu'ils vont s'éloigner immédiatement de chez nous et ne plus revenir.

C'était tout ce qu'ils voulaient...

Toujours pas de M'Sagira!...

C'est encore une journée perdue!...

Dans l'après-midi Nyaguiré vient au camp; mais ce n'est pas pour le ougo. Il amène un enfant malade et demande à Révoil de le guérir. Il demande aussi à notre chef de faire pleuvoir, car la sécheresse qui désole le pays lui est particulièrement préjudiciable. Quant au ougo, on le règlera demain, sans faute.

— S'il ne pleut pas, dit-il, c'est parce que tu ne le veux pas.

Révoil ne se croyait pas tant de pouvoir; cependant il répond gravement :

— Si le ougo est raisonnable, si c'est un petit ougo, je te promets de la pluie pour... après-demain.

— Cela ne dépend pas de moi, dit le bonhomme avec un soupir; cela dépend des Valolés (c'est le nom que les Ouagogos donnent aux Ouahéhés.) Et il proteste derechef de ses bonnes intentions à notre égard; il veut rester ami avec les M'Zongos; seulement ces diables de Valolés...

— Mais puisque tu es le sultan?

Nous comprenons alors à ses explications plutôt embrouillées que c'est bien lui qui règne en qualité de sultan, mais ce sont les autres qui gouvernent... et qui perçoivent le ougo.

On le renvoie à son tembé après avoir administré un purgatif à l'enfant.

Le soir, Révoil est repris de la fièvre ; la chaleur atroce de la journée, la mauvaise qualité de l'eau, la contrariété que tous ces retards lui font éprouver ont déterminé cet accès que le brusque refroidissement de la température, survenant au coucher du soleil, ne tarde pas à aggraver. Pour comble de désagrément il lui est impossible de fermer l'œil à cause du vacarme des hyènes autour du camp.

Dès l'aube, Nyaguiré est là ; il vient chercher des remèdes pour son malade. Il profite de cette occasion pour demander un petit à compte sur le ougo : il se contentera de cinq fusils, cinq barils de poudre, de tabac, et de quelques clefs ; deux pour lui, deux pour sa principale épouse.

Puisqu'il n'a de son propre aveu aucune autorité en matière de ougo, on ne voit pas la nécessité de le combler de cadeaux : on l'envoie promener ; et le pauvre sultan s'en va, fort piteux. Du reste il est fort incivil, il ne nous a pas même offert une poule.

Enfin le M'Sagira ouahéhé arrive ; et c'est un gaillard autrement déluré et important que Nyaguiré. Il commence par nous faire entendre qu'il n'est pas insensible aux bons procédés ; en conséquence on se hâte de lui offrir un cadeau personnel : un pot de pommade, un foulard jaune, un pain de tabac nous gagnent la bienveillance de cet intègre fonctionnaire.

Révoil l'a fait entrer dans sa tente, où l'on convoque les M'Sagira des chefs des autres caravanes, et après un palabre extrêmement long, le ougo est fixé comme suit :

Quatre beaux linges pour le sultan et six, en tout semblables, pour le M'Sagira ; soixante linges ordinaires, blancs ou de couleur ; cinq barils de poudre de cinq livres ; deux boîtes de capsules ; deux fusils ; dix mètres d'étoffe rouge ; deux clefs.

Tout cela est raisonnable et accordé, sauf les clefs. Le M'Sagira insiste : c'est pour la femme du sultan ; depuis que son auguste époux lui a décrit ces précieux objets, elle rêve de les avoir suspendus à ses oreilles. Elle en perd le boire et le manger ; elle bénirait le M'Zongo, si le M'Zongo voulait les lui donner. Mais Révoil, reste insensible à ses raisons ; les clefs qui ont allumé des convoitises si vivaces sont celles de la cantine, du coffre à médicaments, des coffrets où l'on enferme les collections entomologiques et les papiers de la mission. Cependant notre chef est un homme aimable et galant ; un officier français, c'est tout dire ; il lui est pénible de refuser un bijou à une belle... qui plus est, à une sultane.

Mais, que lui offrir, à la place de ces clefs tentatrices ? On bouleverse toutes les valises, tous les coffres : O bonheur ! voici bien l'affaire !

Et par une providentielle coïncidence, nous ne sortons pas de la serrurerie française : ce sont deux petits cadenas de cuivre, grands avec leur anse, comme une pièce de cinq francs. Ils ont dû servir dès les tout premiers jours du voyage, alors que l'on n'avait pas encore quitté Marseille, à fermer nos sacs de nuit. Ils ont bien dû coûter dix sous l'un, au bazar de l'Hôtel-de-Ville, et ne sont plus bons à rien, étant l'un et l'autre dépourvus de clefs.

Comment se trouvent-ils encore dans le grand panier d'osier où l'on se débarrasse d'une foule d'objets ; Révoil ni moi ne saurions le dire ; l'essentiel est qu'ils y sont. Ils sont en cuivre poli et reluisent comme le soleil ; le M'Sagira est ébloui ; il a tout de suite compris que c'étaient là des pendants d'oreilles, autrement beaux, riches, originaux, que ceux que convoite sa souveraine : Va-t-elle être heureuse !

Révoil lui montre la manière de se servir des cadenas : on ouvre l'anse, comme cela. On la passe dans l'ouverture du lobe de l'oreille, comme cela. On referme l'anse, ce qui produit un petit « clac » significatif. Et l'on fait ses embarras avec, devant les autres dames du tembé !

Quand on veut les ôter de ses oreilles il n'y a qu'à faire un léger effort pour ouvrir l'anse ; c'est on ne peut plus simple, et vraiment ce n'est pas une parure banale comme les cylindres de palmier ou les rouleaux de feuilles.

C'est bien l'avis du M'Sagira. Mais le petit trou de chaque cadenas le laisse rêveur ; dans l'un, on entend en le secouant un léger bruit, on aura sans doute voulu forcer la clef dont le paneton s'est cassé et est resté dans l'intérieur du cadenas.

Le noir demande ce que cela signifie.

— Celui-ci (celui dans lequel s'entend le bruit) est fétiche : il doit aller à l'oreille droite ; l'autre, qui a également un trou, mais pas de bruit, est fétiche aussi, mais fétiche pour l'oreille gauche. Tu diras à la femme du chef de ne pas se tromper d'oreille : c'est très important.

Et comme Révoil est assez content des conditions du tribut, qui ont été beaucoup moins onéreuses que chez ces voleurs de Charoura et de Kira-Maganza, il se montre tout à fait grand seigneur ; il joint aux deux cadenas un flacon d'eau de lubin pour la princesse — et il enveloppe le tout dans un mouchoir neuf à bordure bleue et rouge, dont le coin porte ses initiales.

Le M'Sagira s'en retourne, enchanté ; il compte bien que dans sa joie la femme du sultan lui fera un petit cadeau. La journée pour lui aura été bonne.

Et ce soir, dans le harem de Nyaguiré, bien des cœurs battront la campagne, à la poursuite du généreux M'Zongo !

Quant à nous, nous décampons dès le lendemain matin avec une satisfaction bien légitime. Cette étape va nous sortir de l'Ouagogo ! Nos hommes en sont si contents qu'avant de partir ils se sont gorgés de viande. Révoil leur a fait au dernier moment quelques avances, afin qu'ils puissent s'approvisionner pour quarante-huit heures. Mais il s'est bien gardé de leur trop donner, de peur qu'ils ne prennent la brousse.

Pendant qu'on plie les tentes, nous voyons accourir le sultan ; il a l'air tout soucieux. Il vient remercier Révoil de ses largesses, mais puisqu'il le sait si généreux, il ne voudrait pas le laisser partir sans lui demander encore quelques petites choses : un baril de poudre pour lui, des remèdes pour ses enfants qui sont tourmentés par les vers, et trois ou quatre « linges » pareils au mouchoir qui la veille enveloppait les pendants d'oreilles. Les linges ne sont pas pour lui : il les destine à ses autres femmes, qui sont furieuses de n'avoir rien reçu, et qui l'accablent de reproches depuis la veille au soir.

Il nous conte ses misères conjugales. Il a quatre femmes, toutes les quatre plus coquettes l'une que l'autre. Elles le ruinent en « toilettes ». C'est pour satisfaire à leurs caprices qu'il vient tendre la main aux chefs des caravanes de passage. Avec cela, elles sont acariâtres et ne cessent de se disputer.

Il leur donne bien des coups de bâton ; mais cela ne les rend pas plus douces ; et comme il est vieux, elles jeunes, elles finissent toujours par avoir le dernier mot. Quand il ne leur rapporte rien, elles lui font des scènes.

L'une d'elles a un caractère particulièrement difficile, et c'est regrettable, car c'est une beauté et elle lui a coûté fort cher.

Elle aimerait voyager avec les M'Zongos pour avoir des parures, et de beaux linges. Nyaguiré ajoute qu'il la vendrait volontiers à Révoil pour deux fusils avec deux ceinturons et deux poires à poudre. Le blanc saurait bien la rendre plus sociable, lui !

Révoil accueille cette proposition saugrenue par un immense éclat de rire, ce qui semble étonner beaucoup le vieux sultan ; il fait encore un peu l'article, et il est si cocasse en vantant sa marchandise, avec son air de bonne vieille ganache nègre, que l'hilarité de notre chef va crescendo.

Cependant, le chef des porteurs vient prendre des ordres pour la formation du convoi. Il faut penser aux choses sérieuses. Mais le pauvre bonhomme attend avec angoisse le résultat de sa démarche ; et il paraît si sincère, si inquiet, que Révoil lui fait donner tout ce qu'il demande et lui offre en plus un verre d'absinthe. Le sultan s'en va en nous comblant de bénédictions, tout ragaillardi par le vert breuvage. Les quatre mégères feront bien de ne pas le tracasser aujourd'hui...

Nous garderons de ce chef un souvenir plus gai que de nos compagnons de route, les gens des autres caravanes. Ils sont encombrants, bruyants et sans-gêne comme leur vermine qui se répand partout et qui a fini par envahir notre literie et nos tentes.

Avec cela, quémandeurs et chapardeurs, ramassant tout ce qu'ils trouvent. Les chefs, pour la plupart esclaves d'Arabes, sont encore plus rapaces que les Ouagogos ; il n'a pas été possible une seule fois de les faire payer leur part équitable du ougo, ni des cadeaux qu'il faut faire à chaque pas dans ce pays-ci, comme on distribue chez nous les pourboires. Et certainement en arrivant à destination, ils porteront sur la note tout ce que nous aurons donné pour eux.

Heureusement qu'à M'Dabourah nous aurons le plaisir de nous séparer de cette engeance.

Le soleil était déjà haut lorsque nous sommes partis, aussi ne marchons nous guère que pendant trois heures ce jour-là ; et comme nous découvrons de très bonne eau douce dans un lit de ruisseau que nous côtoyons, nous faisons là une halte pendant laquelle nos hommes mangent, et remplissent les outres ; cette précaution est nécessaire car il paraît que nous n'aurons plus d'eau jusqu'à demain soir.

Sur ces entrefaites arrivent dix Ouaroris (c'est le nom générique des Ouahéhés, ce dernier nom n'étant celui que d'une tribu;) ils mènent avec eux deux prisonniers Ouassoumbas qu'ils veulent nous vendre. Ils tombent mal. Révoil qui a refusé le matin même d'acquérir une sultane n'a pas l'intention de se monter en esclaves ;

et comme, du reste, il a en horreur le honteux commerce de la chair humaine, il intime à ces chenapans l'ordre de s'éloigner au plus vite avec leur pitoyable marchandise, s'ils ne veulent être bâtonnés. Mais, pendant qu'assis à l'ombre d'un arbre nous sommes entourés par les curieux des tembés voisins, qui examinent notre costume, nos armes, et nous accablent de questions naïves, deux Ounyamouésis de notre troupe font l'emplette des esclaves et les attachent dans un buisson, afin de les soustraire à nos regards jusqu'au moment du départ. Malheureusement pour les acquéreurs, en faisant une ronde quelques instants avant de quitter la halte, pour nous assurer que tous les porteurs sont à leurs charges, nous apercevons la marchandise à travers le feuillage, en même temps que nous voyons les Ouaroris détaler à grandes enjambées à travers champs, avec le prix en nature du marché, empaqueté sur leur tête.

A cette vue, Révoil fait appeler par le chef de caravane les deux porteurs coupables de s'être prêtés à ce trafic. Ils ne se montrent pas tout de suite ; mais les autres, craignant une punition générale, les forcent à se dénoncer. Ils arrivent sans empressement, et reçoivent chacun une bonne volée de coups de bâton, avec quelques coups de pied au derrière. Mais ce n'est pas là ce qui leur est le plus sensible, bien qu'ils se frottent les côtes ; Révoil donne l'ordre de détacher les esclaves qui s'avancent tout tremblants, en le voyant tirer son revolver de sa ceinture. Il élève son arme et leur crie :

— F...chez le camp d'ici au plus vite, sans quoi je vous tire dessus !...

Les pauvres diables ne se le font pas dire deux fois : l'amour de la liberté et la crainte de recevoir une balle (qu'on ne veut du reste nullement leur envoyer) les rendent agiles comme des gazelles. Ils auraient des ailes au talon qu'ils ne courraient pas plus vite. Et toute la caravane rit aux éclats, pendant que les Ounyamouésis déconfits se frictionnent mélancoliquement.

L'on se remet en route à deux heures pour gravir d'abord la chaîne de collines que nous avions devant les yeux depuis plusieurs jours, et nous rentrons sous bois. On voit des traces nombreuses et fraîches d'éléphants. Vers quatre heures, nouvelle halte pour faire reposer notre monde; puis on se remet en marche et l'on ne s'arrête plus que pour camper, à six heures, en plein bois.

Lundi, 1ᵉʳ mars 1886. Révoil a fait hier soir sous sa tente le bilan du voyage jusqu'aujourd'hui.

Il y a soixante-sept jours que nous avons quitté la Chamba-Gonera, si nous retranchons 5 jours passés à Kondoa,

		5	—	à M' Pouapoua,
		5	—	à M' Voumi,
	et	5	—	à Kira-Myanza,

c'est-à-dire 20 jours de station, cela fait quarante-sept jours de route. En somme la caravane se maintient en bon ordre et si nous continuons sans accroc, nous arriverons à Taborah avec un matériel abondant car, à part les charges consommées comme pocho, ougo, nourriture, toutes choses que l'on a économisées autant qu'on l'a pu, les autres sont au complet. Vers six heures et demie, ce matin-là, nous partons pour continuer notre route, toujours sous bois. Nous rencontrons une mare de sang, avec un cadavre auprès : c'est un pauvre diable qui aura été assassiné hier par des pillards Rouga-Rougas.

Les Ounyamouésis marchent en rangs serrés, et vers dix heures nous arrivons à Machiamba, qui était autrefois un grand centre Ouagogo, d'où ces gens ont été chassés par Mounié-Mouteouana, chef de M' Dabourah.

Comme à M' Voumi, il n'est resté debout en fait d'arbres que des baobabs, sur ce territoire jadis occupé par les Ouagogos, et qui est aujourd'hui inculte et aride, avec seulement quelques touffes d'épis surgissant encore par places. Çà et là, des tembés en ruines ; un torrent qui roule d'assez bonne eau sur un lit de sable clair.

Plus loin, de larges affleurements plats de granit dépassent légèrement le sol ; et cela ressemble parmi les fourrés qui les recouvrent en partie, à de larges dalles tombales dans un cimetière abandonné.

A Machiamba où nous arrivons ensuite, nous nous arrêtons pour déjeuner. C'est ici que récemment M. Storms, officier belge qui venait de Karèma à la côte a rencontré une bande de pillards qui lui barraient le passage et a tué quatre d'entre eux dans une escarmouche.

Aussitôt restaurés, chacun reprend ses armes, ses charges, etc ; et nous voilà repartis. En passant près d'un petit étang, nous faisons lever un vol considérable de canards ; nous tirons dans le tas ; il en tombe trois. Notre dîner est assuré pour ce soir. La route continue sous bois ; mais tout à coup la nature forestière change d'aspect. Nous nous trouvons dans une forêt d'acacias à grandes épines, dont chacune forme à sa base une grosse boule *acacia horrida*. Le sol est jonché de ces épines dont les couches irrégulières forment par endroits de véritables chausse-trapes. Un de nos hommes s'estropie en s'enfonçant profondément dans le pied une de ces épines acérées.

Au sortir de cette forêt, nous débouchons dans une grande plaine.

Chemin faisant, nous croisons un troupeau de 15 à 18 zèbres superbes.

Révoil saisit le fusil Gras d'un Zanzibarite et tue l'un de ces animaux d'une balle, à grande distance. Nos hommes sont émerveillés de ce beau coup de fusil.

En courant chercher l'animal mort, nous découvrons une belle place herbeuse auprès d'un étang où l'eau est propre et fraîche : nous décidons d'y faire halte, pour la nuit. On dépèce le zèbre. C'est une femelle dont la robe aux rayures noir foncé sur blanc pur est magnifique. Cette grosse aubaine est distribuée à notre troupe ; mais

A travers les acacias.

la répartition ne peut se terminer sans disputes, récriminations, bourrades, etc. Puis c'est au tour des hyènes, attirées par les émanations de la viande, à venir nous importuner de leurs cris qui ressemblent à des ricanements.

Le zèbre (en souahéli *poundi-mélia*) est un animal aussi sauvage que curieux, gracieux et alerte. Il est très difficile à approcher à

Zèbre.

cause de son flair étonnant, qui lui révèle la présence de l'homme à de grandes distances. Cependant quand on peut s'emparer d'un de ces animaux vivants — ce qui ne va jamais sans de grandes difficultés — on peut, s'il est jeune, arriver à le domestiquer avec beaucoup de patience et de soins. Il n'est jamais bien docile, mais il fait une bonne bête de selle et a l'avantage d'être insensible aux piqûres de certains insectes, qui affolent les autres animaux. Les zèbres vont toujours par troupes assez nombreuses.

Les chasseurs de profession, qui ont eu l'occasion d'étudier les mœurs des zèbres, disent que le petit n'abandonne pas le corps de sa mère morte ; en entendant la détonation, ou en voyant choir sa mère, si c'est d'une flèche qu'elle est tuée, il commence bien par s'enfuir, mais il revient aussitôt auprès du cadavre et ne s'en éloigne plus qu'à la dernière extrémité. Ce n'est guère, du reste, qu'après avoir tué une mère que l'on peut s'emparer d'un de ces animaux vivants. Il n'y a, paraît-il, que trois espèces d'animaux chez lesquels se constate cette tendresse filiale : le zèbre, le buffle et le rhinocéros. Chez toutes les autres, les petits, effarouchés, s'enfuient avec le gros de la troupe et ne reviennent plus, même si leur mère est restée sur le carreau.

Les zèbres sont nombreux dans l'Afrique australe ; les Boers s'en servent comme bêtes de trait et de selle ; dans l'Afrique australe anglaise, la destruction de ces animaux est prohibée ; un zèbre adulte est une grosse pièce, et 20, 22 hommes ne sont pas de trop pour le porter.

Quant aux hyènes, nous en avons vu ou entendu trop souvent pour ne pas donner ici quelques détails sur ces affreux animaux. Les décrire est superflu, car l'image a vulgarisé leur aspect. On sait qu'ils sont grands comme de grands chiens, avec le train de derrière très bas, de grosses oreilles et une robe tachetée de brun, ou fauve unie. Une espèce porte une crinière assez longue. Le poil est ras.

L'hyène exhale une odeur fétide qui fait reconnaître de loin sa présence. Elle est réputée avec raison pour sa gloutonnerie et le peu de délicatesse de son goût, puisqu'elle se repaît aussi bien de viande corrompue que de chair fraîche. C'est une erreur de croire que cet animal est poltron ; il s'attaque fort bien à l'homme quand la faim le pousse, ou la colère. Les hyènes vont jusque dans les villages mal clos, enlever les chèvres et les moutons ; mais elles ne cherchent leur pâture que la nuit. Leur cri ressemble tantôt au rire, tantôt au sanglot ou au gémissement humains.

Cela dépend des circonstances où elles se trouvent : si elles ont soif, si elles ont peur. Ce sont — que l'on passe l'expression à un voyageur habitué à placer la vérité au-dessus des conventions du langage — ce sont de sales bêtes dans toute la force du terme.

L'endroit où nous sommes campés, avec les marais desséchés qui l'entourent, s'appelle Kouko.

En partant de là, Révoil alléché par son exploit de la veille prend les devants tout seul, le fusil sur l'épaule, dans l'espoir de trouver encore une bonne occasion de brûler sa poudre.

Grâce au passage des buffles, des zèbres, des éléphants, le sentier est complètement défoncé ; c'est une succession de fondrières dont le soleil ardent a durci la surface, et la marche y est pénible. On voit par là que les fauves et autres grands animaux ne redoutent pas de suivre les chemins tracés par les hommes ; cela se constate souvent en forêt, où les bêtes n'ont pas ainsi la peine de faire leur percée à travers la végétation, ce qui leur permet de marcher plus vite.

Quant à la présence de l'homme, dans le voisinage, ils en sont avertis par leur flair, par leur instinct, et savent quitter le sentier à temps pour éviter ce dangereux bipède, leur ennemi naturel.

Cependant, comme Révoil a pris de l'avance au point de disparaître à nos regards, Férousi, Ali le chasseur et quelques Askaris hâtent le pas pour le rattraper, afin de ne pas le laisser seul exposé à la rencontre possible de pillards Rouga-Rougas.

Malheureusement, les jours, pour le chasseur comme pour les autres mortels, se suivent et ne se ressemblent pas. Dans ce canton dont le sol est pétri par les pieds des animaux, on ne trouve pas aujourd'hui à tirer un seul coup de fusil. On ne voit absolument rien en fait de gibier. Le paysage est désert et muet.

Par contre, les traces d'éléphants, de grands trous nets et profonds, sont toujours nombreuses. Il a dû passer là un gros troupeau de ces pachydermes, dont les crottes énormes suivent la ligne des fondrières creusées par leurs pieds.

Enfin, après cinq heures de marche, la caravane arrive en vue de M'Dabourah. Après la traversée des rudes plaines de l'Ouagogo et les tribulations que nous ont values leurs sauvages habitants, c'est avec une véritable joie que nous approchons d'une localité où nous retrouverons sinon la civilisation, du moins quelque chose de mieux que la barbarie de l'Ouagogo.

Nous franchissons un ravin peu profond et nous nous trouvons sur un vaste plateau ondulé, couvert de superbes plantations de maïs.

En haut d'un mât, dans le lointain, un pavillon flotte dans l'azur. C'est celui de notre ami, le sultan Saïd-Bargasch.

Allons, enfants, il faut faire bonne figure ici ; sans interrompre la marche, la caravane se remet en ordre ; les tambours se placent tous en tête, et battent la marche en mesure ; derrière eux vient le pavillon français porté par un Zanzibarite. Ensuite s'avancent les porteurs. Les Askaris, le fusil sur l'épaule, sont répartis sur les côtés de la ligne, à distances égales.

Enfin, tout à fait à la queue, les caravanes adjointes suivent dans un désordre pittoresque. Notre défilé ne manque pas d'une certaine grandeur.

CHAPITRE VIII

M'Dabourah. — Ouassango. — Mounié-Moutouana et ses onze femmes. — Toujours la fièvre. — Ethnographie. — Trophée humain. — Les Gombozis. — Heureuses nouvelles. — Massoungou. — La Maganda M'Kali. — Le camp de Mohalé. — Rencontre du Rév. Philipp O'Flaherty. — L'étang de Tchaïa. — Arrivée à Itoura.

M'Dabourah paraît formé de la réunion de plusieurs villages ; en tout cas, c'est un grand centre, avec des constructions de brique cuite au soleil ou de boue battue avec des roseaux. L'on s'étonne d'y voir fixée une population assez nombreuse, car le pays est très malsain. Il y avait là, autrefois, une des stations des PP. algériens du cardinal Lavigerie ; mais la famine, les maladies, les privations de toute nature, obligèrent les missionnaires à déserter cette localité pour aller s'établir à Taborah.

M'Dabourah est un poste zanzibarite,.... si l'on veut. Le pavillon flottant dans l'air pur, les renseignements quêtés chemin faisant, nous avaient fait croire que nous trouverions ici une sorte d'organisation, une autorité quelconque représentant plus ou moins la suzeraineté ou le pouvoir zanzibarite. Il en est de tout cela comme dans la fable des Bâtons-flottants : de loin c'était quelque chose et de près ce n'est rien.

Mounié-Moutouana est un musulman, un métis arabe, ancien esclave zanzibarite, un aventurier qui s'est établi de sa propre autorité il y a plusieurs années à M'Dabourah avec une poignée de Rougas-Rougas, détrousseurs de caravanes et coupeurs de routes, l'écume de tous les poris d'alentour, qu'il a su dompter et discipliner au point de s'en faire une petite armée. S'il arbore sur sa résidence le pavillon de Sa Hautesse, c'est tout bonnement pour se donner l'air d'un personnage, car la réputation de puissance des sultans de Zanzibar plane encore jusqu'en ces contrées reculées où elle se répandit jadis, à la suite des conquêtes des prédécesseurs de Saïd-Bargasch.

Au surplus, peut-être ce Mounié-Moutouana paie-t-il un tribut au souverain dont il affecte de se dire le représentant et le vassal ; s'il en est ainsi, le tribut doit être maigre et intermittent. Quoi qu'il en soit, le pavillon zanzibarite augmente le prestige du chef, et donne à ses exactions une apparence de légalité, grâce à laquelle les populations du voisinage et les caravanes de passage avalent sans protester toutes les couleuvres. Mounié-Moutouana, sous le prétexte de pacifier la région, d'ouvrir des routes pour le commerce, etc., fait avec ses gens des incursions fréquentes chez les Ouagogos, dont il prétend toujours que les voyageurs ou lui-même ont à se plaindre ; il razzie leurs troupeaux, brûle leurs villages et les emmène eux-mêmes comme esclaves, qu'il vend aux négriers de passage. En somme c'est un bandit comme les autres chefs de cette partie de l'Afrique ; et comme eux, il pratique l'industrie de rançonner les caravanes. Seulement, il s'y prend avec plus d'adresse et tond les voyageurs avec plus d'urbanité : il ne réclame pas impérieusement le *ougo*, comme les autres despotes ; il exprime le désir de recevoir un cadeau... dont il fixe lui-même la composition et l'importance, et il donne à entendre que si on ne lui donne pas ce qu'il demande, on ne passera point.

Et il n'y a trop rien à dire, puisque le pavillon de Sa Hautesse couvre la marchandise... qu'il vous extorque de cette façon.

Sa Hautesse sait-elle comment se comporte son représentant officieux ? C'est peu probable : c'est à l'aller que les caravanes achètent par des cadeaux le droit de passage ; les voyageurs indigènes supportent sans jamais se plaindre ces petites vexations, et préfèrent payer sans discussion, dans la crainte de provoquer un conflit qui conduirait peut-être les vraies autorités, là où il y en a, à fourrer le nez dans leurs affaires, souvent interlopes. Les voyageurs européens sont plutôt rares ; si c'est de Zanzibar qu'ils sont partis, ils reviennent généralement par un autre point ; puis d'autres soucis leur ont fait oublier le désagrément passager de la petite spoliation subie : ils ont fait leur deuil de ce qu'il leur a fallu donner ; — ils ont été tellement exploités partout, qu'ils n'attachent pas une importance spéciale aux agissements du seigneur de M'Dabourah ; — et ils oublient de se plaindre.

De sorte que Sa Hautesse ne sait rien — et sût-elle quelque chose, qu'elle ne pourrait rien empêcher.

Cependant il faut reconnaître que le Mounié-Moutouana a eu quelques complaisances pour les PP. algériens : il ne les tracassait point et au besoin même les eût défendus, comprenant sans doute qu'au fond, pour lui, il valait mieux être bien avec ces blancs, qui avaient derrière eux tout ce qu'il pouvait redouter.

Révoil estime non sans raison que, pour ce qui est des relations du chef avec les sauvages nègres du voisinage, nous ne devons pas nous en occuper.

Ce n'est pas en vingt-quatre heures que nous passerons là, que nous civiliserons le pays et y ferons régner l'ordre, la justice et la paix. Tout ce que nous pouvons faire, c'est de mettre, autant que possible, le chef dans nos intérêts, qui sont les intérêts de la France. S'il a quelques bonnes dispositions à l'égard des étrangers, nous devons l'encourager à y persévérer et préparer ainsi les voies aux voyageurs qui nous suivront. Du reste Mounié-Moutouana mérite bien quelque reconnaissance pour les égards qu'il a témoignés aux missionnaires nos compatriotes.

Révoil lui fait donc remettre de beaux cadeaux, accompagnés de remerciements, et il l'invite par la bouche de notre M'Sagira, à se montrer toujours aussi courtois et bienveillant envers les Français.

Pendant que notre monde se campe dans la campagne, nous parcourons le village, ou plutôt les villages, qui couvrent plusieurs centaines d'hectares de superficie. La partie par où nous sommes arrivés s'appelle Ouassango. La population nous a fait un bon accueil et nous sommes de tous côtés salués par les *Yambo* ! (*bonjour* zanzibarite) qui sonnent plus agréablement à nos oreilles que le *M'boukoua* ? des Ouagogos.

Une vive animation règne sur la grande place. Au centre, une trentaine de jeunes femmes, le torse nu, avec des pagnes de couleur autour des reins et des grelots aux chevilles, tournent en rond en frappant du pied ; elles chantent en cadence et portent à certains moments leur poitrine en avant tout en faisant trembler leurs seins. Les unes tiennent un rameau à la main ; d'autres portent des haches ou des lances. Au centre du cercle se tient une almée qui, en dansant seule, semble diriger la danse des autres et stimuler leurs mouvements. Auprès d'elle, un noir bat du tambour sans discontinuer. Le bariolage des pagnes de couleurs différentes, les verroteries en colliers, les jeux de lumière sur ces torses de bronze luisant, forment un curieux tableau auquel la gent nègre paraît s'intéresser vivement — et qui ne nous laisse, faut-il le dire — nullement indifférents.

Un mot, dans le chant monotone des danseuses, revient presque continuellement : Marenga !... Marenga !... (*de l'eau !... de l'eau !...*)

On nous apprend alors que la *duesa n'goma* (*danse au tambour*) n'est pas un divertissement ; c'est une sorte de cérémonie ; une prière par laquelle on demande à M'loungou, dieu du pays, de faire pleuvoir. Comme nous demandons à acheter quelques vivres et surtout du lait, un indigène s'offre très aimablement pour nous guider dans le village ; la foule nous suit sans manifester d'hostilité et à chaque porte des maisonnettes se montrent des têtes curieuses.

Bientôt nous voyons venir à nous un superbe gaillard de six pieds, drapé dans de belles étoffes de couleur. C'est le propre chef du village de Ouassango, le vassal par conséquent de Mounié-Moutouana. Il nous fait entrer dans sa case, nous fait asseoir sur des nattes et nous fait apporter du lait dans des calebasses. Il nous questionne sur notre voyage, sur notre pays ; lorsqu'il nous suppose suffisamment reposés, il nous donne un guide qui nous conduit à travers des champs en culture au tembé de Mounié-Moutouana.

En y arrivant, nous trouvons réunis sous une large vérandah (*bazza* en zanzibarite) une quinzaine de *Normghouanas* en calotte blanche et longue chemise qui, tous, se lèvent respectueusement et viennent à notre avance en nous donnant le *Yambo*, suivant l'usage de Zanzibar. Ces gens, des métis comme le chef, font partie d'une colonie zanzibarite que Mounié-Moutouana a groupée autour de lui, et dont la présence, en lui formant une sorte de cour, fait de lui un bien plus gros personnage encore, aux yeux des nègres. Du reste, il règne en maître sur le pays, et peut mettre sur pied de guerre 500 Rouga-Rougas. C'est avec cette petite armée qu'il fait des incursions et des razzias chez les Ouagogos et les Ouaroris ; qu'il a chassé les Ouagogos de Machiamba et de maints autres points.

Mais Mounié-Moutouana est aux champs au moment où nous arrivons. On l'envoie chercher et, bientôt apparaît un homme de taille moyenne, aux traits durs, à l'œil gris, à la barbiche grisonnante. Il est coiffé d'un fez et vêtu d'une longue chemise arabe.

Après les salutations d'usage et les poignées de main, Mounié-Moutouana fait, avec une aménité parfaite, préparer pour Révoil un logement qui manque forcément de confortable, mais où notre chef sera du moins à l'abri des intempéries, et où il aura ses serviteurs sous la main.

Pendant que l'on vaque à cette installation, tous deux devisent sur les caravanes des Européens qui ont passé par ici, sur les exigences des Ouagogos, sur les affaires de Zanzibar, etc., etc.

Peu à peu, le bazza s'est garni d'individus aux physionomies étranges, à l'air énergique, à l'accoutrement disparate. Ces farouches visiteurs ne sont autres que les soldats de Mounié-Moutouana. Puis arrivent les onze femmes du chef drapées, voilées, empaquetées dans leurs voiles. Elles sont suivies à peu de distance par une trentaine d'esclaves ou prisonniers ouagogos, les fers au cou, et qui portent le maïs qu'ils viennent de cueillir aux champs. Les dames et les esclaves sont escortés d'un robuste gaillard armé d'une solide lanière en peau de rhinocéros.

Le tembé de Mounié-Moutouana est vaste, mais moins bien tenu que beaucoup d'édifices semblables que nous avons vus chez les Ouagogos ; le maître nous explique que cela vient du manque d'hommes : les gens sont en ce moment en expédition contre les Ouassoumbas.

Notre caravane s'est répandue dans les rues du village, un peu de tous côtés, pour acheter du maïs, du montama ; cette affluence inaccoutumée de visiteurs cause une grande animation chez les indigènes, qui du reste reçoivent cordialement nos hommes ; l'animation s'accroît encore à la tombée du jour, lorsque les travailleurs rentrent des champs. A ce moment les Zanzibarites, sous le bazza, font la prière musulmane.

Pour un instant, nous revivons là les impressions éprouvées en quelques-unes de nos promenades, dans les ruelles de Zanzibar.

La soirée menace d'être fraîche, et Révoil se sent tout à coup repris de la fièvre, soit qu'il ait pris froid, soit qu'il ait bu trop de lait ; elle atteint bientôt un tel degré de violence que le malheureux est forcé de s'aliter ; et malgré les couvertures qu'il amoncelle sur lui, il passe la nuit à grelotter comme en plein hiver.

En dépit de l'état de très grande faiblesse dans lequel il se trouve le lendemain, Révoil se rend de bonne heure au camp, afin

Guerrier Ouabéhé.

de conférer avec les chefs des caravanes indigènes sur le cadeau à faire à Mounié-Moutouana.

Il trouve les Ounyamouésis en train de se partager la viande de deux bœufs abattus pour leur nourriture ; le camp est plein de gens des environs venus pour vendre du beurre, du maïs, des cabris, etc. En somme, notre personnel a là tous les moyens de se refaire, après la pénible traversée de l'Ouagogo, et de se ravitailler pour celle de la Maganda M'Kali, région qui précède l'Ounyanyembé, et où nous allons bientôt entrer avec l'espoir d'être rendus à Taborah en douze jours.

Dans l'après-midi, Révoil doit se remettre au lit ; malgré cela il se produit une légère amélioration dans son état ; mais il a absorbé une telle quantité de quinine qu'il en reste presque sourd.

Quel terrible mal que cette fièvre ; et combien sont effrayantes les phases morales qu'il occasionne ! Il est impossible aux Européens d'échapper à ses atteintes, à cause des brusques variations de la température, qui déterminent des accès même chez les personnes dont les privations et les fatigues n'ont pas encore altéré la santé générale. Ainsi, à Kounyenyé, dans la journée du 26 février, on notait 52°,6 au soleil ; et dans la matinée du 27, on ne notait plus que 21°,5 seulement ; c'était donc une différence de trente degrés en 15 ou 16 heures.

Parmi les objets que l'on vient nous proposer, une belle collection des armes du pays est de beaucoup ce qu'il y a de plus intéressant. On y remarque le bouclier ouahéhé en peau de bœuf avec fond blanc, noir ou rouge, suivant la couleur de la peau ; il est de la hauteur d'un homme ordinaire, et il vient à l'épaule d'un homme de haute stature. Le revers porte, placées en réserve contre l'ossature, six javelines que le guerrier lance avec beaucoup d'adresse à distance, gardant toujours par devers lui pour le combat corps-à-corps une ou deux fortes lances.

La lance des Ouahéhés affecte une forme particulière ; le fer est en feuille de laurier rose gauchie sur son arête, de façon que les deux tranches ne soient pas de niveau. On voit quelles terribles entailles doit faire une arme pareille ! Le fer est saisi par un morceau de cuir qui le relie au bois; le bois lui-même est garni dans toute sa longueur de fil de laiton, et d'applications de cuivre.

Comme coiffure de combat et de parade, les guerriers portent une sorte d'auréole en crins, de la crinière de zèbre, qu'ils maintiennent par une jugulaire sur la nuque et sur le sommet de la tête. Ils se barbouillent les joues, le front et le nez de blanc ou de rouge. Une pièce d'étoffe serrée à la ceinture et formant jupon court, constitue tout leur costume. Ils y joignent pourtant des jarretières de peau, plus ou moins curieusement travaillée, et certains d'entr'eux portent aux poignets de gros bracelets ronds, unis, en ivoire.

Ce sont là les armes des Ouahéhés indépendants ou vassaux de notre hôte; mais ses 500 soldats sont armés de bons fusils qu'il s'est procurés on ne sait comment. Quand il s'agit de menues razzias ou d'expéditions sans importance, Mounié-Moutouana y envoie des gens armés à la mode du pays. Les fusils et les 500 mamelucks ne sortent que dans les grandes occasions.

Dans son désir de partir d'ici le plus tôt possible, Révoil a quitté sa couchette, malgré la fièvre et s'occupe en personne à régler la question du *euchma* ou cadeau à Mounié-Moutouana; ce n'est là bien entendu qu'un *ougo* déguisé, car le chef spécifie lui-même ce qu'il désire.

Cet euchma est donc réglé de la manière suivante : pour le compte de notre caravane on lui donne : un fusil, deux barils de poudre de cinq livres, deux djora de méricani, quatre lassos en laine de Paris, un doboani de Mascate, une coiffe en soie.

Les chefs des petites caravanes inventent toutes sortes de prétextes pour retarder l'heure du règlement; il est visible qu'ils ne veulent rien donner.

Les négociations qu'ils entament nous retiendraient là quinze jours, si Révoil impatienté ne se décidait à payer la plus grosse part de leur tribut, pour en finir.

— J'ai hâte de partir, répète-t-il, car je remarque qu'à chaque halte je suis pris par la fièvre; et je vois que plus je vais, plus je m'affaiblis. J'ai résisté tant que j'ai pu, mais que faire! Je crains que le mal ne soit plus fort que moi, et que mes forces ne me trahissent... Partons bien vite; et à la grâce de Dieu!

Et, bien que son état ne soit pas brillant, il se félicite encore d'être quitte à si bon compte de ses récents accès; plusieurs notables en effet lui affirment que tous les Européens qui ont passé par ici, venant de l'Ouagogo, étaient plus sérieusement atteints que lui.

Aussi espère-t-il, si ses forces le lui permettent, se mettre en route demain. La journée s'achève dans une atmosphère étouffante, sous un soleil de plomb dont pas un souffle ne tempère l'ardeur. De gros nuages blancs s'amoncellent bien à l'horizon, mais ils ne nous envoient pas une goutte d'eau.

Depuis M'Pouapoua nous n'avons pas eu de pluie.

A huit heures du soir, le tambour bat, annonçant le départ pour demain. Les cris et les chants des Ounyamouésis qui manifestent bruyamment leur joie de rentrer bientôt dans leurs foyers, contrastent avec les sombres rêveries que la fièvre continue d'occasionner à Révoil. Il se sent très las et souffre du cœur; son pouls bat près de 95 pulsations depuis le matin; cependant il ne peut rester couché : il va et vient dans la cour du tembé. Il est en proie à un agacement, à une surexcitation causés par la fièvre et qui l'empêchent de rester en place. Toute la nuit se passe pour lui sans sommeil; le matin, il prend encore une forte dose de quinine avant de se rendre au camp, où il trouve tout préparé suivant ses ordres de la veille, pour le départ.

Cette fois, il n'y a pas de retardataires; les Ounyamouésis ont hâte de revoir leur pays; et leurs camarades de Zanzibar et de la côte sont impatients d'arriver aux villages de leurs amis, où ils seront reçus et feront la fête en frères. La caravane se met en marche avec de grands cris joyeux, les tambours et le drapeau en tête. Les autres troupes suivent, dans le désordre qui leur est habituel.

Mounié-Moutouana est là pour nous dire adieu. Cet avare ne nous a seulement pas offert une poule ; c'est presque un manque d'égards, dont nous avons lieu d'être mécontents, car il se montre dit-on généreux d'ordinaire, envers les caravanes. Mais peut-être a-t-il trouvé de son côté, le euchma un peu maigre ? Sachant tout ce que les Ouagogos se sont fait donner, il espérait sans doute avoir une part plus large. Quoiqu'il en soit, il se garde bien d'exprimer son mécontentement. Révoil lui a montré le sauf-conduit de Saïd-Bargasch, et bien qu'il doive redouter médiocrement le lointain suzerain dont il usurpe quelque peu la représentation, il n'ose rien dire et garde l'attitude qui convient au rôle dont il se pare. Au fond, il nous envoie à tous les diables, car il ne faudrait pas le gratter profondément pour retrouver sous son vernis de politesse un bandit aussi avide que Charoura, Kira-Maganza et autres du même acabit.

En longeant son tembé, au sortir du village, nous voyons le trophée que ses fidèles ont élevé à la gloire de ses « armes ».

C'est un arbre mort aux branches duquel sont suspendus ou cloués les crânes de chefs ennemis ; il y en a de tout blanchis par le temps, tandis que d'autres sont visiblement là depuis moins longtemps, attestant des victoires récentes, et évoquant la pensée d'effroyables carnages.

Mounié-Moutouana qui nous a fait la conduite assez loin, demande à Révoil, avant de nous quitter, quelques bombes à main ; il doit, dans le courant même de cette lune, chasser de leurs tembés des Ouagogos et des Ouassoumbas des environs, qui infestent le pays ; ce n'est pas pour son plaisir, certes, c'est pour la sécurité des caravanes. Il espère bien que cet argument touchera Révoil. Mais Révoil fait la sourde oreille, et le chef nous tire sa révérence en nous souhaitant — plus ou moins sincèrement — un bon voyage.

Nous marchons sous bois; le sentier est assez agréable. Le feuillage nous garantit bien du soleil, et de vivifiantes senteurs flottent dans l'air. On passe de loin en loin auprès de campements délaissés ; le guide nomme le plus important : c'est Pamouaïné-Kimbira ; nous nous arrêtons un peu plus loin, au bord d'un ruisseau, vers onze heures.

Révoil a pu marcher sans trop de fatigue, mais la quinine lui cause toujours des bourdonnements désagréables dans les oreilles. Beaucoup de nos hommes sont également atteints de la fièvre, à des degrés différents.

Près de l'endroit où nous nous reposons, un immense bloc de granit (syénite) émerge de terre, offrant une vaste surface à peu près plane. Les femmes des porteurs s'empressent de profiter de cette heureuse disposition; elles viennent s'agenouiller dessus au nombre de plus de trente, et à l'aide de grosses pierres elles broient leur grain sur cette meule naturelle. Une verdure épaisse sert de cadre au tableau que présentent ces travailleuses en pagnes de couleur ; quelques-unes portent sur leur dos un petit enfant dans un sac. La tête et les bras du marmot restent libres et il se tient bien sage tandis que sa mère vaque aux travaux dévolus à son sexe.

Révoil profite de la halte pour faire appeler auprès de lui les chefs de groupes de notre caravane et il leur donne ses instructions, afin qu'ils les transmettent aux hommes ; il va falloir, leur dit-il, redoubler de prudence, et veiller à ce qu'il n'y ait pas de traînards, car nous allons incessamment pénétrer dans les forêts de Maganda-M'Kali, où les rôdeurs, les pillards, les gens sans feu ni lieu, sont à l'affût de tous les mauvais coups.

Ces forêts sont, encore aujourd'hui, plus redoutables que l'Ouagogo; autrefois c'était pire : elles servaient de repaire à de véritables bandes, organisées dans le but de détrousser les caravanes.

Ce ne fut qu'à force de temps et d'efforts que Mirambo, le

dernier chef de l'Ounyamouési (contre lequel les Arabes étaient encore en lutte lors du premier passage de Stanley) parvint à empêcher ses sujets de continuer leurs déprédations. Malgré son bon vouloir et son concours, les premières caravanes de l'Association Internationale Africaine furent obligées de se frayer le passage les armes à la main.

Malheureusement Siké, le chef actuel ne pousse pas l'amour de l'ordre et le respect de sa charge aussi loin que Mirambo, son prédécesseur ; non seulement il semble laisser toute liberté d'action aux Ounyamouésis, mais encore il encourage les Rouga-Rougas quand il ne les aposte pas lui-même sur le passage des caravanes.

Entre M'Dabourah et la Maganda-M'Kali, on ne trouve qu'un seul village : Massoungou, dernier point où les caravanes puissent se procurer quelques provisions. C'est la résidence du beau-père de Mounié-Moutouana.

Six jours de marche en pleine forêt séparent cet endroit de Itoura. Des troupeaux considérables d'animaux de toute espèce remplissent ces solitudes d'animation. On s'y croise parfois avec des caravanes descendant vers la côte. Ou bien on voit venir au-devant du convoi, dont l'approche a été signalée soit par des rôdeurs, soit par des chasseurs, des *gombozis* ou porteurs supplémentaires qui s'offrent, moyennant une faible rétribution, pour suppléer et soulager vos porteurs. Il faut généralement se méfier de ces gens : ils ont quelquefois des complices parmi les pillards qui errent dans la forêt, et ils profitent très adroitement d'un détour du sentier, de la traversée d'un hallier, pour filer à l'anglaise à travers bois, avec leur charge, dont ils se partagent le contenu avec leurs amis qui ont favorisé leur fuite. Il n'est pas rare même qu'ils débauchent vos porteurs réguliers et qu'ils les fassent déserter avec leurs ballots. Plusieurs de nos charges ont disparu de cette façon ; le gombozi, d'autres fois, n'hésite pas à assassiner le porteur qu'il doit suppléer, afin de lui voler son ballot ; pour notre part, nous avons perdu deux hommes de cette façon.

Il faut donc se montrer très circonspect dans le recrutement de ces auxiliaires et les bien examiner avant de les prendre à son service. Le mieux est encore de se passer d'eux, quand on le peut.

On rencontre aussi de braves gens quelconques, porteurs ou pasteurs regagnant leur village après avoir conduit à destination une caravane ou des troupeaux ; tels sont les trente Ounyamouésis à l'air honnête, auxquels Révoil permet, sur leur demande, de se joindre à nous pour traverser la dangereuse Maganda-M'Kali.

. . . .

Nous croisons une petite troupe qui vient de Taborah, d'où elle est partie il y a dix jours, et qui nous donne de bonnes nouvelles.

Tous les PP. qui devaient se rendre de cette ville dans l'Ouganda ne sont pas partis ; deux missionnaires algériens du cardinal Lavigerie, et peut-être Mgr. Livinhac lui-même, sont encore à Taborah, attendant, pour se mettre en route, d'avoir formé leur caravane. Trois PP. sont déjà partis pour Karéma, deux autres ont pris les devants vers l'Ouganda. Les deux qui restent en arrière ont avec eux le gros du matériel ; ils ne partiront sans doute à leur tour que lorsque, les champs mis en culture et une récolte faite, les gens du pays pourront se louer comme porteurs. Cela permet à Révoil d'espérer qu'il trouvera encore les PP. à Taborah et qu'il pourra se joindre à eux pour pénétrer dans l'Ouganda. De plus, ils auront des nouvelles et de l'Europe et de l'Ouganda, ce qui complètera le courrier que nous devons trouver là-bas, suivant l'engagement pris par Sewa de l'y faire parvenir.

A la halte du soir, ce jour-là, il faut dresser les tentes avec un soin tout particulier, car un orage se prépare ; il éclate vers neuf heures et se fond en des torrents de pluie. Il ne dure heureusement pas longtemps. Mais les roulements de tonnerre, les bruits de rafales, et aussi le tapage que font les Ounyamouésis en se chamaillant et parlant tous à la fois, ont empêché Révoil de bien dormir et au matin il est encore très fatigué.

Le jour qui commence est le 6 mars. Nous partons à l'aube et continuons notre route sous bois vers le N.-O. Après trois heures de marche, nous arrivons dans une vaste clairière autrefois défrichée par les Ouagogos qui y ont fait quelques cultures, mais aujourd'hui abandonnée et inculte. Puis nous passons un endroit appelé Kironda, et un peu plus loin, nous laissons sur un côté du sentier d'immenses champs bien cultivés, où croissent le maïs, le dourah, les courgettes. Au milieu s'élève un grand tembé englobant une case en forme de ruche, dont le cône est surmonté de cornes de buffles et de grandes antilopes. Des masses blanches sont enfilées dans ces cornes et nous prenons cela de loin pour des crânes humains; mais en les voyant de plus près, nous constatons que ce sont des œufs d'autruche.

C'est la première fois, depuis notre départ, que nous voyons apparaître dans l'ornement extérieur d'une case un sentiment artistique, une aspiration quelconque vers quelque chose de moins banal que l'habituelle construction de ces rustiques logis. Nous nous arrêtons dans ce tembé pour boire un peu de lait en échange de quatre coudées d'étoffe ; la porte est en bois plein, d'une seule pièce, et porte une sculpture grossière figurant une femme nue, qui rappelle vaguement la Vénus pudique.

Dans la cour, des Ounyamouésis et des Ouagogos jouent au jeu du *baou*, et nous remarquons qu'ils se servent, pour marquer les coups, de fiches assez élégantes, en cuivre rouge forgé au marteau. Déjà hier, dans le tembé de Mounié-Moutouana, nous avions observé la fabrication des balles de fer, que l'on forgeait fort adroitement au marteau, sur une grosse pierre pour enclume.

Nous apprenons que le maître du tembé où nous sommes est précisément le chef de Massoungou, le beau-père de Mounié-Moutouana. Il paraît que ce beau-père se permit un jour de désobéir à son gendre qui lui infligea une correction sérieuse et razzia ses troupeaux. Plus tard, Mounié-Moutouana revint sur les instances de sa femme à de meilleurs sentiments et restitua au beau-père ses bœufs et ses moutons ; mais il le cantonna à Massouangou, ne pouvant supporter la vue de ce parent indocile. Si les belles-mères sont traitées dans ce pays comme les beaux-pères, c'est le paradis des gendres.

Révoil s'était proposé de brûler l'étape de Massoungou et d'entrer tout de *go* dans la Maganda-M'Kaii, afin d'en pouvoir sortir plus vite. Mais les Ounyamouésis, qui se sont pourtant gorgés à M'Dabourah, recommencent à crier famine ; c'est étonnant comme ces gens-là ont le ventre exigeant : ils ne pensent qu'à manger. Ils font encore deux kilomètres au delà de Massoungou, puis refusent d'aller plus loin. Ils objectent qu'ils n'ont plus de provisions et qu'on ne trouvera rien à manger dans la Maganda-M'Kali, qu'on mettra bien quatre jours à traverser. Alors, quoi ?

Il faut donc leur céder ; on campe là, au bord d'un ruisseau propre, dont l'eau est excellente ; et les Ounyamouésis s'en vont dans le village chercher des vivres.

Révoil a fait cette étape à pied sans trop de fatigue, paraît-il. Ce qui l'incommode le plus, ce sont les bourdonnements causés par l'abus — pourtant inévitable — de la quinine.

Au tembé, il ne prend qu'un peu de lait pour se remonter l'estomac ; mais de retour au camp, il mange de bon appétit, tout en exposant cette théorie sur la manière de lutter contre les fièvres d'Afrique : il faut croire qu'elle est bonne, puisque jusqu'à présent elle lui a réussi.

— Je me trouve aussi bien que possible de suivre le conseil que me donna un ami, vieil explorateur du continent noir : Ne pas céder à la fièvre ; aller de l'avant tant que les jambes ne vous trahissent pas, éviter de se faire porter. En effet, la marche fait transpirer, aide à digérer la quinine et ouvre toujours un peu l'appétit... Il est vrai, ajoute-t-il mélancoliquement qu'elle n'éloigne pas les rêveries qui troublent le cerveau fatigué du malade ; mais la vue des choses (qui échappent forcément à vos regards si vous êtes porté au fond d'un hamac) la vue des choses fait plus ou moins diversion aux sombres pensées. A la fin, la tristesse se dissipe aussi : l'entrain vous revient.

— Oui mais votre ami, vieil explorateur du continent noir, a dû vous dire aussi qu'il est imprudent de boire beaucoup d'eau non filtrée des ruisseaux, des rivières, comme vous l'avez fait ce matin encore.

— Eh bien, c'est une erreur ; elle est très commune, je le sais; mais je persiste à croire que dans ce pays-ci l'on doit boire à sa soif, et ce que l'on trouve, à moins que l'on ne trouve bien entendu, que cette sorte de liquide stagnant au fond des mares, dont nous avons vu quelquefois la couche verdâtre, et qui ressemble plus à de la sauce qu'à de l'eau.

Je bois donc, chaque fois que je n'ai pas d'eau filtrée à ma disposition, l'eau qui s'offre à moi. Outre que je ne me prive pas, ainsi, de cette jouissance ineffable : boire quand j'ai soif, l'eau que j'absorbe entretient une transpiration, grâce à laquelle je suis préservé des insolations : vous le savez sans doute, le dessèchement de la bouche, l'ardeur de la soif et la sécheresse de l'épiderme favorisent les insolations. C'est pourquoi vous m'avez toujours vu boire à ma soif, au bord des ruisseaux et des rivières.

— Mais, les microbes?

Les microbes sont moins dangereux que certaines races humaines, que les Ouagogos, par exemple... S'il n'y avait de microbes que dans ce que nous buvons, je comprendrais que l'on s'abstînt de tout breuvage non bouilli, non filtré, etc. ; mais il y en a, nous dit la science, partout : dans l'air qu'on respire, dans les aliments dont on se nourrit. Pour être sûr de n'en absorber aucun il faudrait donc se priver de boire, de manger et de respirer, ce qui est bien difficile à de simples mortels. Et puisque l'on consent à recevoir dans son organisme ceux que l'on respire et que l'on mange, il me semble puéril de rejeter ceux qui se boivent. C'est

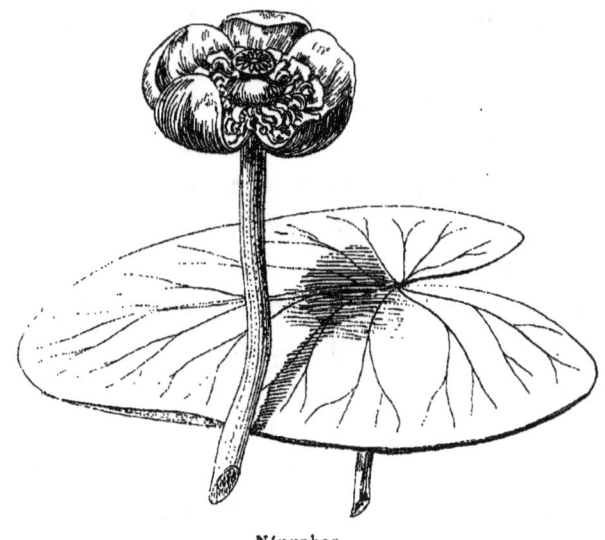

Nénuphar.

à mon avis agir comme l'illustre Gribouille qui se cachait dans l'eau par crainte de la pluie.

La journée s'achève par un temps superbe ; dans la soirée, passe une bande d'Ounyamouésis, qui nous confirment la nouvelle de la présence à Taborah des Pères blancs. Tant mieux : avec quel plaisir nous reverrons des compatriotes !...

Le lendemain, dimanche 7 mars, nous poursuivons notre voyage. La route est sous bois. Il n'y a là rien de bien remarquable, si ce n'est toutefois la présence parmi les autres essences, d'une espèce d'arbre (*strychnée*) ressemblant beaucoup à celui dont les Somalis tirent le produit avec lequel ils empoisonnent leurs flèches, et qu'ils appellent *oubaïo*.

Parfois nous traversons de petits marécages où l'*acacia horrida* pousse seul parmi les herbes brûlées par le soleil.

A deux reprises, nous rencontrons des flaques d'une eau très potable ; le tapis de nénuphars qui orne leur surface indique qu'elles sont dues à des sources qui ne tarissent pas. C'est près de l'une d'elles que se trouve le camp de Mohalé. On donne ce nom à un endroit de la forêt marqué par un baobab énorme qui se détache, solitaire, comme un géant, au centre d'un assez vaste espace recouvert d'arbustes courtauds et rabougris. C'est là que s'arrêtent ordinairement les caravanes, à l'abri de la grande ombre du baobab.

Pendant que nous y installons la nôtre, nous voyons venir vers nous une petite troupe de gens en calotte et chemises blanches, que l'on reconnaît aisément à ce costume pour des Zanzibarites. Ils demandent à parler au chef de l'expédition ; et ils disent à Révoil qu'ils sont aux ordres d'un M'Zongo campé à petite distance de là, et qui est très malade. Leur maître sait depuis longtemps que nous devions arriver d'un jour à l'autre dans le pays et voudrait lui parler.

Aussitôt, Révoil repart pour gagner le camp de ce M'Zongo, qui se trouve au bord d'un petit étang, sous de grands arbres, dans un site abrité du vent, sur la route de Nangoima à Mizanza (pays Ouagogo) qu'il veut atteindre dans le but de gagner M'Pouapoua.

Au bout d'un quart d'heure de marche, Révoil s'entend saluer par des *Yambo!* sonores, et plusieurs Arabes et noirs viennent lui prendre respectueusement les mains.

Le M'Zongo quoique malade sort de sa tente et vient à son avance. C'est presque un vieillard, très grand, et à l'allure distinguée ; il est un peu courbé et marche en s'appuyant sur un bâton. Une grande barbe grise encadre son visage amaigri par la fièvre.

Révoil, dès qu'il l'aperçoit lui adresse un cordial « bonjour Monsieur ! » en français, ignorant encore la langue que parle cet étranger ; tout ce que les Arabes ont pu lui dire chemin faisant, c'est que le M'Zongo est *imam*, et *roum*.

Mais notre chef a le plaisir de s'entendre répondre en excellent français.

— Soyez le bienvenu, Monsieur ! Hier, vous m'eussiez vu moribond ; la Providence vous envoie vers moi, et votre présence me redonne des forces !

Ainsi s'abordèrent Révoil et le Rév. Philip O'Flaherty, missionnaire anglais venant de passer sept années consécutives dans l'Ouganda.

Très surmené par ses nombreux travaux, atteint d'une maladie de foie, vieilli par des soucis sans nombre, il allait à Zanzibar consulter des médecins, leur demander s'il devait revenir en Europe. Il quittait à regret un pays qu'il appelait le paradis terrestre et où il avait créé une mission actuellement florissante.

Au cours des conversations qu'il eut ensuite avec notre chef, il crut pouvoir se montrer plus expansif; et il conta que son voyage avait surtout pour but d'éclairer les autorités britanniques sur les circonstances du meurtre du Right. Hon. Rev. Hammington, le bishop (évêque) exécuté ou assassiné récemment par ordre de Mouanga, roi de l'Ouganda. Ce qu'il ne dit pas, mais ce qu'il est bien permis de supposer, c'est qu'il renseignerait aussi qui de droit sur la situation politique dans l'Ouganda. Il va sans dire que la joie de rencontrer un Européen à Mohalé valait bien de reculer d'un jour notre départ ; puis Révoil tenait à approvisionner le missionnaire, pour le reste de son voyage, de maintes douceurs dont il devait être dépourvu, et qui pouvaient être bien utiles à un malade. Grâce à Dieu, nous qui arrivions de la côte avions de toutes ces menues provisions en abondance, nous avions manqué parfois du nécessaire, mais nous avions tout le superflu désirable.

— Il vous sera bon de changer d'air, docteur, dit Révoil au missionnaire. Prenez mon bras. Venez jusqu'à mon camp, où je vous prie d'accepter à déjeuner. Je n'ai pas de vaisselle plate, pas même d'émaillée ; les Ouagogos m'ont volé ma cantine ; mais j'ai un très bon cuisinier et je vous promets des réconfortants...... à l'européenne.

— J'accepte d'autant plus volontiers, répond le Révérend, que mon cuisinier ne sait pas même faire du thé. Je suis aussi mal servi que possible par tout mon monde, qui est cependant rempli de bonne volonté. Je suis obligé d'aller à âne, ce qui me fatigue beaucoup, quand on pourrait me transporter en hamac...... Mais que faire? Ces braves garçons n'entendent ni à *hue* ni à *dia*, et ils me jetteraient dans quelque ravin !

Entre temps, notre installation s'est achevée ; nos tentes sont dressées à l'ombre du baobab qui étend son ombre sur la moitié du camp ; les hommes vaquent aux soins de leur ménage, notre cuisinier Férousi est à son poste, devant ses feux allumés ; on met le couvert sur un tapis d'herbe, grâce aux nombreuses femmes que nos porteurs traînent avec eux, nous ne manquons pas de blanchisseuses. Notre linge de table est blanc, propre, lissé tant bien que mal ; en un mot fort engageant. Il est seulement effiloqué par places, car nos lavandières ignorent l'usage du battoir, et elles se passent de cet instrument en battant le linge à tour de bras sur une couche de cailloux, ou sur des grosses pierres plates quand il y en a au bord de l'eau.

Bientôt le boy sert cérémonieusement un potage gras au tapioca, puis une tête de veau à la vinaigrette et un pâté en conserve. Deux bouteilles de vieux bordeaux, du miel et du café complètent ce menu. Certes, ce n'est pas là un déjeuner de gastronome : la liste des mets est plutôt succincte ; et elle paraîtrait banale, si nous n'étions dans le pori de la Maganda-M'Kali. Puis, si le Révérend est malade, nous avons, nous, un appétit d'explorateurs.

Le bon vin n'est pas plus commun dans l'Ouganda que dans le pori ; et le Révérend est réduit depuis longtemps à des breuvages indigènes. La généreuse influence du bordeaux, jointe au plaisir

Le camp de Mohalé.

sincèrement éprouvé de le boire en notre compagnie, semble donner à notre hôte de nouvelles forces ; sa sympathie pour nous s'affirme dans sa conversation maintenant plus cordiale, et dans ses remerciments, si chaleureux que nous en sommes confus. Après le déjeuner, Révoil donne l'ordre d'ouvrir certaines caisses, d'où il tire des biscuits anglais, des potages en conserves, du calabre pour préparer une boisson rafraîchissante, de l'élixir de la Grande-Chartreuse, de l'eau de mélisse, en un mot tout ce qui pourra aider le voyageur à supporter les privations inévitables jusqu'à M'Pouapoua.

On joint à cela une provision de café, du sucre et des épices ; un demi-litre d'eau de lubin et un flacon d'eau de cologne, excellents révulsifs contre la fièvre, dont les explorateurs devraient être toujours pourvus.

Ce ravitaillement permettra à notre respectable invité de franchir dans des conditions moins mauvaises les déserts embrasés de l'Ouagogo.

Ensuite Révoil fait appeler le *m'pichi* (cuisinier) du missionnaire, et, comme l'on vient d'abattre un veau, Férousi reçoit l'ordre d'initier son collègue à la préparation des consommés et des gelées de viande que notre Vatel zanzibarite réussit à la perfection.

Assis commodément sur des nattes, nous causons.

Le Révérend a vu du pays ; il a fait la campagne de Crimée dans l'état-major du maréchal Pélissier ; il a été attaché à l'ambassade britannique à Constantinople. Il a vécu en Perse, en Égypte, à Zanzibar. Révoil connaît tous ces pays, où le missionnaire et lui ont des amis communs.

Le récent conflit entre Saïd-Bargasch et l'Allemagne est tout à fait d'actualité, et l'on en parle ensuite ; le Révérend connaît aussi bien que nous-mêmes les détails de cet événement, car Taborah et l'Ouganda sont en relations suivies avec la côte, par les caravanes et les courriers privés.

Mais les choses de l'Ouganda offrent plus d'intérêt à nos yeux que celles de Perse ou de Zanzibar, et Révoil amène la conversation sur ce pays, but inavoué de notre voyage.

— Qu'était M'Tésa? demande-t-il.

— Un gentleman ; peut-être un peu rude, mais courtois et fidèle à sa parole.

— Et son successeur, son fils Mouango ?

— Un homme cupide ; ce que vous appelez, vous autres Français, un scélérat.

— J'ai entendu dire qu'il a l'esprit quelque peu dérangé depuis peu de temps, et que son hostilité de fraîche date, vis-à-vis des Européens, n'aurait pas d'autre cause ; est-ce vrai?

— En effet ; le meurtre du bishop Hammington, commis par son ordre, est dû aux craintes que les événements de Zanzibar et du Soudan ont fait naître dans son esprit.

Dans l'Ouganda — il faut que vous le sachiez — on est informé de tout.

Quand le roi a appris les intrigues des Allemands à Zanzibar et les desseins des Anglais au Soudan ; quand il a vu d'une part le D' Fischer et son expédition s'avancer vers l'Ouganda par le pays des Massaï, et d'autre part Émin-bey (le gouverneur de l'Équatoria) chercher à passer par ses états pour se rendre à Zanzibar avec ses troupes, quand il a vu cela, le roi a perdu la tête. Il s'est figuré que c'étaient là des invasions et qu'on allait lui prendre son royaume. Il a réuni son conseil, et décidé le meurtre de tout Européen que ses apparences ou ses actes rendraient suspect, et interdit l'accès du territoire à toute figure blanche nouvelle.

C'est ainsi qu'Émin-bey n'a pu donner suite à son projet ; que le D' Fischer attend encore, au sud du lac Victoria l'autorisation de pénétrer dans l'Ouganda ; c'est ainsi enfin que le bishop Hammington, ignorant les défenses du roi, et s'avançant par l'est sans l'autorisation de Mouango, a été massacré. Nous mêmes, de vieux résidents, comme les PP. algériens, comme M. Mackay mon collègue, aimés de la population à laquelle nous avons consacré notre vie, avons failli subir le même sort. Nous avons été jusqu'à nous tenir prêts à profiter de la nuit pour fuir.

— Qui vous a retenus ?

— Le Père Lourdet, un missionnaire algérien. Il est en faveur auprès du roi. Il avait connu le complot par un jeune néophyte ; il est allé droit à Mouango et lui a demandé des explications. Mouango est fourbe ; il a répondu évasivement et décliné la responsabilité de ses ordres barbares ; mais moi j'ai la certitude qu'ils émanent de lui. Pour atténuer l'effet produit, il a même donné au P. Lourdet, à Monseigneur Livinhac et à huit Français à leur choix, l'autorisation de se rendre auprès de lui.

Malheureusement, il n'est pas prudent de compter sur la parole de ce prince ; ce n'est pas un galant homme comme feu son père M'Tésa ; ce qu'il accorde aujourd'hui est à la merci du premier caprice venu.

— Combien de temps faut-il pour aller de Taborah dans l'Ouganda !

— Il y a, dit le Révérend, une route qui conduit de Taborah à M'Salala, au sud du lac Nyanza, en six jours pour les courriers ; en douze ou quinze pour les porteurs. De M'Salala, une barque à voiles en traversant le Nyanza met six jours pour gagner la résidence royale. On peut donc se rendre en quinze ou vingt jours de Taborah chez Mouango — s'il vous y autorise.

— Peut-on de là gagner le Nil ?

— Actuellement, non. Le voyage qui d'ailleurs est long, serait particulièrement périlleux à cause des événements qui se déroulent dans le Soudan.

— Peut-on gagner l'Abyssinie ?

— Plutôt..... Les caravanes viennent d'Abyssinie chercher des étoffes et autres produits dans l'Ouganda, presque tous les trois ou quatre mois. Mais de ce côté encore, les Européens courent des dangers en passant chez les Bangaros, qui détestent les hommes de notre couleur. L'Afrique, voyez-vous, et c'est ce à quoi l'on ne prend pas garde en Europe, l'Afrique commence à se sentir menacée par l'invasion blanche ; et elle commence à se défendre contre le flot civilisateur qui la submergera pourtant tôt ou tard.

— Savez-vous où se trouve le Dr Junker ?

— Dans le Lado, près du pays des Niams-Niams. Son frère qui a fait une partie des fonds de la Mission Fischer (soixante-quinze mille marks) m'avait écrit pour me demander si je savais quelques nouvelles de ce voyageur. J'ai envoyé des hommes sûrs aux informations ; c'est par eux que j'ai su la présence du Dr Junker à Lado, district du gouvernement général d'Émin-bey sur le Haut-Nil. Cet Émin-bey, Allemand au service de l'Égypte et qui est paraît-il un homme de grande valeur, m'a été, ainsi que son entreprise, chaudement recommandé par Nubar-Pacha. Malheureusement, je n'ai rien pu faire de sérieux en sa faveur, à cause de l'état d'esprit de Mouango.

— Êtes-vous depuis longtemps sans nouvelles d'Europe ?

— Point. — J'ai reçu plusieurs lettres et les journaux par le dernier courrier, que je trouvai en passant à Oughonbi il y a quinze jours.

— Quelles nouvelles avez-vous de France ?

— M. Jules Grévy a été réélu président de la République ; M. de Freycinet est ministre des Affaires étrangères et président du Conseil ; M. Brisson est ministre de l'Intérieur.

Il faut observer que nous sommes au commencement de mars, et que la réélection de M. Jules Grévy a eu lieu le 28 décembre 1885. On voit avec quelle rapidité se fait dans cette partie de l'Afrique le service admirablement organisé des courriers anglais.

M. O'Flaherty, à son tour, questionne Révoil.

— Et vous, où allez-vous si gaillardement ? Vous avez une caravane superbe, un personnel bien en forme, la tenue de vos hommes est excellente et leur moral doit être parfait.

— Je vais à Taborah, puis au Tanganyka, et de là au Manyèma et au Congo. Peut-être — car vous m'avez induit en tentation — irai-je faire un tour dans votre paradis de l'Ouganda, puisqu'il est si près de Taborah !

— En vérité, oui, c'est un paradis, réplique le Révérend enthousiasmé ; le plus beau pays du monde : trois récoltes par an ; pas de maladies. De plus, un pays d'avenir, quand on s'y rendra par voies ferrées ou navigables, de part et d'autre du continent mystérieux... mystérieux autrefois, car il est aujourd'hui ouvert à tous !

— Vous me décideriez presque à y aller de suite, Révérend, si ce n'étaient les menaces à l'égard des Européens !

— Oh ! vous, Français, vous avez moins à craindre, grâce à Mgr Livinhac qui a fait l'éducation du roi actuel, et qui était le conseiller et le confident de M' Tésa. Mais souvenez-vous que la prudence est mère de la sûreté !

Si rien ne vous presse, si vous n'avez pas d'itinéraire fixe, oui, je vous le conseille : allez dans l'Ouganda ; vous verrez un pays superbe. Les PP. de Taborah vous édifieront là-dessus !

Alors, on parle des projets de construction de voies de grandes communications dans l'Afrique orientale et centrale.

— En Angleterre, affirme le Révérend, les capitalistes sont prêts : je les connais, je suis en relations avec eux.

L'Angleterre n'abandonne pas la partie en Afrique orientale ; les Espagnols, les Portugais, les Italiens, les Allemands ont fait leur part du grand continent, dans lequel l'Angleterre a trop semé pour ne pas récolter à son tour.

A cela nous ne répondons rien, trouvant le patriotisme du Rév. O' Flaherty parfaitement légitime. Mais nous pourrions répliquer que nous ne sommes point inquiets pour l'Angleterre ; on sait bien qu'elle n'est jamais la dernière à récolter ce qu'elle a semé, et même ce qu'elle n'a pas semé.

Cette conversation avec le Rév. est pour nous du plus haut

intérêt et il ne nous en tarde que davantage d'arriver à Taborah pour avoir des Pères blancs de plus amples renseignements sur la situation actuelle de l'Ouganda.

La journée a passé vite. Révoil retient le Révérend à dîner et nous le reconduisons jusqu'à son campement. Sa démarche est plus alerte : il a retrouvé quelques forces et se déclare enchanté d'avoir fait notre rencontre ; nous ne sommes pas moins heureux d'avoir si agréablement employé notre temps.

La nuit est souriante, le ciel étoilé; les mille bruits de la nature montent de la forêt ; de loin en loin on entend les grognements des hyènes ; nous nous en revenons à travers bois, précédés de deux hommes qui portent des torches.

Le lendemain par un vent à décorner les buffles, nous quittons Mohalé pour faire *tirokosa* ou marche forcée et gagner le camp de Poungouze. Révoil laisse prendre les devants à la caravane et se dirige, avec seulement quelques hommes d'escorte, vers le campement de M. O'Flaherty qu'il trouve debout et dispos, après une bonne nuit. Ils déjeûnent ensemble et Révoil après avoir fait ses adieux au Révérend, nous rejoint à un endroit où il était convenu que l'on attendrait son retour et où nous avons fait halte.

Justement vient à passer une petite caravane d'ivoire qui vient de Taborah et qui se rend à la côte par le même chemin que le missionnaire. Son chef promet à Révoil de se joindre à la troupe du M'Zongo, de faire route avec lui et de le faire porter, s'il ne peut continuer son voyage, à dos d'âne.

Bientôt nous sommes entourés de Gombozis, qui sont venus de l'Ounyanyembé au-devant de notre caravane avec des vivres, pour demander à remplacer, moyennant salaire, les hommes fatigués. A deux heures on se remet en route pour marcher jusqu'à six. Le chemin, à travers ces bois superbes, est magnifique ; partout des campements délaissés, dénotant un grand va et vient de caravanes. Partout des arbres ont été entamés par la hache, signe certain que des Ounyamouésis ont passé par là ; en effet, ils se servent de l'écorce souple de quelques sortes d'arbres, pour fabriquer de grandes boîtes légères, dans lesquelles ils renferment leur pacotille, et qu'ils suspendent au bout d'une perche portée sur l'épaule.

Le soir venu, on campe sur un vaste emplacement découvert (*M'Poungouze*), auprès d'un ruisseau dont l'eau est excellente.

Le lendemain nous partons avant que le soleil soit levé. A

Noisetier.

peine avions-nous fait cinq cents mètres, que Révoil voit trottiner à portée de fusil une girafe superbe.

L'ajuster et lui loger une balle en plein cœur, n'est que l'affaire d'un instant. En quelques minutes le bel animal est dépecé et les gombozis sans charge s'en partagent les quartiers, que nous serons heureux de trouver à la halte du soir.

Nous entrons bientôt dans un fourré de noisetiers, dont le feuillage forme au-dessus de nos têtes une voûte de verdure; les branches sont assez hautes, heureusement, pour ne pas gêner le portage et nos hommes cheminent au frais, dans la poussière rougeâtre du sentier. Le sentier est jalonné de termitières ressemblant à des bornes coniques, assez régulières, de près d'un mètre de hauteur. Il y a de ces nids qui atteignent de bien plus grandes proportions ; ils sont quelquefois couverts de végétation, d'herbes, suivant la nature de la terre qui entre dans leur construction ; souvent, les nids de termites, ou du moins la coupole qui les domine atteint une grande dureté. Les galeries souterraines, qui constituent en réalité la fourmilière ou termitière dont ce que l'on voit n'est que le vestibule, s'étendent fort loin, à des profondeurs variables. Les mœurs des termites sont à peu près les mêmes que celles des fourmis : le termite est de la grosseur d'une grosse fourmi. La population d'une termitière se compose d'éléments

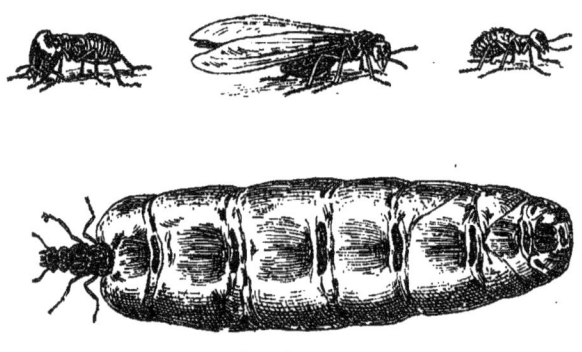

Termites.

parents, mais légèrement différents. C'est comme une famille dont les nombreux enfants seraient ceux-ci très forts, ceux-là très malingres, avec quelques différences de conformation. Les forts vont à la guerre et aux provisions ; les autres sont continuellement occupés à construire et à réparer, à creuser ou à transformer la demeure. Le termite se nourrit de bois mort et de quelques végétaux. Les débris d'arbres abattus par la foudre, ou brisés par le passage des énormes hôtes des bois, sont bientôt rongés par cette gent toujours affamée, mais précieuse, en ce qu'elle hâte ainsi la dispersion de tant de végétaux qui sans elle recouvriraient en peu de temps le sol des forêts tropicales, au point que leur amoncellement ralentirait l'œuvre de la nature et créerait au voyageur des obstacles infranchissables. Dans quelques parties de l'Afrique, les noirs usent de certains procédés pour capturer les termites : ils les font griller et les mangent sans répugnance. Il n'y a pas de raison pour que cela soit mauvais.

Ces bestioles si curieuses à observer et qui construisent de si singulières bornes le long des sentiers, sont une peste quand par malheur, au cours de quelqu'une de leurs migrations, elles s'intro-

Nid de termites.

duisent dans un camp : elles se fourrent partout, rongent le cuir, les cordes, le papier, le bois des malles ou des caisses ; si l'on a par malheur des bouteilles vides que l'on ait négligé de reboucher et au fond desquelles reste quelque humidité, quelque vestige de sirop, elles s'y introduisent, s'y poussent, n'en pouvant plus sortir car elles glissent sur le verre, à ce point que la bouteille en est bientôt pleine comme elle le serait de sable.

Elles vous agacent de toutes les façons, courent sur vous, glissent le long de votre peau, vous chatouillent, vous mordent, etc.; et à un moment donné, l'innombrable bande s'en va comme elle est venue.

Nous marchons d'un bon pas ; le soleil commence à être haut ; le ciel est pur, l'horizon net. Nous arrivons à un endroit appelé Tatouhou, ou Nyangalé, où fut tué il y a quelque temps le fils du chef Ouamba, par les Rouga-Rougas de Mirambo.

On fait halte, et l'on déjeune.

Le soir, le soleil est couché lorsque nous arrivons à M' Boniouni-Vivissanda, endroit remarquable, comme Mohalé, par un baobab géant, se dressant solitaire au centre d'une plaine quasi dénudée. La nuit qu'on passe là est belle, mais fraîche. On a allumé quelques feux autour du camp, qui tiennent les hyènes à distance ; elles se bornent à grogner tout en rôdant. Cependant nos hommes tombaient de fatigue ; ils dorment tous du même sommeil, avec des ronflements si sonores, si élevés, si continus, que les hyènes inquiètes et effrayées, se sauvent dans la brousse. Au moment de partir, à cinq heures de matin, on constate qu'un Oussoukouma a profité de la nuit pour déserter ; il n'a rien emporté : il y en a comme cela, qui désertent sans motif, sans but, pour le plaisir de déserter, par amour de la brousse ; comment empêcher cela ?

Ce que nous voyons le plus, pendant sept heures consécutives de marche, ce sont des acacias, et encore des acacias (*acacia horrida*). Cet affreux végétal, dont les épines rendent la marche si pénible et si dangereuse, couvre des espaces incroyables de terrains marécageux ; il paraît être l'hôte préféré des marécages. Cette longue étape nous a menés à Tchaïa, où nous pensions trouver un étang ; l'étang est toujours là, mais l'eau s'est évaporée : le fond est couvert de hautes herbes desséchées sur pied, sauf en une toute petite place où elle a conservé sa verdeur.

Un vent chaud, lourd, comme épais, nous brûle les yeux, nous dessèche les narines, nous anéantit. Le soleil est de feu, et chauffe le canon et la monture des carabines, au point que l'on se brûle en y touchant. Pour comble de malheur, la caravane est assaillie par des taons qui nous piquent tous jusqu'au sang. D'ordinaire, Révoil précède d'un ou deux milles la colonne ; avec quatre ou cinq bons tireurs, il bat les halliers et les fourrés, en quête de gibier, et il leur arrive assez souvent de rapporter de belles pièces, comme le lecteur a pu le voir çà et là dans ce récit. Mais aujourd'hui, chefs et chasseurs tirent la jambe comme les amis dans le sentier poudreux ; haletants de chaleur, ils verraient une girafe, une gazelle, leur partir sous le nez qu'ils n'auraient pas la force de tirer dessus.

Enfin, à midi, nous sommes au camp. Malgré son grand désir de

Taon.

faire encore une étape dans la journée pour atteindre plus tôt Itoura, ou Toura-Pen, Révoil cède aux supplications des porteurs. Ces malheureux ont marché sans s'arrêter pendant sept heures, avec 80 à 120 livres sur la tête. Ils sont littéralement exténués, épuisés, fourbus ; ils jettent leurs ballots dans l'herbe, et courent au grand étang, dont la surface constellée de plantes aquatiques miroite au soleil — et couchés à plat ventre sur les bords, tout autour, ils boivent avidement, à grandes lampées, presque comme des bêtes.

Leur avidité fait dire à Révoil :

— A la bonne heure au moins, voilà des gaillards qui n'ont pas peur des microbes !

Dans l'après-midi, un orage effroyable s'abat sur la forêt ; le tonnerre gronde, roule, éclate, sans discontinuer pendant deux heures. Puis la pluie se met à tomber ; et c'est alors un ruissellement, une ondée, comme si l'eau était jetée sur la terre à pleins seaux. Le vent fait rage, secoue les arbres, brise les branches. Tout à l'heure, on ne voyait qu'un étang ; quand la pluie cesse, on voit partout d'immenses flaques d'eau, avec des ruisseaux torrentiels courant de l'une à l'autre.

Une odeur de soufre monte de la terre abreuvée, et les masses de feuillage ont pris une teinte plus sombre. Grâce à cette crise salutaire, nous avons passé une nuit excellente et tout notre monde est dispos pour se remettre en route aux premières lueurs du jour.

La contrée que nous traversons est une série de plaines découvertes, où se dressent de grands arbres très espacés, et des roches de granit ; elle ressemble à l'Oussagara.

Auprès d'un étang que côtoie la caravane, Révoil tue deux beaux canards ; il y a là un groupe d'Ounyamouésis qui nous regardent passer, assis sur leurs talons, les bras autour des genoux.

— Que faites-vous là, enfants ?
— Nous séchons la viande !

L'on s'approche ; c'est bien vrai. Ces gaillards font sécher au soleil la viande d'une antilope chevaline qui devait être de belle taille ; ils l'ont découpée comme ils ont pu et ils la sèchent sur des claies, en la retournant de temps à autre.

Comment diable ont-ils pu s'emparer de cet animal ; ils répondent sans forfanterie, comme s'il s'agissait d'une chose toute simple, qu'ils l'ont enlevée la veille au soir aux griffes d'un lion. Comme la caravane a fini de passer, nous les quittons, et ils nous regardent nous en aller comme ils nous ont regardé venir, sans se déranger, tournant à peine la tête. Cet étang porte le nom de Kelangassa. Plus loin, voici encore un étang ; mais l'eau est dissimulée sous les hautes herbes, luxuriantes et grasses. Révoil voudrait y faire halte, mais cette fois, ce sont les noirs qui ne veulent pas s'arrêter ; malgré les heures de marche qu'ils ont dans les jambes, ils arpentent le terrain comme des courriers du sultan. C'est que nous approchons d'Itoura, pays de cultures, pays de ressources, bien habité, et où l'on fera bombance.

Au surplus, les pauvres diables n'auront pas volé une petite noce.

La chaleur est redevenue étouffante ; le ciel se couvre. Ce soir nous aurons encore des ondées ; le thermomètre marque 52°5 au soleil, et cependant nous sommes encore dans la zone des bois.

Encore une demi-heure de marche et nous arriverons au tembé d'Itoura. Ah ! il n'y a pas de traînards aujourd'hui !

La caravane, en une longue file, s'avance précédée de ses tambours et du drapeau français. A la distance convenable, on salue le tembé d'une salve de mousqueterie ; c'est une vaste enceinte, qui doit être fort populeuse, et qu'entourent des champs bien cultivés. Les gens prévenus de notre arrivée par le tapage des tambours et des coups de fusil, sortent du tembé et accourent à notre rencontre ; hommes, femmes et enfants poussent des cris de joie : le tout Itoura souhaite la bienvenue au M'Zongo.

Quant aux Ounyamouésis, l'air natal les grise absolument. Ils hurlent de joie, dansent, tirent des coups de fusil, font semblant de se battre, sautent, battent des mains, rient et pleurent à la fois. Les Itouriens pourraient se demander si nous sommes fous et croire que nous arrivons de Charenton — s'ils connaissaient la réputation de cette célèbre localité.

Cependant, un peu de calme finit par succéder à ce délire ; et sous les yeux des indigènes nous dressons enfin notre camp.

L'on est si fatigué que l'on n'a même pas envie de dîner ; on n'aspire qu'à dormir. A demain, gens d'Itoura et autres lieux.

CHAPITRE IX

Itoura. — Départ difficile. — L'étang de Mavensi. — Mouningua. — Un courrier de M. Harders. — Révoil est de nouveau malade. — Rabouga. — La roche de Loukoua. — Kigoua. — Cyclone. — Nous tuons une girafe. — Ouallah-Moutoui. — Attaqués par les Rouga-Rougas. — Rencontre de nos courriers. — Nous arrivons dans l'Ounyanyembé. — Le tembé de Kasoui. — Arrivée à Taborah.

Prévenus que l'on passerait la journée à Itoura, les Ounyamouésis n'ont pas attendu la diane, ce matin pour se lever ; dès l'aurore, ils courent dans le village pour acheter des vivres qu'ils rapportent au camp, où l'abondance fait régner une douce joie. Ceux de nos hommes qui ne traînent avec eux ni femmes ni enfants, festoient au village même, chez des habitants hospitaliers. Depuis ce matin, tout notre monde mange comme mangent les noirs quand ils ont des victuailles à discrétion. Ils n'ont pas plus de mesure à acheter leurs provisions qu'ils n'en mettent à les engloutir. Un groupe a rapporté du miel en telle quantité — tout ce qu'il y avait dans le village sans doute — qu'un essaim d'abeilles s'abat comme un nuage dans le camp et bourdonne autour des gourmands ; les noirs sont obligés de laisser la place aux abeilles, tant elles sont nombreuses et tenaces.

De toute la journée, on ne fait rien : c'est *campo* complet. Notre camp offre l'aspect d'une foire : les uns, assis en rond par terre, autour de vastes calebasses emplies de mangeailles, se gavent consciencieusement ; d'autres dansent, avec accompagnement de chants, de cris, d'instruments variés ; ailleurs, des conteurs racontent de ces histoires bizarres comme l'on n'en entend qu'en pays nègre ; dans les passages les plus émouvants, l'auditoire manifeste bruyamment ses impressions.

Dans d'autres groupes, on fume le chanvre avec l'accompagnement ordinaire de toux et d'éternuements.

Le vacarme causé par ces réjouissances variées devient bientôt si insupportable qu'il faut faire cesser les danses et remiser les instruments.

Au coucher du soleil, le *nyamparah* et le *Kuongozo* viennent prévenir Révoil que les Ounyamouésis ont l'intention de rester ici demain ; ils ne *demandent pas* à rester : ils disent qu'ils ne partiront pas, tout simplement. En bombance depuis le matin, ils se figurent que cela doit durer éternellement ; et comme on leur a laissé la liberté de se divertir à leur guise, ils pensent sans doute qu'ils n'ont plus à se gêner en rien. Le chef de l'expédition leur fait dire qu'il n'accorde pas un plus long séjour ; qu'ils se sont reposés, ravitaillés, amusés — qu'en conséquence on partira demain, et qu'il les engage à marcher droit, s'ils ne veulent pas avoir affaire à lui. Mais les gaillards ont continué à se gorger de victuailles et de pombé, et à s'intoxiquer avec le chanvre ; il y a des malades partout ; toute la nuit, on entend monter des diverses parties du camp des soupirs d'indigestion. Cependant on sonne la diane au point du jour. Les Ounyamouésis ne bougent pas. Par trois fois la sonnerie se fait entendre, à intervalles suffisants. Vains appels. Nos gens alourdis par la ripaille, engourdis par le sommeil, restent inertes ou font la sourde oreille. On cherche le nyamparah, contremaître des porteurs, qui pourrait essayer de faire lever ses hommes en les secouant un à un ; le nyamparah s'est éclipsé, sous le fallacieux prétexte de courir à la recherche d'un déserteur.

Il paraît du reste que celui-ci n'est pas le seul qui ait levé le pied ; quatre ou cinq Oussoukoumas sont aussi partis à l'anglaise ; leur pays est à deux pas d'Itoura : ils n'auront pu résister au désir de revoir leurs cases.

On a beau crier, jurer, tempêter, distribuer des bourrades, nos bambocheurs continuent à ne pas entendre. Quelques-uns cependant se sont mis sur leur séant, mais leur air avachi ne présage rien de bon pour le service ; ils nous regardent nous agiter et nous démener dans le camp, mais ils restent assis. C'est un complot entr'eux, ils ne veulent pas partir, et ils espèrent qu'ils lasseront la patience du blanc qui de guerre lasse restera une journée de plus ici.

Les petites caravanes doivent être de connivence avec nos porteurs, car de leur côté aussi bien que du nôtre personne ne remue. Révoil impatienté donne l'ordre aux Zanzibarites — Askaris et porteurs — de lever leur camp et de se mettre en route. On laissera là les Ounyamouésis sous la garde et la responsabilité d'Abdallah. C'est une solution à laquelle ils voient toujours avec dépit notre chef recourir. D'abord Abdallah est responsable vis-à-vis de Sewa, lequel est responsable vis-à-vis du chef de l'expédition, du dommage qui peut se produire ; puis les Ounyamouésis, qui ne sont pas des foudres de guerre, tremblent qu'il ne leur arrive quelque chose, dès qu'ils voient s'éloigner le gros de la troupe, et surtout l'escorte.

Sur ces entrefaites, le *nyamparah* revient ; il n'a pas retrouvé son homme — qui était peut-être un fugitif imaginaire — et il se met à plier sa tente. Bien que donné sans enthousiasme, cet exemple entraîne les paresseux, aussi prompts à reprendre le travail qu'à se mettre en grève, les Ounyamouésis abattent leur campement. Bientôt la place est nette ; on est prêt à partir. Mais les ballots des déserteurs oussoukoumas restent à terre faute, de porteurs.

On perd deux heures à chercher des Gombozis pour les remplacer. Pendant ce temps les hommes chargés, encore mal éveillés et les jambes molles se sont mis en marche par groupes, et la caravane s'éloigne en désordre, par tronçons fort espacés. Alors que les Zanzibarites se sont arrêtés à quelques centaines de mètres du camp pour attendre les événements, d'autres sont partis en avant et cheminent sous bois, isolément ou par petits groupes. Un certain nombre sont déjà au tembé de Massagua, tandis qu'une autre fraction est à une heure de marche du tembé de Kamboua, à l'entrée du pori.

Grâce à cette débandade qui rend la surveillance impossible, des gens du pays, voleurs ou oisifs, se sont mêlés aux groupes, distraient les hommes, retardent la marche et enlèvent ce qu'ils peuvent chiper.

Enfin tout le monde finit par se retrouver à l'entrée d'un bois : l'étape est manquée, car on n'a pas fait la moitié du chemin que l'on aurait pu faire, et le soleil déjà très haut empêche de pousser plus loin aujourd'hui. Il faut camper. Demain on mettra les bouchées doubles pour atteindre M'Moutoui, le lit du ravin, d'où l'on ira à Rabouga.

Lorsque le camp est dressé, Révoil réunit les chefs de notre caravane, et commence par les tancer vertement pour la mollesse qu'ils ont montrée le matin.

Après quoi, il les dépêche aux chefs des caravanes parasites, pour les inviter à aller camper à distance et à faire route désormais de leur côté. Ils se sont eux aussi fort mal conduits, en s'associant au complot des Ounyamouésis. Notre chef ne veut plus avoir aucune relation avec eux, ni continuer à leur servir de protecteur ; il fait même abandon à ces importuns de ce qu'ils lui doivent sur les comptes des *ougos*, afin d'être plus tôt débarrassé d'eux.

D'ailleurs, il se déclare bien décidé à profiter de cette leçon ; faire de la philanthropie avec ces gaillards-là, c'est faire ce qu'exprime le proverbe latin où il est question de perles. Ces prétendus malheureux, si vous avez la faiblesse de les accueillir, vous causent tous les ennuis, les embarras, les désagréments imaginables ; ils vous grugent, ils vous volent quand l'occasion s'en présente, en échange de l'appui et de la protection que vous leur donnez en leur permettant de faire caravane avec vous. Il faut se dire qu'ils feraient bien route seuls, par force, s'il n'y avait pas d'expédition plus importante sur leur chemin ; qu'ils se débrouillent donc. Révoil, lui, déclare que jamais plus il ne permettra à aucune caravane étrangère de se joindre à la sienne.

Nos Ounyamouésis n'ont pas autant à manger — et d'ailleurs ils ont mangé pour plusieurs jours; mais ils ont emporté d'Itoura du *bangui* (chanvre) en quantité. Ils passent la nuit à fumer, à tousser, à éternuer. Il y a des hyènes aux environs ; on les entend grogner à la cantonade ; mais ce vacarme, qui nous empêche de dormir, les empêche d'approcher du camp. A quelque chose, malheur est bon.

L'étape du lendemain se fait sous un ciel couvert, mais par des bois magnifiques. Partout des étangs plus ou moins vastes, où s'ébattent des troupes d'oiseaux.

Près de celui de Mavensi, Révoil tue une oie superbe. Chemin faisant, nous croisons une troupe qui va de Taborah à M' Pouapoua, et parmi laquelle se trouve un courrier porteur d'une lettre pour Révoil. On sait à Taborah que nous nous dirigeons vers cette localité, et comme il n'y a qu'une route, on peut dès maintenant correspondre avec nous, car nous ne pouvons pas ne pas rencontrer les gens envoyés à notre avance. La lettre est de M. Harders, négociant établi depuis peu à Taborah, où il fait le commerce de l'ivoire.

Il nous invite fort gracieusement à loger chez lui, pendant notre séjour là-bas.

Les gens de Taborah ayant continué leur chemin, et nous le nôtre, nous arrivons aux environs de Ouallah-Moutoui dans un endroit où un joli site, un bel étang à l'eau fraîche et claire, nous invitent à camper. Il est du reste prudent de ne pas aller plus loin aujourd'hui, à cause du gros orage qui s'amasse autour de nous et qui éclate en effet au coucher du soleil avec une violence peu commune. La température, très élevée durant la journée, baisse brusquement. Voilà Révoil repris de la fièvre et obligé de se coucher.

Les petites caravanes ne nous ont pas suivis, comme les autres jours ; mais afin de rester tout de même sous la protection de la nôtre, tout en ayant l'air de faire bande à part, elles ont cheminé à portée de voix de nous, ce qui n'est déjà pas si bête. A l'étape, elles campent au large, un peu en avant de notre camp, mais pas trop loin, cependant.

Les hyènes, les cris que les hommes de garde poussent pour les effrayer, les éternuements des fumeurs de chanvre, les rafales et les ondées, ont tenu Révoil éveillé toute la nuit ; par surcroît, il souffre de douleurs intestinales provoquées par les changements subits de température. Cependant, il est le premier levé lorsque la diane sonne, et il surveille en personne la mise en route. Afin de ne pas être incommodé par le brouhaha des conversations, il part en avant, prend la tête de la caravane. Deux hommes le précèdent à quelques pas de distance, pour étancher sur son passage l'eau, — pluie ou rosée — dont les grandes herbes sont abondamment humectées.

Lors même qu'il n'a pas plu comme durant la nuit dernière, on trouve la végétation dans ces parages, couverte le matin d'une rosée si abondante que les feuillages versent sur le passant une véritable pluie de gouttelettes. L'on sort quelquefois des hautes herbes, aussi trempé des pieds à la ceinture que si l'on avait marché dans l'eau. C'est pourquoi, quand on le peut, on fait marcher devant soi deux ou trois noirs côte à côte ; leur passage abat les herbes et, en tout cas, les secoue assez pour en faire tomber le plus gros de la rosée qu'elles ont emmagasinée.

La route encore sous bois, traverse des paysages ravissants ; on se croirait dans un immense parc, parcouru par une allée étroite. Parmi les essences si variées qui offrent à nos regards étonnés la splendeur de leurs feuillages, et quelquefois les prodigieuses proportions de leurs troncs séculaires, les baobabs reparaissent, entourés d'herbes arborescentes à tige quadrangulaire.

Halte de deux heures auprès de la source Pamané-Pindi. Pendant ce temps, Révoil écrit à M. Harders une lettre de remerciments qu'il lui fera porter par un courrier, de Rabouga où nous allons.

Ensuite, marche jusqu'à cinq heures sous un soleil de plomb, par un temps lourd, orageux, énervant. Le thermomètre marque 52° 2. Il est temps pour tout le monde d'arriver aux confins de Rabouga, car cette journée a été fort dure. Mais à la vue des tembés échelonnés sur le flanc de riants coteaux, nos Ounyamouésis oublient la fatigue de huit heures de marche. Ils poussent des cris de joie, tirent des coups de feu, font mille extravagances, en grands enfants qu'ils sont.

Ce n'est pas que Rabouga, pourtant, ressemble à un Eldorado ; l'aspect des tembés n'est pas des plus riches ; ceux dans lesquels nous pénétrons sont sales et en désordre. Mais les gens sont affables et leur hospitalité est cordiale.

Le chef est un vieux bonhomme à l'air franc et ouvert ; il nous reçoit de son mieux, et tout d'abord nous demande avec intérêt si les Rouga-Rougas n'ont pas attaqué notre caravane. Il paraît que l'une des caravanes dont nous avons pu nous débarrasser et qui cheminait tout à fait au large et en avant des autres, a été attaquée dans la forêt par les brigands, qui lui ont volé deux charges, l'une de cuivre, l'autre de perles, avant qu'elle ait pu se mettre sur la défensive.

Cette petite aventure apprendra à nos ex-parasites qu'en ce pays, quand on trouve une protection, il faut savoir la garder.

Pour gagner l'endroit choisi pour le campement, à la lisière de la forêt qui recommence là, il nous faut traverser la plaine et passer entre les tembés. Les curieux se pressent sur le passage de la caravane, et nous crient des salutations amicales. Ils nous offrent en cadeau du maïs, des haricots, des patates. Voilà au moins des gens hospitaliers. Jusqu'à présent, dans les villages que nous avons traversés, si les habitants venaient au-devant de nous, c'était pour tâcher de nous soutirer quelque chose et non pour nous combler de cadeaux.

Malgré cet aimable accueil, Révoil est morose et mécontent ; il est encore sous le coup de son récent accès de fièvre et la marche d'aujourd'hui l'a beaucoup fatigué. Et il ne cesse de pester contre les Ounyamouésis qui, pour courir plus vite à l'eau, ont jeté leurs ballots sans plus de façon en travers du sentier. Malgré sa mauvaise humeur bien excusable, il a encore la bonté de pardonner leurs mauvais procédés aux chefs des petites caravanes, qui viennent demander avec force lamentation à faire de nouveau caravane avec nous. La mésaventure arrivée à l'une d'elles leur fait comprendre, une fois de plus, l'avantage d'une bonne protection ; et Révoil finit par céder à leurs bruyantes et tenaces instances. Quant aux Ounyamouésis délinquants, afin qu'ils n'oublient pas les égards qu'un porteur doit à sa charge, ils reçoivent chacun quelques coups de bâton. Il ne faudrait pas croire que nos hommes soient martyrisés ; le bâton, quand on le manie d'une main paternelle, effraie moins le noir qu'une retenue sur sa solde. C'est du reste le seul argument auquel il se rende ; et il faut se dire que si l'on ne se faisait pas craindre quelque peu de son personnel, ce serait le personnel qui taperait sur vous.

A peine notre tente est-elle installée que le vieux chef de Rabouga nous envoie des bananes délicieuses, un bouc, du lait et de la farine. Ce brave homme s'appelle Kifoula ; puisse-t-il régner longtemps, pour le bonheur de ses sujets et des voyageurs ! Pour le remercier de son amabilité, Révoil lui fait porter quelques pièces d'étoffes et divers menus objets.

Le camp s'emplit peu à peu de vendeurs et de flâneurs, qui y circulent jusqu'à une heure avancée de la nuit ; leur présence et peut-être aussi le pombé qu'ils ont apporté en cachette, excitent nos gens, heureux après tout, de se trouver en pays ami et de voir approcher la fin de la campagne. Cependant il faut mettre un terme à leurs divertissements. Quelques-uns d'entre eux ne viennent-ils pas de mettre le feu à leurs paillotes, pour avoir le plaisir de les voir flamber! Que le vent emporte des étincelles ou des flammèches vers la grande tente où sont amoncelés le matériel, les poudres, les munitions, et les gens de Rabouga verront un spectacle qui ne doit pas être commun dans cette contrée : tout le camp et tout le monde écrabouillés dans une formidable explosion. Les paillotes éteintes en toute hâte à force d'eau, on s'occupe d'expulser les visiteurs et de ramener l'ordre dans la troupe. C'est une nuit blanche de plus. Au jour, Révoil expédie son courrier à M. Harders par un homme du village ; et avant de partir il achète deux beaux bœufs, qu'il donnera aux Ounyamouésis en arrivant à Taborah, pour leur festin d'adieux.

Le sentier est encore sous bois, et passe entre d'énormes rochers de granit, dont l'un appelé Loukoua a une histoire : c'est près de lui que mourut Kioungui, un sultan ounyamouési, en se rendant à la côte. C'est tout ce que dit l'histoire ; dans sa concision, elle suffit aux noirs qui ne tiennent pas à en savoir plus long sur cet événement assez remarquable pourtant, puisqu'ils en ont gardé le souvenir. Les souvenirs, en pays noir, ne remontent jamais bien haut, personne ne les conservant par l'écriture, par la raison majeure que l'écriture est inconnue. On peut rétablir sans trop de difficultés l'enchaînement des faits arrivés du temps des grands pères, des arrière-grands-pères même ; voire en certains cas, des trisaïeuls, mais il ne faut pas remonter au delà : alors, c'est la « nuit des temps ».

Quoiqu'il en soit, la tradition attachée à Loukoua n'est pas encore perdue ; et aucune caravane ne passe auprès de ce rocher sans offrir quelques poignées de grains ou de menus objets aux mânes du défunt sultan, soit qu'elle se rende dans l'Ounyamouési, soit qu'elle en vienne.

Nous remarquons également une autre roche, à surfaces à peu près lisses, dans laquelle se voit encore creusée la série de trous pour le jeu du *baou*. Cette trace, qui est visiblement fort ancienne, assigne une origine reculée au jeu si répandu dans l'Afrique orientale.

A midi nous atteignons les champs de Kigoua, où les cultures souffrent beaucoup de la sécheresse.

On a pu remarquer que depuis l'Ouagogo nous cheminions tantôt en forêt, tantôt par les champs cultivés. La région est ainsi, irrégulièrement couverte de forêts, entre lesquelles s'étendent de vastes espaces, soit défrichés, soit naturellement découverts, et propres à la culture. L'on peut aussi admettre que cela ne forme qu'une immense forêt, où existent de grandes et nombreuses clairières.

Nous passons quelques tembés de pauvre apparence pour gagner, après une bonne heure de marche, dans des taillis où paissent de nombreux troupeaux, d'autres champs en culture, d'une étendue assez considérable, et où sont dispersés une douzaine de tembés.

A ce propos, il faut encore observer que nous parlons tantôt de *villages*, tantôt de *tembés* pour désigner certains endroits où nous campons, ou simplement situés sur notre itinéraire. C'est que ces expressions, dans le langage des noirs, ont des acceptions très élastiques : les tembés, du reste, ne sont pas des constructions uniformes. Les uns sont grands, d'autres petits ; ceux-ci entièrement clos, ceux-là défendus seulement sur un ou deux côtés par des palissades. Certains tembés, par la réunion de cases ou de paillotes, et d'individus qu'ils renferment, constituent de véritables villages. D'autrefois on appelle *village* l'ensemble de plusieurs tembés, plus ou moins éloignés pourtant les uns des autres. Pour le noir, toute agglomération d'habitations quelconques est un *village* : Bagamoyo, Zanzibar, Taborah, sont des *villages*; il ne connaît ni Paris, ni Londres, mais il les appellerait des villages ; de grands villages ; il ne se figure pas nos villes autrement que comme des villages plus grands peut-être que le sien. Il est naturellement porté à comparer ce qu'il ne connaît pas à ce qu'il connaît ; il n'a aucune idée des masses d'êtres humains que renferment nos cités ; et une population de quelques milliers d'âmes est pour lui quelque chose de formidable. On sait du reste que sa numération est fort bornée : dans l'Afrique occidentale par exemple, il est difficile d'arriver jusqu'à cent, comme le montre cet exemple ; le yolof compte :

Un, deux, trois, quatre, cinq. A partir de cinq, la difficulté commence ; il faut dire : cinq-un, cinq-deux, etc; et plus loin : dix-un, dix-deux, etc., puis dix-cinq-un, dix-cinq-deux, dix-cinq-trois, etc.

Au-dessus de quelques centaines, c'est l'infini. D'ailleurs on n'a jamais besoin d'atteindre des nombres « où la raison se perd ».

Dans le même ordre d'idées, il se figure que le pays de l'étranger est toujours une île, parce que l'étranger vient par mer dans son coin d'Afrique, et qu'il faut passer la mer pour aller à Zanzibar. Les premiers noirs que l'on emmena sur le Congo, dans un petit steamboat appelaient le chauffeur « le cuisinier » et ils ne voyaient dans la chaudière du bateau qu'une « grande marmite ».

La physionomie du pays, ici, confirme ce que nous disions tout à l'heure. L'horizon est borné au loin, autour de nous, par une ligne noire de forêts, que dominent seulement deux ou trois éminences couvertes aussi d'arbres. L'une est Oughoubi, station anglaise.

A une heure et demie, la chaleur est tellement étouffante qu'il faut s'arrêter ; le thermomètre marque 53°5 et le baromètre 651$^m/^m$5. Un gros orage se prépare. A peine avons-nous fini de dresser nos tentes qu'il éclate ; il débute par une bourrasque épouvantable : un vrai cyclone. Le ciel est d'un noir d'encre, le tonnerre roule sans discontinuer avec un fracas assourdissant ; les éclairs, coup sur coup, nous aveuglent. Une trombe de vent passe, abat nos tentes comme un souffle abattrait une série de châteaux de cartes, et tout à coup, comme au jour du déluge, les cataractes du ciel s'ouvrent. La grande tente qui abritait nos provisions, nos munitions et les charges a été mise en pièces par l'ouragan, le tonnerre fait un bruit comparable à l'explosion de la planète ; nos hommes sans abri tendent le dos à la pluie, tandis que les bœufs meuglent d'épouvante, brisent leurs entraves et s'enfuient éperdus, affolés, à travers champs.

Cela cesse au bout d'une heure seulement. On peut alors rattraper les bœufs, rétablir le camp et faire du feu pour le dîner. Les noirs mettent au sec qui leurs pagnes, qui leurs manteaux ; et en attendant que le soleil ait fait là-dessus son office, ils courent par le camp nus comme des vers. Vers cinq heures, l'orage recommence ; et cette fois, nous avons un avant-goût de cataclysme qui emportera quelque jour notre pauvre humanité, et bouleversera l'astre fragile que nous habitons. Nous comptons jusqu'à trente-sept coups de tonnerre à la minute. Il y a tant d'éclairs que l'on ne distingue pas entr'eux d'intervalles. Survient la pluie ; des masses d'eau tiède qui tombent du ciel, comme si les nuées versaient sur nous la mer des Indes.

Cette fois il n'y a pas de bourrasque ; les tentes sont restées debout ; mais elles sont pour la plupart autour de grands arbres, et nous craignons sérieusement que le feu du ciel ne nous tombe dessus.

Nos angoisses cessent avec la tempête, à trois heures du matin. Les hyènes alors commencent leur concert. Bref personne n'a encore fermé l'œil quand le jour se lève ; mais on se met en route tout de même.

Au bout de quelques heures de marche, nous découvrons un

horizon bien différent de celui d'hier ; vers le N.-O. le pays se présente comme une série de plans, formés par de petites chaînes de collines auxquelles le temps couvert, tamisant les rayons du soleil levant, imprime des teintes violet foncé, noir et presque bleu-clair ; coloris étranges sur lesquels de grosses roches de syénite, plus éclairées, font de grandes taches blanches.

Entrés de nouveau sous bois, nous marchions à un bon pas pour gagner le Ouallah-Moutoui. En route, notre *Kirongozo* tue une girafe énorme.

Contrairement à son habitude, comme Ali ben Abdallah a pris les devants pour faire préparer des logements pour nous à Taborah, Révoil est resté aujourd'hui à la queue de la colonne, avec le chef des Zanzibarites. La caravane, sans ordre, a fait halte ; et, quand il arrive auprès de l'animal mort, il trouve les colis partout épars. Nounghouanas et Ounyamouésis, le couteau à la main, déchiquètent la girafe et se disputent comme des hyènes des lambeaux de chair palpitante : les gombozis accourus aussi à la curée ne se montrent pas les moins avides; l'odeur de la chair fraîche, sans doute, a attiré sur le théâtre de la boucherie des individus aux têtes bizarres, des coureurs des bois, que Révoil, avec raison, aimerait mieux ne pas voir au milieu de nos hommes. Enfin les Zanzibarites arrivent par petites groupes et réclament eux aussi leur part de la girafe, qui est certes un bel animal, mais dont chacun ne pourra avoir un gros morceau si tous veulent en emporter une portion. Et il faut voir avec quelle âpreté ils se disputent : pour un peu plus ils en viendraient aux mains. La scène est hideuse.

Passe pour les Ounyamouésis, les gombozis et les rôdeurs de forêt, qui ne se remplissent pas le ventre tous les jours ; mais les Zanzibarites, qui sont gorgés de viande à toute occasion, et qui ce matin encore sont partis de Kigoua chargés d'un quartier de bœuf! Ces gens-là sont donc insatiables!

Les injonctions restent sans effet, le Nyamparah prend le parti d'arrêter la boucherie à coups de bâton ; c'est à grand peine qu'il fait reprendre à chacun sa charge ; du reste il n'y a plus rien à prendre sur la carcasse de la girafe ; les hyènes ne l'auraient pas mieux nettoyée.

A ce moment, on amène un des meilleurs de nos Ounyamouésis qui a le bras percé d'un coup de lance ; son compagnon, un Oussoukouma, est mort dans un fourré voisin. Ces malheureux ont eu l'imprudence de prendre un sentier détourné pour rattraper la caravane ; ils avaient pris à leur compte des gombozis, qui portaient leurs charges, de sorte qu'eux-mêmes ne portaient rien ; mais leur équipement, fusil et ceinturon de cuivre, a suffi pour tenter la cupidité des pillards. L'Oussoukouma a voulu se défendre ; ils l'ont tué ; l'Ounyamouési, afin de n'avoir pas le même sort, s'est dépouillé de ce qu'il avait sur lui et nous revient vêtu seulement de son langouti... et le bras perforé.

La vue du blessé produit sur nos hommes une salutaire impression ; l'intrépidité comme on a pu en juger, n'est pas leur qualité dominante ; ils s'empressent à leur poste de marche et partent rangs serrés ; on peut être sûr qu'il n'y aura pas de traînards aujourd'hui. Ils iront d'un bon pas jusqu'au campement de Ouallah-Moutoui. En arrivant là, nous apprenons que ce matin un autre Oussoukouma de notre caravane est tombé victime des Rouga-Rougas dans les mêmes circonstances. Ce malheureux ayant lui aussi confié sa charge à un Gombozi a voulu couper au plus court par la brousse et est tombé dans une embuscade de ces pillards.

Le Nyamparah lui-même a été victime de ces scélérats ; il vient tout déconfit nous annoncer que l'homme qui portait sa tente, son fusil et un ballot de perles, a disparu. Le pauvre diable pleure comme un enfant sur la perte de son équipement et de sa petite fortune, car il espérait trafiquer de ses perles à Taborah pour rapporter à la côte une petite pacotille.

Sur ces entrefaites, arrive une troupe de gombozis étrangers, chargés de manioc qu'ils viennent sans doute vendre ici ; nos Ounyamouésis, en vertu de la loi du talion étendue à toute la race des malfaiteurs, se jettent sur ces pauvres gens et les dépouillent non seulement de leurs denrées, de leurs provisions mais encore de la mauvaise peau de chèvre qui leur sert de vêtements et de leurs armes indigènes. Ils se laissent tout enlever et errent tout nus parmi les groupes. Mais Révoil n'entend pas que les innocents paient pour les coupables et il finit par leur faire rendre au moins leurs peaux de chèvres.

Tous ces incidents nous ont fait perdre du temps ; il est important, pourtant, de repartir le plus tôt possible. Quelques marmites sont encore sur le feu lorsque Révoil donne le signal du départ ; tant pis pour les retardataires.

La colonne s'ébranle rapidement ; l'étape à faire est longue ; il faut aller d'ici ce soir aussi près que possible de Taborah. L'on est toujours sous bois, mais le couvert est moins dense que dans la région que nous venons de traverser. Çà et là, nous admirons au passage des sites ravissants, et nous remarquons de gros blocs granitiques couverts de végétation.

Chemin faisant dans ces belles forêts élaguées par la hache de leurs anciens habitants, nous rencontrons l'homme envoyé d'Itoura à Taborah par Révoil. Assuré de nous retrouver en route, il rapporte deux lettres à notre chef. L'une de M. Harders, l'autre du P. Hautecœur, supérieur de la mission française de Taborah ; ces aimables missives sont des offres d'hospitalité et de bons offices. Mais les PP. sont établis à deux heures de Taborah, à Kipalapala, trop loin par conséquent de la ville pour que nous puissions descendre chez eux.

Quant à M. Harders, son insistance est si gracieuse, et elle a été si spontanée, que nous aurions mauvaise grâce à décliner ses offres. C'est donc vers chez lui que demain en arrivant, nous nous dirigerons avec nos hommes et notre matériel, comme il en exprime le désir ; et nous resterons dans sa demeure jusqu'à ce que nous ayions trouvé un logement qui nous convienne.

Bientôt apparaissent les collines de l'Ounyanyembé ; les arbres sur notre chemin se font de plus en plus rares ; nous sommes à la lisière de la forêt ; et sur le flanc des premiers coteaux que nous commençons à gravir s'étendent des champs bien cultivés.

Ici, nous changeons de région ; le tambour bat, les coups de feu éclatent, les cris joyeux retentissent : nous entrons dans l'Ounyanyembé.

Les premiers tembés que nous apercevons sont disséminés dans la campagne ; mais aux rayons du soleil couchant, dorant le ciel déjà noir derrière nous, et où de fréquents éclairs annoncent la formation d'un orage, on voit à l'horizon s'élever de nombreuses colonnes de fumées ; elles indiquent la présence d'autant d'habitations. Il y a certainement là-bas un grand centre ; c'est Taborah.

Révoil donne l'ordre de hâter le pas, et lui-même part en avant avec dix hommes, afin de s'assurer l'accès du grand tembé de Kasouï, où la caravane arrive à la nuit. On pouvait craindre que nos gombozis ne missent à profit la demi-obscurité pour déserter avec quelques ballots. Mais une rapide vérification permet de s'assurer que les charges sont au complet. Hommes et matériel trouvent asile dans le tembé ; dans la grande cour centrale, les ballots et les munitions sont entassés et recouverts d'une tente ; nous et nos gens campons dans une autre cour. On dîne de bon appétit ; et chacun, sans se soucier de l'orage, s'endort avec bonheur ; ici, pas de feux à entretenir, pas d'hyènes à effrayer, pas de Rouga-Rougas à redouter. Si le ciel se montre clément, nous ferons demain notre entrée solennelle à Taborah !

. . . .

(Jeudi 18 mars). Le grand jour est arrivé.

Dès l'aurore, bien avant que le tambour n'ait fait entendre ses roulements et que les trompes n'aient sonné le réveil, tout le

Village de l'Ounyanyembé.

monde est sur pied. Une animation extraordinaire règne dans le tembé.

En un tour de main, les tentes sont ramassées, les charges enlevées. On ne part pas assez vite au gré de nos hommes : ils ne tiennent pas en place, et s'entretiennent avec des faces épanouies.

Les Zanzibarites ont revêtu leur uniforme de parade : turban rouge, chemise blanche, portant sur le cœur une cocarde aux couleurs françaises, pantalon bleu.

Les Ounyamouésis arborent leur grand manteau rouge, orné aussi de la cocarde tricolore.

Ceux qui n'ont ni manteau, ni costume ont mis un pagne neuf, soit tout blanc, soit bordé de couleurs voyantes ; les femmes des porteurs ont revêtu leurs plus beaux atours, et il n'est pas jusqu'aux enfants, que l'on n'ait aussi parés pour la circonstance.

Révoil distribue le cortège dans l'ordre suivant : le Kirongozo, ou chef des Zanzibarites, portant le guidon, prend la tête de la colonne ; puis viennent :

Treize Zanzibarites en uniforme ;

Cinquante Ounyamouésis en manteaux rouges ;

Dix Zanzibarites ;

Le drapeau français porté par le chef de la caravane, Ali-ben-Abdallah, flanqué de quatre Askaris l'arme au bras, la baïonnette au canon ;

Dix Zanzibarites ;

Cinquante Ounyamouésis en manteau rouge ;

Les deux bœufs destinés au festin d'arrivée et que les gombozis mènent à l'aide d'une longe : on les a enguirlandés de fleurs et ils portent chacun un énorme bouquet entre les cornes ;

Les porteurs trop mal vêtus pour figurer dans le cortège, et ceux qui portent les charges volumineuses, objets de campement, etc ; des gombozis pour la plupart.

Enfin, les femmes, les cuisiniers ;
Dix Zanzibarites ferment la marche ;

Les caravanes parasites sont invitées à suivre en bon ordre et à adopter une formation convenable.

Tout Taborah sera là pour nous voir passer ; il faut que notre arrivée fasse sensation.

Notre monde marche fièrement et Zanzibarites et Ounyamouésis se rengorgent dans leurs beaux costumes.

Du tembé de Kasouï à Taborah, nous mettons plus de trois heures, car on marche en ordre et lentement, afin de ne pas déranger la belle harmonie de la caravane.

D'ailleurs, nous avons beau avancer, nous ne voyons toujours pas de Taborah ; le sentier, ici large et bien battu, va en montant sur le versant des collines ; nous atteignons enfin la ligne de faîte ; et, tout-à-coup, Taborah nous apparaît, entouré de jardins et de cultures, au centre d'un immense cirque de plusieurs kilomètres de diamètre.

Ce que nous avons dit des villages peut s'appliquer à cette ville : il y a bien une agglomération assez dense de cases et de maisons ; mais elle consiste surtout en un grand nombre de tembés éparpillés autour de ce noyau central, et qui entourés de haies vives épaisses, font du haut des collines le plus pittoresque effet. Ces haies sont formées d'une plante laiteuse arborescente.

De l'endroit où Taborah nous est apparu, le sentier continue, tout droit vers la ville, qu'il traverse dans toute sa largeur et dont il forme la rue principale. Au moment où nous entrons dans ce qu'on pourrait appeler le faubourg, Révoil ordonne une décharge générale de mousqueterie. On répond à cette salve des tembés voisins, et notre caravane pénètre en ville dans un ordre très parfait. Des curieux en grand nombre se pressent pour nous voir ; on peut imaginer sans peine que Taborah est quelque chose comme chez nous, un gros bourg de province.

Notre arrivée est un événement, car ce que l'on voit le plus souvent ici, ce sont des caravanes marchandes, qui vont et viennent sans chercher comme nous à éblouir la population par leur faste et leur bonne allure.

Nous traversons un bazar qui rappelle en petit le *Nambo* de Zanzibar, le souk arabe. Du reste tout, ici, population, cultures, jardins, maisons, rappelle Bagamoyo ou Zanzibar.

A mesure que nous avançons dans Taborah, nous avons conscience de nous trouver dans une ville commerçante prospère, suffisamment policée. Les tembés sont vastes et propres, avec des vérandas spacieuses, des jardins agréables ; et de l'extérieur, ce que l'on voit par les portes ouvertes, témoigne qu'il y règne un certain confort. Au bazar, l'abondance de patates, de manioc, d'oignons, de melons, de citrons, de mangues, de bananes, de goyaves, de légumes divers, le tout de belle venue, réjouit nos yeux et nous fait fait oublier les misères du pori. L'on pourrait ici, se croire transporté sur le littoral souhaéli de Zanzibar. Entre quelques tembés, la place inoccupée a été consacrée à des cultures, et l'on voit là de beaux champs de blé, des palmiers, des cannes à sucre.

Le tembé de notre hôte se trouve à l'extrémité du village. M. Harders et ses gens viennent au-devant de nous, et de loin sa troupe et la nôtre échangent des salves de bienvenue ; bientôt nous nous abordons comme on peut se figurer que s'abordent des Européens en un pareil pays, à mille lieues et plus des centres de leur civilisation.

Hâtons-nous de dire cependant que la population de Taborah, formée en grande partie d'Arabes établis depuis longtemps dans le pays, où d'indigènes éduqués par ces Arabes, est loin d'être barbare et qu'elle est en général accueillante et hospitalière.

Mais qu'elle n'est pas notre surprise quand, après avoir franchi le *boma* ou enceinte extérieure de l'habitation Harders, nous pénétrons dans le tembé ! Nous trouvons là une vaste et confortable demeure, aérée, exhaussée, construite à vrai dire en terre, mais avec des murs bien crépis, de belles solives cannelées, de grandes fenêtres, etc, etc ; en résumé, une maison de campagne fort agréable, et telle qu'on pourrait en souhaiter une, à Zanzibar et même ailleurs.

Aussitôt arrivés, on procède au rangement des charges sous de vastes hangars, et l'on reconnaît avec satisfaction qu'il n'en manque aucune ; de même, tout notre monde est là. Pendant ce temps M. Harders a fait abattre les bœufs que l'on partage entre les chefs de groupes, afin qu'eux-mêmes repartissent ces parts entre leurs hommes ; ailleurs, les Zanzibarites rendent à leur Kirongozo leur armement et leur uniforme ; l'immense cour présente en ce moment un aspect vivant et pittoresque ; mais ces opérations se font avec un ordre parfait. Lorsqu'elles sont terminées, on congédie Askaris et porteurs, Zanzibarites et Ounyamouésis. Les uns sont libres dores et déjà, de par leur contrat avec Sewa, contrat aux termes duquel ils ne devaient pas aller plus loin que Taborah. Ceux-ci chercheront à s'engager dans quelque caravane indigène pour s'en retourner à la côte. Les autres ont été engagés par Révoil ; ils viendront avec nous dans l'Ouganda. Mais à partir d'aujourd'hui ils sont en congé jusqu'à ce que l'explorateur les rallie pour le départ.

Après de bruyants remercîments et mille souhaits aux blancs, ces braves gens s'en vont, emmenant femmes et enfants, chercher des gîtes par la ville, et se livrer au plaisir de manger et de ne rien faire durant de longs jours. Quelques Askaris seulement resteront au tembé à la disposition de Révoil, avec le cuisinier et les domestiques.

Quant aux caravanes indigènes, elles se sont séparées de la nôtre dès l'entrée en ville, après avoir fait adresser par leurs chefs à Révoil des adieux et des remerciements qui furent en hâte formulés, de peur que de trop longues politesses ne laissent le temps de parler des comptes des *ougos*.

— Enfin seuls! s'écrie joyeusement M. Harders en voyant le dernier groupe d'Ounyamouésis franchir le boma. Mettons-nous vite à table!

Et nous prenons place avec lui devant une table bien garnie.

La conversation pendant le déjeuner roule naturellement sur les misères inséparables de tout long voyage dans cette partie de l'Afrique, misères que notre hôte connaît aussi bien que nous. Puis on passe aux nouvelles d'Europe, que donne M. Harders. Mais nous sommes fort contrariés de n'avoir trouvé ici aucun message, aucune lettre pour nous.

— Comment cela peut-il se faire? demanda Révoil. Il y a pourtant quatre-vingt-six jours que je suis parti de la Chamba-Gonéra, et Sewa a reçu cinquante piastres pour me faire parvenir mon courrier ici. Quatre-vingt-six jours! Un courrier expédié de là-bas bien après mon départ aurait eu deux fois le temps de me parvenir.

— Rassurez-vous, dit M. Harders : s'il y a eu un courrier expédié de Zanzibar à votre adresse, il ne tardera pas à vous parvenir ici. Je comprends votre désappointement; mais vous oubliez que vous êtes venu très vite.

— Comment très vite? Je trouve au contraire que j'aurais dû arriver beaucoup plus tôt. Pensez donc, je suis parti de Zanzibar le 11 décembre!

— Eh bien, je maintiens que vous êtes venu très vite. Il ne faut pas compter le temps écoulé entre le départ de Zanzibar et celui de la Chamba-Gonera. C'est de ce dernier endroit qu'a réellement lieu le départ des caravanes. Or, pour monter de la Chamba-Gonera à Taborah, vous n'avez mis dites-vous que quatre-vingt-six jours et encore là-dessus vous en avez bien perdu vingt à vingt-cinq en séjours forcés : n'est-ce pas exact?

— Parfaitement exact : nous avons perdu juste vingt-cinq jours.

— Quand je vous le disais! Eh bien vos quatre-vingt-six jours de route méritent toutes les félicitations des voyageurs compétents. Demandez plutôt aux Pères algériens! Pour venir de la Chamba-Gonera, il leur a fallu quatre-vingt-dix-huit jours! Quant à moi — il est vrai que je traînais à ma suite une armée de porteurs, à cause de toutes les marchandises que j'apportais, — je n'ai pas mis moins de cent deux jours. Que dites-vous de cela, monsieur Révoil?

— Vous m'étonnez! Je ne croyais pas avoir fait un tour de force.

— Tour de force est le mot, cependant. Et il y a encore quelque chose que j'admire beaucoup, dans votre expédition.

— Quoi donc? Savez-vous que vos éloges me rendent confus.

— Il n'y a pas à en avoir de confusion, car ils sont mérités. Je vous disais donc que nous avons vu ici, arriver votre caravane avec admiration ; elle était dans un ordre parfait ; vos hommes avaient l'air bien portants, gais, nullement exténués par les misères de la route. De plus, ils avaient une tenue superbe et une allure décidée qui faisaient plaisir à voir. Enfin, pendant que l'on rangeait les charges, vous m'avez dit que vous n'aviez perdu durant tout le voyage qu'un seul ballot. Savez-vous que c'est très beau, cela? Votre effectif était-il au complet?

— Au complet, non ; puisque j'ai dû renvoyer un certain nombre d'hommes avec M. Angelvy. De plus, j'ai laissé des malades et des morts en route.

— Bon! cela diminue évidemment l'effectif : mais ce n'est pas de ces absents que je parle, puisque vous savez où ils sont. Je veux parler de déserteurs.

— De déserteurs? Je n'en ai qu'un seul à signaler, un Zanzibarite.

— Eh bien permettez-moi de vous le dire, c'est magnifique. Et par-dessus le marché, vous arrivez ici avec vos charges en bon état, et vous paraissez être encore à la tête de ressources considédérables pour achever votre voyage. Je vous répète que c'est très beau. Les Pères et moi-même, sommes arrivés ici, après mille tribulations que vous connaissez aussi du reste pour les avoir subies, avec un effectif déplorablement réduit par les désertions, avec des charges en moins, des ballots tout défaits grâce à l'incurie des porteurs; et enfin notre personnel exténué, malade, commençait à ne plus être gouvernable.

Vous le voyez, mon cher monsieur, vous n'avez pas à vous plaindre. Et si vous voulez savoir l'avis des Arabes, plus compétents que nous en matière de longs voyages, sachez qu'ils pensent comme moi, et qu'ils louent beaucoup le tact, l'intelligence et la fermeté qu'il vous a fallu déployer pour arriver ici en si peu de temps, et dans d'aussi bonnes conditions!

Malgré sa contrariété de n'avoir point trouvé ici de nouvelles des siens, Révoil est heureux de ces éloges, que, dans sa modestie, il juge trop flatteurs. Dieu sait pourtant s'il les mérite! Ne lui a-t-il pas fallu une énergie indomptable pour conduire sa caravane jusqu'ici, dans d'aussi bonnes conditions, comme le dit M. Harders! Pas un seul jour il n'a failli devant la tâche, malgré la fièvre qui lui brûlait le sang, malgré la fatigue, malgré les privations. Alors que tant de caravanes se révoltent contre les chefs, comme on le sait par les trop fréquents récits d'incidents dramatiques et sanglants, il n'y a jamais eu dans la nôtre que des mutineries passagères, vite apaisées, et qui ressemblaient plutôt à des caprices de gens trop paternellement traités. Tous ces gens de races, d'origine et d'intérêts différents ont fait le voyage côte à côte sans que la cordialité ait cessé de régner entre eux, si l'on veut bien remarquer que les petites disputes causées par des partages de viande, ou autres circonstances aussi peu graves, n'ont duré que quelques instants. Enfin, bien que faisant pour la première fois ce trajet, Révoil a su contenter les chefs de villages, acquitter les taxes, faire des cadeaux, tout en ménageant ses marchandises : il a obtenu le maximum de résultats pour le minimum de sacrifices. Et nous pouvons être tranquilles ; partout où nous avons passé, nous sommes sûrs que des voyageurs français, voire tous les blancs recevront désormais, s'ils imitent la réserve et le tact de notre chef, un accueil bienveillant; les voies sont ouvertes.

Cependant, on se lève de table, et tout en se rendant sous la vérahda, Révoil dit à son hôte :

— Autant la rencontre de M. O' Flaherty dans la Maganda M' Kali m'a regaillardi, autant, ici, le voisinage de compatriotes, d'Européens et même d'Arabes, éloigne de moi le spleen et l'hypocondrie, ces deux terribles et puissants complices des fièvres d'Afrique!

Confortablement installés dans le *bazza*, tout en fumant de délicieux cigares, nous recevons la visite des notables de Taborah : la véranda ne désemplit pas de visiteurs. L'après-midi se passe ainsi, à causer et à se reposer. Puis vient le moment de se retirer, longtemps après le dîner. Et cette nuit-là, le sommeil pesant sur nos paupières laissa les plus doux rêves nous transporter loin, bien loin de l'Ounyanyembé!

CHAPITRE X

Séjour à Taborah. — Chez M. Harders. — Visite aux Pères de la mission Saint-Joseph, à Kipalapala. — Le favori Foundi-Sougoro. — Kouikourou. — Entrevue avec le sultan des Ounyamouésis. — Révoil devient « frère de sang » de Siké. — Set bin-Juma. — Au tembé de Kouira. — Le vomito-negro. — Mort de M. Harders et du P. Solasol.

Tout en prenant le café sous la véranda, dans la fraîcheur du matin, Révoil s'entretient avec M. Harders.

Notre hôte est le seul Européen qui réside à Taborah, les missionnaires ayant, comme nous l'avons dit, leur résidence à quelques kilomètres d'ici. M. Harders est d'origine autrichienne. Il est venu à Taborah, il y a quelques mois, pour faire le commerce des ivoires, comme agent de la maison Mayer et Cie de Hambourg. Jeune, entreprenant, énergique, il espérait bien en venant en ce pays y faire fortune. Mais il commence à perdre de ses illusions ; non que le trafic auquel il se livre ne soit très lucratif, mais parce que sa situation et par suite son commerce sont rendus difficiles par l'hostilité sourde des négociants indigènes et du sultan Siké, chef de l'Ounyamouési qui est comme partout en pays noir le premier trafiquant de son royaume. Avant M. Harders un de nos compatriotes, M. Sergères avait éprouvé les déboires cruels qui attendent ici les gens de notre couleur, s'ils s'occupent de commerce.

Il faut le dire tout net : ni le roi, ni ses sujets n'admettent la concurrence européenne. L'agent de MM. Mayer et Cie est depuis son arrivée, quotidiennement en butte à des vexations.

Il n'a, naturellement aucunes « relations » dans le pays : il ne peut pas fréquenter trop assidûment chez les Pères, parce que cela finirait par les compromettre. Puis ils demeurent loin, et c'est presque un voyage que d'aller à la mission. Quant aux Arabes notables, ils ne peuvent séparer la personne de M. Harders de celle du concurrent qui les menace dans leurs intérêts, et leurs rapports avec le blanc sont plutôt tendus ; d'ailleurs ce n'est pas auprès d'eux qu'un jeune homme bien élevé, assez lettré, à l'esprit ouvert, peut trouver une société suffisante. Aussi le pauvre agent s'ennuie ferme à Taborah. L'annonce de notre arrivée lui a fait pousser un soupir de soulagement ; il allait enfin avoir, au moins pour quelques jours — à qui parler ! Autant dans le désir de nous obliger que pour s'assurer notre société, il a offert comme on l'a vu l'hospitalité à Révoil ; et il faut reconnaître que cette hospitalité si cordialement offerte est donnée avec une bonne grâce, une amabilité parfaites. M. Harders avoue en riant qu'il fera n'importe quoi pour nous rendre agréable le séjour de sa demeure, tant il a peur de nous perdre.

Révoil le remercie chaleureusement ; mais s'il a été heureux de voir s'ouvrir devant nous une maison amie, il ne veut pas pour cela abuser de la gracieuseté de notre hôte. Nous encombrons ses hangars de nos colis, ses communs de nos serviteurs, et nous finissons par être une charge pour lui. Aussi notre chef se met-il en quête d'un logis qui nous puisse convenir pendant le temps indéterminé que nous passerons à Taborah, où nous aurons à reconstituer une caravane, à remanier toutes les charges et à compléter notre matériel. Il ne faut pas songer à demander l'hospitalité à la Mission : c'est trop loin du « centre des affaires » ; et d'ailleurs nous serions tout aussi encombrants pour les Pères que pour M. Harders. En attendant que l'on trouve un local, nous allons faire visite aux Pères.

Comme il faut passer pour se rendre chez eux, auprès de Ki-

Vue de Taborah.

nikourou, résidence du sultan Siké, sur l'esprit duquel il est politique de faire bonne impression, Révoil emmène vingt Askaris en grande tenue et en armes ; l'un deux marche en tête, avec un guidon tricolore au bout du canon de son fusil.

On emporte les cadeaux destinés à ce monarque, et en arrivant auprès de son tembé on s'arrête et l'on salue la résidence royale d'une salve de vingt coups de feu, à laquelle, prévenu de notre approche, Siké fait répondre coup pour coup. Ces saluts échangés, Révoil détache quatre Askaris qui escortent jusqu'au tembé Ali ben Abdallah conduisant les hommes porteurs du cadeau. Ali est chargé de prévenir officiellement le roi de notre arrivée, de remettre ces présents, qui doivent selon l'étiquette toujours précéder la visite du donateur, et enfin d'annoncer cette visite pour un jour très prochain.

Puis nous nous remettons en marche pour la Mission Saint-Joseph. Nous avons su plus tard par les Pères, que Siké avait été enchanté des cadeaux, les plus beaux et les mieux choisis qu'il ait jamais reçus d'Européens de passage.

Cinq pères habitent Saint-Joseph. La Mission consiste en un vaste tembé, bien aménagé, où les missionnaires ont déjà recueilli quatre-vingts enfants, des garçons seulement. Le supérieur R. P. Hautecœur, résidait autrefois avec tantôt un, tantôt deux assistants, à M'Dabourah, aux confins de l'Ouagogo, près de chez Mounié-Moutouana. Mais le pays est insalubre. La rareté des vivres, les difficultés de l'installation, le manque d'eau, et surtout le mauvais esprit des habitants avaient décidé les Pères à venir se fixer à Taborah. Grâce aux efforts des missionnaires, maintenant plus nombreux, leur établissement est prospère ; il rend bien plus de services ici qu'il n'en pouvait rendre à M'Dabourah. La Mission est le centre d'expédition des courriers et des caravanes de ravitaillement pour les autres stations, de Karéma sur le Tanganyka, de l'Oussoukouma et de l'Ouganda.

Nous sommes reçus par les Pères à bras ouverts; et avec eux nous visitons les missions et les plantations qui l'entourent.

Ils nous racontent leurs tribulations. Siké les pressure à tout propos. Tout dernièrement encore, il a conçu des inquiétudes, ou feint d'en concevoir, au sujet du tembé des Pères: il est construit en briques cuites au soleil, avec des murs en redans et des ouvertures aux quatre coins. Ses conseillers lui avaient démontré que c'était là une forteresse, et qu'elle était bâtie en pierres. Finalement le sultan a exigé une « indemnité » de la valeur d'environ 1500 francs, sous peine de faire raser les constructions. Enfin ils ont tous les ennuis. Ils ne se font pas d'illusions sur l'instabilité de leur établissement, étant donné l'esprit capricieux et méfiant du chef de l'Ounyamouési, dont le cerveau troublé par l'abus de l'alcool se laisse trop facilement influencer par un entourage malveillant à l'égard de tous les Européens.

Encore eux, ne s'occupant point de commerce, ne sont pas exposés à l'hostilité systématique des négociants arabes auxquels ils ne font pas concurrence et qui, pour cette raison les voient sans inquiétude vaquer à leurs affaires et à leur apostolat. C'est toujours quelque inimitié de moins en travers de leur vie. Mais M. Sergères, et plus tard M. Harders, ont appris à leurs dépens quels tracas peuvent résulter pour les trafiquants européens d'une coalition entre les Arabes et Siké. On alla avec Sergères jusqu'aux menaces de mort, et nul doute que si notre compatriote n'eût pris la fuite, il eût péri assassiné.

Malgré le prestige incontestable qui s'attache ici au nom de Saïd-Bargasch, sultan de Zanzibar, les Arabes jouissent de la plus large indépendance. Le souverain zanzibarite est censé exercer une sorte de protectorat sur l'Ounyanyembé, où une sorte de gouverneur, Set bin Jumal, est censé le représenter. En réalité, les négociants arabes sont les seuls maîtres du pays et ils font la pluie et le beau temps, grâce à leurs manigances avec Siké, qu'ils renverseraient si cela leur plaisait ; mais ils s'en gardent bien, l'état politique présent étant ce qu'ils peuvent souhaiter de mieux. D'ailleurs on le voit par l'exemple des Pères, ils se conduisaient plutôt bien envers les étrangers qui ne s'occupent pas de commerce. Mais, quand il s'agit d'expulser un concurrent européen, tout en gardant des dehors urbains et mielleux pour sauver les apparences, ils font agir contre lui auprès de Siké et de l'entourage de ce vieil ivrogne cupide, de façon à créer telle ou telle intrigue dont l'Européen devient bientôt victime, et qui le force à quitter la place.

Après sa conversation avec le Rév. O' Flaherty dans la Maganda M' Kali, Révoil avait hâte de s'entretenir de sa mission avec le P. Hautecœur, de savoir ce que le supérieur pense de ses projets, et quelles nouvelles on a reçues à Taborah de Mgr Livinhac. Le P. Hautecœur connaissait, par la Procure de Zanzibar, le but de l'expédition : il peut donc parler à cœur ouvert.

Avec la meilleure grâce du monde, il confirme les détails donnés par le Rév. O' Flaherty sur les événements de l'Ouganda ; Mgr Livinhac, aux dernières nouvelles, était encore à Oukoumbi, dans l'Oussoukouma, sur les bords du Nyanza, attendant un avis du P. Lourdet pour se rendre auprès du roi (de l'Ouganda). Toutefois ce dernier, informé de l'approche de la caravane de l'évêque de Pacando (Mgr Livinhac) son ancien précepteur, a envoyé les barques royales à sa rencontre. Mais Mgr Livinhac a jugé prudent d'attendre les événements avant de traverser le lac.

— Malgré les bonnes dispositions que Mouango semble montrer pour les Français, continue le P. Hautecœur, il n'y a pas à se fier à lui. Comme vous l'a très bien dit le Rév. O' Flaherty, il est loin de ressembler à M' Tésa, son glorieux père, aux idées duquel il n'a jamais paru se rallier complètement. Il est du reste dominé par sa mère, une exaltée, une fumeuse de *bangui* (chanvre) et par son *katckico* (premier ministre).

Informé des convoitises allemandes, il se méfie de tous les

blancs, qu'il appelle des « mangeurs de pays. » Cependant il redoute moins les Français que les Allemands et les Anglais, et il affecte à l'égard de nos compatriotes plus de condescendance, parce que son envoyé kiakoguéra a été bien reçu à Zanzibar par le Consul de France.

— D'après cela, croyez-vous au succès de ma mission auprès de Mouango?

— Mouango vous recevra certainement avec honneur; vous pourrez à n'en pas douter circuler sans difficultés dans l'Ouganda, où vous recevrez chez nos missionnaires une cordiale hospitalité. Voilà ce que je puis vous affirmer. Quant au reste, je ne sais que vous dire.

Cependant, je crois que si vous allez chez Mouango avec l'arrière-pensée d'obtenir de lui l'autorisation de fonder dans l'Ouganda quelque établissement d'où vous vous proposez de faire rayonner dans le pays l'influence française ; si vous méditez en un mot de prendre pied d'une manière durable dans le pays, vous en serez pour vos frais...

Vos projets, probablement, reposent sur ce que l'on savait en France de l'état d'esprit qui régnait dans l'Ouganda du temps de M' Tésa. Mais ce temps est passé ; il règne là-bas un esprit nouveau diamétralement opposé à l'esprit ancien.

Avec M' Tésa, vous auriez pu sans danger révéler vos intentions, étant donné surtout qu'elles n'ont rien de menaçant pour le pays; avec Mouango, je vous engage plutôt à les dissimuler, car il pourrait les interpréter fort mal, surtout s'il les soumet à la critique de son entourage.

Cette réponse d'un homme aussi bien informé que l'est le P. Hautecœur n'est pas précisément encourageante. Mais Révoil se dit qu'à vaincre sans difficultés on triomphe sans mérite. Il tentera tout de même l'expérience. Après tout, Mouango ne nous mangera pas !

Révoil pense, au contraire, que les inquiétudes causées au roi par les compétitions allemande et anglaise serviront peut-être ses projets; en somme, il ne veut pas, lui, s'introduire dans l'Ouganda pour accaparer le pouvoir et subjuguer le pays! Il faudrait que Mouango fut complètement inintelligent pour concevoir de la méfiance à l'égard de cette mission, toute pacifique et simplement amicale! Le P. Hautecœur hoche la tête, en homme que ces arguments n'ont pas le don de convaincre. Il estime d'ailleurs que les prévenances du roi envers Mgr Livinhac, tout en étant jusqu'à un certain point de bon augure, n'en sont pas moins dictées à Mouango par la convoitise des cadeaux que doit apporter l'évêque. Et cette considération expliquerait très bien que Mgr Livinhac, qui, lui, connait mieux que personne l'âme versatile et cupide du roi, prolongeât sans raisons apparentes son séjour à Oukoumbi, alors que les embarcations royales viennent le chercher par faveur spéciale pour le conduire en grande pompe à Roubouga, la capitale.

Cependant, Révoil persistant dans son dessein, il est convenu que dès le lendemain un courrier sera expédié à Oukoumbi, pour prévenir Mgr Livinhac de l'arrivée de notre mission, et lui demander à quelle époque il compte se rendre auprès de Mouango. Pour se rendre au Nyanza, la route de Magou est la plus sûre, d'après les instructions de Mgr Livinhac. Arrivé au sud du lac, il vaudra mieux attendre les barques du roi, plutôt que de se servir des boutres infects de Wangouana.

Pendant le temps que le messager mettra pour aller à Oukoumbi et en revenir, Révoil pourra réorganiser la caravane, et verra peut-être arriver d'Europe le courrier impatiemment attendu. Il profitera en outre de notre séjour à Taborah pour affermir la situation de nos compatriotes auprès de Siké, comme aussi auprès des Arabes; mais les relations des Pères avec ces derniers n'ont point cessé d'être bonnes. Nous commençons donc par faire visite aux notables — inutile d'ajouter que ce sont tous des commerçants.

Partout on nous accueille avec une grande affabilité, d'abord parce que l'on sait que nous ne sommes pas venus faire du commerce, et ensuite, grâce aux lettres de recommandation que le sultan de Zanzibar a remises à Révoil.

Révoil a bien soin de n'oublier aucun notable, afin d'éviter des froissements, et les Arabes se montrent très satisfaits de cette politesse. On sait d'ailleurs que chez les musulmans en général et les Arabes en particulier la politesse et la courtoisie sont innées. Cela n'exclut certes pas les défauts qu'ils peuvent avoir, mais il n'est que juste de leur reconnaître cette qualité — qui manque trop souvent aux Européens.

Nos conversations au cours de ces visites nous édifient pleinement sur la situation déplorable de l'Ounyanyembé. Nos hôtes eux-mêmes ne sont pas exempts des tracasseries de Siké; ils éprouvent toutes sortes de difficultés pour recruter des porteurs et ne peuvent s'affranchir des impôts indirects que le chef de l'Ounyamouési les force adroitement à payer. Il leur faut cependant bien se soumettre à ses exigences. La suzeraineté du sultan n'empêche pas Siké d'être en réalité le maître de l'Ounyamouési; il peut, par ses menaces, retenir les porteurs dont on ne peut se passer. Quiconque ne se courbe pas sous sa volonté, ne le comble pas de cadeaux, se voit dans l'impossibilité de continuer sa route vers les Lacs ou de descendre à la côte avec des chargements d'ivoire. Siké pour immobiliser à Taborah voyageurs ou marchands n'a qu'un mot à dire : s'il interdit à ses sujets de s'enrôler pour telle ou telle destination, cette défense est rigoureusement observée, à cause de la terreur qu'il inspire. Il peut encore faire agir contre les caravanes qui n'ont pas acheté sa bienveillance, les Rouga-Rougas sur lesquels il a la haute main et dont Konikourou est un des repaires.

Siké a pour favori et premier ministre un ancien esclave zanzibarite, nommé Foundi-Sougou. C'est à la fois son conseiller et son espion. Ce Foundi-Sougou se fourre partout; on le rencontre aux réunions que tiennent les Arabes pour discuter des questions de commerce, et aux palabres des indigènes; sous la case et au tembé. Et partout où il passe, dans toute affaire dont il se mêle, il exige quelque cadeau. Ce qu'il soutire aux uns et aux autres par ses flatteries, ses menaces ou ses promesses, il le partage avec son maître Siké, qui, lui, sort à peine, reste confiné dans son tembé de Konikourou, à s'enivrer d'alcool et de pombé.

C'est avec ce personnage que Révoil doit régler le cérémonial de la première audience demandée à Siké. Grâce aux avertissements donnés à ce sujet par les Pères, notre chef sait qu'il devra pour éviter tout désagrément, se montrer avec le favori à la fois ferme et rusé; diplomate habile et négociateur retors.

Dès le lendemain de notre arrivée, il est accouru chez M. Harders nous faire visite, et il a reçu un cadeau. Alléché par ce début, il revient le jour suivant, puis deux fois par jour, sous prétexte de faire à notre chef quelque communication de la part de son auguste patron. Tout ce qu'il a à dire, il pourrait l'exposer en quelques mots ; mais comme chaque visite lui rapporte un petit don, il détaille par tranches les paroles royales. D'ailleurs il affecte toujours de ne pas se trouver suffisamment récompensé, par ce qu'il reçoit, de la peine qu'il se donne — dans notre intérêt.

On finit enfin par convenir avec lui d'un jour pour notre visite à Siké. Révoil pour cette solennité, mobilise toute l'escorte ; nos Askaris revêtent leur bel uniforme et reprennent leurs armes qui entre temps ont été visitées, nettoyées, fourbies avec soin. La petite troupe se met en marche en bon ordre, nous au centre ; en tête, un soldat porte, comme la première fois, un guidon tricolore au bout du canon de son fusil.

C'est tout un village que Konikourou : une vaste agglomération de cases entourée d'un boma fait de palissades dont les pieux principaux supportent chacun une tête humaine provenant des exécutions quotidiennes ordonnées par Siké.

Les victimes — coupables le plus souvent d'avoir voulu soustraire leurs biens à la rapacité de ce tyran ou de son odieux favori — subissent le supplice sur deux entablements de roches avoisinant Konikourou. A quelques-uns, on tranche la tête, afin de pouvoir renouveler l'ornementation de la palissade ; on se borne à couper aux autres les poignets et les jambes, et l'on abandonne les malheureux ainsi mutilés à la férocité des hyènes qui pullulent en cet endroit.

Des gens occupés à la culture, nous regardent curieusement passer à travers champs ; ce sont des esclaves du roi ; nous remarquons beaucoup de femmes ; elles s'arrêtent dans leur travail pour nous saluer d'une tyrolienne bizarre, et dès que nous nous sommes éloignés, elles se courbent de nouveau sur leur tâche.

Mais, à la salve que fait tirer Révoil parce que nous arrivons en vue du tembé, elles s'enfuient comme des oiseaux effarouchés.

Elles doivent cependant être habituées au bruit des armes à feu, car à Taborah, la poudre parle nuit et jour : mariages, naissances, arrivées ou départs de grandes caravanes, fêtes arabes, etc, sont autant d'occasions de tirer des coups de fusil en l'air. Cependant, un vacarme effroyable éclate tout à coup dans le tembé à notre approche : ce sont les tambours de guerre qui appellent auprès du sultan tous ses sujets, pour la solennité qui se prépare.

Après le *boma*, il faut encore franchir une triple enceinte, par des portes étroites qui ne livrent passage qu'à un seul homme à la fois. Puis on se trouve dans une petite cour, devant l'habitation de Siké ; une rangée de tam-tams énormes est disposée autour de la cour. L'habitation est précédée d'une immense vérandah au centre de laquelle Siké est assis sur un vieux tapis. A sa droite, à sa gauche, derrière lui, se pressent un tas de gens ; ses ministres, ses amis, ses chefs de bandes, ses intendants.

Tout le monde est en grande toilette à la mode arabe ou en pagne de couleur. Le roi est simplement vêtu d'une longue chemise bleue, et coiffé d'un mouchoir.

A mesure qu'ils arrivent dans la cour, nos soldats vont s'aligner correctement en deux files parallèles à l'axe de la cour, dans lequel est placé le roi : Révoil va droit à Siké, échange avec lui une poignée de main et prend place sur une chaise à bras, qui lui est réservée, en face de son hôte.

Mais les tambours n'ont pas cessé de battre, ni les gens d'affluer. Il en arrive à chaque instant. Les nouveaux arrivants vont d'abord saluer le roi suivant le cérémonial en usage à cette cour ; c'est-à-dire qu'ils s'approchent les bras tendus, puis, s'arrêtant à deux pas, ils frappent trois ou quatre fois dans leurs mains et s'inclinent respectueusement. Après quoi, ils vont se placer au petit bonheur derrière nos soldats.

Pas une voix se fait entendre dans l'assemblée déjà fort nombreuse ; les assistants doivent garder le silence, jusqu'à ce qu'il plaise au roi de le rompre ; d'ailleurs le tapage enragé des tambours battus sans mesure et avec le seul souci de faire le plus de bruit possible, empêcherait de s'entendre.

Siké est un vieillard, mais est il difficile de fixer son âge.

Son maintien n'est pas sans dignité, malheureusement on sait que ses mœurs ne sont pas à l'unisson de son attitude, et la pensée de ses débauches, de ses exactions prévient défavorablement l'étranger contre lui. Sa figure aux traits fins, est maigre et allongée ; il porte une barbiche crépue, presque blanche comme ses cheveux que laisse voir le mouchoir mal noué. Son regard est fuyant et incertain ; un tic nerveux, résultat probable de ses trop fréquentes libations, contracte à chaque instant son visage et fait battre ses paupières alourdies. Il a auprès de lui son premier ministre, ami, complice et M'Sagira Foundi-Sougou.

Siké comprend très bien le souahéli, qu'il a jadis appris à la côte, où il allait souvent. Mais il préfère s'entretenir en arabe avec notre chef, parce que cela l'obligeant à se servir d'un interprète, lui permettra de préparer ses réponses, tandis qu'on lui traduira ce que le blanc a à lui dire.

Si nous examinons curieusement Siké et son entourage, ceux-ci de leur côté ne se privent pas de nous dévisager ; le regard du roi passant sous ses paupières tombantes «explore» Révoil des pieds à la tête ; le sultan « soupèse » mentalement notre chef ; c'est un examen motivé par l'intérêt, bien entendu ; mais pas par l'intérêt que nous porte Siké : le vieux buveur de pombé suppute ainsi ce qu'il pourra bien tirer de Révoil.

Mais un signe du ministre a arrêté les tambours. Aussitôt d'autres noirs commencent à battre les tamtams. Il paraît que cette musique est l'accompagnement obligé de la conversation, car le roi, en même temps, prend la parole.

C'est seulement alors que s'échangent les compliments et les souhaits de bienvenue. Révoil remercie le sultan, pour la forme, de ce qu'il a fait pour les Pères algériens. Puis, en un long discours, il s'efforce de faire valoir aux yeux du roi tout le profit, matériel et moral, qu'il peut retirer du voisinage et de la prospérité de la Mission.

Puis on parle de Zanzibar, de Saïd-Bargasch, dont Siké se déclare le très humble sujet et des voyageurs européens qui nous ont précédés ; le sultan complimente Révoil sur son voyage, et il loue la bonne tenue de nos Askaris, qui en effet sont restés pendant toute cette première partie du palabre, l'arme au pied, fixes et raides comme des vétérans d'Europe.

Enfin il se lève et nous invite à entrer dans sa maison, où des esclaves s'empressent à nous servir du thé au lait ; le thé est mauvais, mais il est offert de bonne grâce ; et ce doit être ici un breuvage recherché, car la foule de courtisans qui se sont introduits derrière nous dans la vaste salle, et qui en reçoivent chacun une tasse, le savourent longuement. Pendant ce temps, sur l'ordre de notre hôte, des serviteurs apportent à nos soldats un pilau de riz et de viande — le même mets dont est rempli un immense plateau posé sur un tapis et autour duquel nous sommes invités à nous asseoir.

Il faut éviter tout acte que le roi ou son entourage pouraient trouver désobligeant : aussi nous plaçons nous les jambes croisées auprès de Siké, qui attaque bravement le pilau en se servant de ses doigts en guise de fourchette. Nous l'imitons, d'abord sans trop de répugnance. Mais à un mot que lance le premier ministre, tous les dignitaires de la cour viennent à leur tour s'asseoir autour du plateau ; et la vue de toutes ces mains noires, barbotant dans le pilau, calme soudain notre factice appétit.

Après cette collation, arrosée avec de l'eau pure, — Siké, le vieil hypocrite, s'excuse de n'avoir même pas du pombé à nous offrir — nous nous levons pour aller visiter les armes du roi. Il nous montre avec orgueil une collection assez complète de fusils modernes, parmi lesquels on remarque des Martini, des Lefaucheux, des carabines à percussion centrale, que le roi ou ses agents se sont procurés par des moyens sur lesquels il serait indiscret d'insister, ou qui ont été apportées au tembé, à titre de cadeau, par des voyageurs belges ou allemands. L'on nous fait aussi admirer des blocs de cuivre de Manyéma et enfin le long bâton historique, tout de cuivre et de fer qui sert de sceptre au roi dans les grands palabres où se réunissent tous les chefs de la contrée.

Tout en nous montrant ces richesses, Siké se plaint fréquemment de douleurs à l'estomac ; comme tous les noirs, il se figure que la qualité d'homme blanc confère nécessairement de vastes connaissances en médecine ; il demande donc à Révoil ce qu'il doit faire pour se guérir de la maladie dont il souffre.

— Si tu veux te guérir, je te conseille de ne boire que du lait et de renoncer au cognac.

— Du cognac, s'écrie le roi, dont les yeux s'allument à ce mot magique : en as-tu apporté ?

— Je n'en ai pas apporté, lui répond Révoil ; et si j'en avais, je suis trop ton ami pour te donner de ce poison.

Siké ne paraît pas convaincu. Cependant, il n'insiste pas pour se faire donner du cognac et puisque le blanc lui conseille de renoncer à son breuvage favori, il change de conversation, et nous emmène voir ses écuries, les étables, les jardins.

Bref, nous passons trois heures dans son tembé. Lorsque Siké nous rend notre liberté, il paraît disposé à faire tout ce qu'il pourra pour être agréable à Révoil ; et il promet spontanément d'accorder aux missionnaires ce qu'ils lui demanderont.

Désireux de le voir conserver ces bonnes résolutions, Révoil lui promet que, avant de quitter l'Ounyanyembé, il se fera son « frère de sang », pour reconnaître ses bons procédés et afin que l'union ne cesse jamais de régner entr'eux deux. Siké se montre très flatté de cette promesse, et même il demande que la cérémonie ait lieu devant toute la colonie arabe, convoquée pour y assister dans son tembé.

L'usage de se faire « frère de sang » est très répandu dans l'Afrique orientale. L'opération qu'il nécessite a lieu en grande pompe, devant tous les témoins que l'on peut rassembler. Elle consiste en ceci : chacun des deux amis qui ont résolu de devenir « frères » s'infuse quelques gouttes de sang de l'autre, par une légère entaille qu'ils se sont réciproquement faite au bras. Ils sont dès lors étroitement unis et se doivent l'un à l'autre en n'importe quelles circonstances. Ne pas répondre à l'appel de son « frère de sang » c'est commettre une chose déshonorante ; c'est attirer sur soi la réprobation de tous.

Cette coutume, par la sincérité avec laquelle on l'observe, par la solidarité qu'elle crée entre individus, par les dévouements qu'elle engendre, est respectable autant qu'elle est curieuse. Mais si on comprend fort bien qu'elle s'excuse entre noirs, on comprendra aussi que Révoil, en inventant de faire d'un vieil ivrogne son « frère de sang » n'entend accomplir par là qu'un acte de haute politique.

Un avenir prochain nous apprendra malheureusement, ainsi que le lecteur le verra, que même en s'assimilant à ce point aux indigènes pour complaire à Siké et gagner sa confiance, il n'y a rien à tirer de cette brute, pas plus que de son entourage, dans l'intérêt de nos compatriotes et de notre pays. On ne viendra à bout de sa duplicité, on ne mettra un terme à ses exactions, que par la force. Mais la force, d'où viendrait-elle? Loin de suivre les traditions de leurs ancêtres, les Arabes de l'Ounyanyembé plient, docilement, sinon toujours volontiers, sous le joug de Siké. Il suffirait cependant d'une poignée de gens résolus pour lui dicter des lois, si nous en jugeons par la déférence un peu couarde que les gens du tembé témoignent à nos soixante Askaris, à cause de leurs fusils à tir rapide et de leur tenue martiale.

Cette escorte nous vaudra, du moins, de ne pas être traités ici comme les premiers venus; lorsque nous partons, Siké nous reconduit jusqu'à la porte du boma. Nos Askaris en dehors, se rangent à l'alignement et sur l'ordre de Révoil, ils saluent le roi d'une nouvelle décharge de leurs fusils, dont les détonations impressionnent visiblement les courtisans et le monarque lui-même.

A quelques centaines de pas du tembé, nous sommes surpris par une averse qui nous tremperait jusqu'aux os, si nous n'avions la précaution de nous réfugier sous un arbre immense, auprès duquel se tiennent, paraît-il, ces grands palabres que ce sultan préside armé de sa canne de cuivre et de fer. Auprès de cet arbre colossal s'élève la sépulture du père de Siké: c'est une petite case circulaire, à l'intérieur de laquelle on ne voit que quelques vases de terre, vides, et deux petites défenses d'éléphant; ces objets ont été déposés là par des mains pieuses à titre d'offrande aux mânes du défunt, sultan Kabikoua, ancien chef de l'Ounyamouési.

Pendant que la pluie fait rage, nous devisons avec les Askaris de notre visite au roi ; Révoil n'est pas fâché de savoir ce qu'ils pensent des hommes et des choses de ce pays-ci, avec lesquels ils ont nécessairement plus d'affinités que nous. C'est par l'un deux, qui est venu plusieurs fois à Taborah, que nous connaissons la destination du petit mausolée voisin, et que nous savons à quoi servent les grandes pierres plates, immenses dalles monolithiques, remarquées en venant.

Il nous dit aussi que l'homme qui nous a versé du thé et qui a disposé le plateau de pilau sur le tapis, un grand gaillard à la mine patibulaire dont le bas des jambes était recouvert de toute une armature d'anneaux de laiton, n'est autre que l'exécuteur des hautes-œuvres ; c'est celui-là qui tranche les têtes, les pieds et les mains des condamnés, qui est chargé de tenir la palissade extérieure du tembé garnie de têtes fraîches. Ce précieux collaborateur ne quitte jamais son maître.

Notre Askari nous rappelle encore que dans la cour qui précède l'habitation du roi, il y a un arbre mort aux branches duquel sont suspendues des têtes d'hyènes, de tigres, de lions, desséchées par le soleil. Nous avons en effet remarqué cet arbre et les bizarres trophées qu'il supporte. Il paraît que lorsqu'un esclave fugitif parvient à en toucher le tronc, il n'a plus dès lors rien à craindre de son ancien maître ; mais il devient *ipso facto* la propriété de Siké.

De retour à Taborah, Révoil se rend chez Set bin Juma, l'Arabe le plus influent de la ville, qui remplit les fonctions de gouverneur. Il nous reçoit aimablement, sans cérémonie, à son bazza, où il est occupé à débattre avec d'autres Arabes un marché d'ivoire. Il a du reste reçu directement de Zanzibar une lettre de Saïd-Bargasch, lui recommandant le voyageur et il l'a communiquée à tous les négociants. Il a l'air d'un brave homme peu fortuné, et comme tous ses coreligionnaires ici, il vit du commerce des défenses d'éléphant et des peaux de bête. Set bin Juma nous donne l'assurance que pendant notre séjour ici tout le monde dont il dispose sera à notre disposition; et, ayant appris que Révoil désire trouver une maison à louer, il nous indique deux tembés où il nous offre une hospitalité gratuite. Malheureusement ils sont l'un et l'autre inhabitables pour nous : celui-ci à cause de son délabrement et de sa saleté indescriptibles, celui-là — malgré le superbe jardin qui l'entoure — à cause de son insalubrité : c'est paraît-il un foyer de fièvres pernicieuses, où meurent tous ceux qui l'habitent. Les jours suivants sont encore consacrés à des démarches ou occupés par le remaniement des ballots. Les gens que nous sommes allés voir viennent nous rendre nos visites; on les reçoit sous la vérandah de M. Harders et comme les conversations dans ce pays-ci sont toujours d'une longueur exceptionnelle, chaque visiteur nous fait perdre beaucoup de temps. Il ne faut pas trop s'en plaindre cependant, car c'est seulement en causant avec ces notables que nous achevons de nous éclairer sur le pays : intrigues locales, mouvement commercial, ressources de la contrée, sentiments à l'égard des étrangers; etc. Parmi les personnes dont il faut s'attirer la bienveillance, Révoil n'aurait garde d'oublier Suéton, frère du roi; ce personnage, pour le moment, n'est pas dit-on très bien en cour, mais une révolution de palais, la mort subite de Siké survenant après des libations trop copieuses, peuvent changer la face des choses; Suéton a aussi son cadeau. Et un beau cadeau, certes; il fait dire à notre chef qu'il en est ravi et nous comprenons sa joie sans peine; il a reçu entre autres choses de prix : un revolver et cent cartouches, un gilet de fin drap rouge brodé d'or; trois djoras de kenuki, trois djoras de lanos; des parfums variés et une montre à remontoir (en argent). Nous allons voir aussi Seliman bin Zer, à son tembé de Kouira, près d'où Stanley campa lors de son premier passage dans l'Ounyanyembé. C'est un des plus riches Arabes du pays; il a des comptoirs à la côte et à Oujiji. Il est sur le point de partir pour l'Ouganda et il se met à la disposition de Révoil, ayant reçu de son côté de Zanzibar de chaudes recommandations au sujet de notre chef. Il y a ici un mouvement incessant de caravanes et il en part tous les jours, pour l'Ouganda, pour Oujiji, pour Nanyéma, pour Bagamoyo ou Dar-es-Salaam, tandis que d'autres reviennent, de toutes les directions.

Précisément, on en forme une qui va partir pour Bagamoyo ; elle comprendra quinze Arabes (chefs et sous-chefs) et sept cents porteurs chargés d'ivoire. Révoil confie au chef une boîte d'insectes à l'adresse de M. Greffulhe, à Zanzibar, qui la fera parvenir en France. Les coléoptères qui voltigent encore sur la brousse dans l'Ouagogo, sous les arbres de l'Ouragara, ne se doutent guère que ceux de leurs camarades qui manquent à l'effectif de leur bande, figureront bientôt dans les vitrines du Muséum de Paris.

Comme on le voit par cette esquisse, si la vie est meilleure ici que dans la brousse, Révoil ne s'y surmène pas moins ; constamment sur pied, il ne s'accorde que le repos strictement indispensable. Aussi ne tarde-t-il pas a être repris de la fièvre ; il éprouve de la courbature et tous les symptômes annonçant d'ordinaire les forts accès. Mais on sait qu'il a pour principe de ne s'arrêter que lorsque ses jambes refusent décidément de le porter. Il croit d'ailleurs que ce n'est là qu'une petite fièvre d'acclimatement, causée par le climat particulier de Taborah ; et il continue à vaquer à ses affaires, malgré le malaise auquel il est en proie.

Comme il serait impolitique de ne pas flatter du tout le vice de Siké, mais comme il serait immoral de l'encourager, on tranche la difficulté en envoyant à l'intrépide buveur, au lieu de cognac qu'il aime tant, un grand flacon d'alcool… de menthe. Il est capable de préférer ce breuvage à la corrosive eau-de-vie dont en compagnie de son ami Foundi-Sougou il fait une effroyable consommation — sans préjudice du pombé, boisson nationale qu'ils ne dédaignent pas non plus.

Nous ne sommes pas encore fixés sur l'accueil fait à ce présent, que Set bin Juma, chez qui nous sommes en visite, dit confidentiellement à Révoil :

— J'ai des nouvelles de Konikourou. Siké a appris que tu as donné un revolver et des balles à son frère Suéton ; et il prétend que les balles sont empoisonnées. Je te préviens afin que tu te tiennes sur tes gardes.

Cela signifie presque qu'en ce charmant pays, être soupçonné, c'est être condamné.

C'est le commencement des potins, des médisances, des tracasseries auxquels les Européens sont exposés ici.

C'est de ces petites choses-là que notre compatriote Sergères a été victime, comme le sera M. Harders, comme nous le serions nous-mêmes si nous prolongeons notre séjour.

Sergères était venu à Taborah pour faire le commerce de l'ivoire, ce qui était déjà une raison pour avoir les Arabes contre soi. Puis, étant par goût grand chasseur, il s'était lié d'amitié avec Suéton qui a, lui aussi, la passion de la chasse, mais qui était alors à couteaux tirés avec son auguste frère ; d'où, antipathie de l'auguste frère à l'égard du Français. Pour se débarrasser de leur concurrent, les Arabes imaginèrent de faire savoir à Siké que l'Européen avait comploté de l'empoisonner avec l'aide de Suéton, qui aspirait à le faire périr pour régner à sa place. Cette histoire était agrémentée de détails si minutieux qu'elle pouvait être trouvée vraisemblable. Siké la crut-il, ne la crut-il pas ? On l'ignore ; toujours est-il qu'elle tombait à merveille pour forcer le blanc à quitter Taborah. Le roi intima donc à Sergères l'ordre de partir dans les vingt-quatre heures, s'il ne voulait pas être mis à mort par les Rouga-Rougas. Sergères préféra n'être pas mis à mort, fut-ce par des Rouga-Rougas de la cour ; il se hâta de prendre la fuite, laissant la clef sous la porte, abandonnant toutes ses marchandises, ses provisions, une fortune, enfin.

Il est vrai que notre compatriote, en arrivant à Zanzibar après mille péripéties, après avoir connu toutes les misères en route, puisqu'il était parti sans préparatifs, sans convoi, sans provisions, se plaignit amèrement à son consul et au sultan. Saïd-Bargasch en apprenant ces intrigues, se mit dans une belle colère ; il rappela à Zanzibar le gouverneur de Taborah, un certain Kisera, qu'il fit enchaîner et jeter dans un cachot où on le laissa mourir de faim, tandis que son frère, resté dans l'Ounyanyembé était empoisonné là-bas par ordre, dit-on, du sultan Bargasch.

La mort tragique de ces deux personnages, qui n'avaient été pour rien dans l'affaire et qui n'auraient rien pu empêcher s'ils avaient connu le complot, satisfit l'amour-propre du gouvernement de sa Hautesse; mais ce que Sergères avait perdu fut bien perdu, et il s'estimait encore heureux de n'avoir pas perdu la vie par-dessus le marché.

Quelques jours après notre arrivée, M. Harders est appelé par ses affaires à Rabouga, village situé à quelque distance de Taborah. Il va là chercher des marchandises récemment confiées par lui à une caravane qui se rendait dans l'intérieur, où son chef les aurait troquées moyennant courtage pour le compte de notre ami.

Mais la caravane a été arrêtée par ordre de Siké, à l'instigation des Arabes ; le chef a dû laisser à Rabouga les marchandises de traite — les seules qu'il emportât, car il allait chercher un chargement et était censé par conséquent ne rien avoir à sortir du territoire.

Naturellement Siké proteste qu'il est étranger à cet incident ; qu'il ne sait pas de quoi il s'agit; quant aux Arabes, à les en croire, ils sont innocents comme l'agneau. Telle est la politique commerciale du pays contre tout négociant européen. Quoiqu'il en soit, les ballots de M. Harders sont remisés là-bas dans quelque tembé, et il importe d'aller les chercher au plus vite.

Mais Révoil voit que M. Harders, sans doute encore peu familier avec les mœurs et les coutumes du pays, ou bien pour des raisons d'économie, va se mettre en route avec une troupe insuffisante. Le voyage n'est pas long, mais la forêt est infestée de Rouga-Rougas, peut-être à la solde de Siké. Nous ne voulons pas laisser partir notre ami dans ces mauvaises conditions, et Révoil insiste pour qu'il renforce l'armement un peu léger de son monde, de dix de nos fusils gras, avec des cartouches en quantité suffisante. Comme tout se sait vite, les Rouga-Rougas apprendront qu'il est bien armé et le laisseront probablement passer sans l'attaquer. En tout cas, il aura de quoi leur répondre. C'est déjà trop que cet imprudent, sous prétexte qu'il ne restera dehors que quarante-huit heures, parte sans se munir du moindre confortable. Par exemple, faute d'avoir emporté des vêtements de rechange, il a dû laisser sécher sur lui ses habits trempés par une averse. Le froid l'a saisi et il rentre tout courbaturé à Taborah.

— Ce n'est rien, dit-il : tout au plus un symptôme de fièvre ! Hélas ! le lendemain il tombe frappé d'une attaque de fièvre jaune ; il se couche : c'est pour ne plus se relever !

Nous sommes au 29 mars ; toujours pas de nouvelles de la côte. Ou il est arrivé malheur aux courriers, ou bien il y a négligence coupable de la part de Sewa, qui s'est chargé de nous faire parvenir mensuellement nos lettres ; il faut dire du reste que ce n'est pas à la négligence de Sewa que l'on croit le plus.

Il y aura bientôt quatre mois que nous avons quitté Zanzibar : Révoil ne voudrait pas prolonger outre mesure notre séjour dans ce pays malsain ; cependant il ne sait quel parti prendre en l'absence de toute nouvelle, tant de France que de l'Ouganda.

L'accès de M. Harders se caractérise ; il n'y a plus de doute à conserver, c'est bien la fièvre jaune qu'il a contractée.

Révoil se sent lui-même fiévreux et malade, mais il est résolu à ne pas abandonner notre ami et il lui prodigue ses soins, malgré le danger de contagion de cette fièvre si grave.

Il envoie un courrier à Kipalapala, pour prévenir de ce qui arrive le P. Hautecœur ; et en attendant l'arrivée du missionnaire que le supérieur ne manquera pas d'envoyer avec les médicaments nécessaires, il s'efforce de son mieux de soulager le malade, en prenant pour lui-même toutes les précautions qu'il croit bonnes — mais qui seront inutiles si la Providence ne veille pas sur nous tous, tant est grande la force de propagation de cette affreuse maladie.

La journée se passe sans que nous constations aucun mieux dans l'état du malheureux ; il ne peut prendre ni médicaments, ni nourriture ; Révoil croit bon de lui administrer de la quinine au moyen d'un lavement, ce qui lui procure un apaisement à peine sensible.

Que ne donnerions-nous pas pour voir un médecin expérimenté au chevet de notre pauvre ami !

Le lendemain, nous sommes réveillés par des coups de feu, et par l'animation que l'on constate dans la rue, chaque fois qu'un courrier ou une caravane arrivent. Dans ces moments-là, toute la ville est sur pied. Ce sont les courriers, en effet, qui arrivent de la côte et nous apportent un paquet de lettres. Ils sont partis de Bagamoyo le 12 février, ayant mis ainsi quarante-six jours pour nous rejoindre, alors que les courriers vont à Taborah de la côte en vingt-huit jours. Les nôtres sont, paraît-il, suivis de près par un petit convoi de provisions qui apporte aussi des lettres : celles-ci et celles-là seront les bienvenues.

Que si le lecteur s'étonne de voir qu'il nous a fallu près de trois mois pleins pour franchir la distance parcourue par les courriers de Sewa en quarante-six jours, nous répondrons qu'il y a une différence entre la marche d'une caravane chargée de marchandises et de provisions, et la marche d'une poignée d'hommes chargés du courrier, qui ne portent avec eux que des vivres pour deux à trois jours, car ils peuvent, étant peu nombreux, se ravitailler où et comment il leur plaît. On peut comparer la caravane menée par l'explorateur au train de marchandises ; et le peloton de courriers au train express — express pour l'Afrique, entendons-nous.

Nous avons enfin reçu quelques lettres, de nos parents, de nos amis, de ceux qui nous sont chers ; leur pensée nous est fidèle ; elle nous accompagne à travers les déserts ; et nous lisons avidement les bons souhaits, les paroles d'encouragement et d'affection qui nous arrivent, avec mille détails sur ce qui se passe là-bas, dans notre cher pays !

Révoil a reçu aussi de grands plis officiels ; mais il n'y a dedans rien de sensationnel ; c'est par le courrier suivant qu'il faut s'attendre à recevoir des instructions définitives.

Angelvy, en arrivant à la côte, renverra ses porteurs, qui rallieront Taborah, et par eux encore nous recevrons quelques nouvelles avant notre départ pour l'Ouganda.

Dans la journée, l'état du malade semble s'être faiblement amélioré ; si ce mieux pouvait persister ! Le P. Hautecœur vient à la maison l'après-midi et passe avec nous le reste de la journée ; il conseille d'administrer de nouveau au malade un lavement de quinine, de tâcher de lui faire prendre du bi-carbonate de soude pour arrêter les vomissements. L'on convient que si l'état de M. Harders s'améliore encore un peu, on en profitera pour le transporter à Kipalapala, le changement d'air ne pouvant que hâter sa guérison.

Le lendemain matin nous voyons arriver le P. Solasol, que le supérieur envoie pour veiller M. Harders et aider à le soigner. Nous redoublons de précautions hygiéniques, tant afin de nous préserver nous-mêmes de la contagion, que pour l'empêcher de se répandre au dehors ; si par malheur le fléau venait à se déchaîner à Taborah, l'on nous en attribuerait la responsabilité ; et c'est alors, que les Arabes et Siké avec sa clique auraient les Européens en horreur !

Pour comble de souci, six de nos hommes sont atteints du

Koungourou, ou fièvre d'acclimatement, à laquelle il est rare que l'on ne paie pas un tribut plus ou moins fort, la première fois que l'on séjourne ici.

On répète communément que la fièvre jaune ne s'attaque pas aux noirs — du moins en Afrique : mais il nous a été donné de constater que cette opinion est erronée ; les indigènes ne sont nullement à l'abri de la contagion, et s'ils en sont frappés moins souvent que les blancs, c'est parce que, façonnés au climat, ils ne souffrent pas comme nous des brusques variations de température, ni des changements de nourriture, qui sont aussi bien funestes pour le voyageur européen. De plus, allant à peu près nus, ils ne redoutent pas autant que nous la pluie ou la rosée, qui, sur leurs jambes, sèche à la première éclaircie, tandis que nous gardons forcément sur nous plus ou moins longtemps, des vêtements humides ou mouillés.

Cette journée encore s'écoule sans amener dans l'état de notre ami l'amélioration décisive que nous attendons : le Père, au coucher du soleil s'en retourne à la mission. La nuit est mauvaise : l'après-midi a été orageuse ; M. Harders est très faible et les vomissements ne cessent plus. Tout ce que nous pouvons faire c'est de le soutenir par des lavements de bouillon. L'air est étouffant, on respire avec peine : le tonnerre gronde au loin. A la nuit close, l'orage éclate avec fureur; il pleut jusqu'au matin.

Révoil avait pensé à faire transporter Harders à la Mission sans attendre une amélioration qui tarde à se produire dans son état : le changer d'air est peut-être le moyen le meilleur — quoique le plus radical — de provoquer une détente.

— Mais s'il meurt en route.

— Mais s'il meurt ici ? En somme, il y a plus de raison pour qu'il meure en restant ici ; tandis que si nous l'éloignons, il a au moins quelques chances d'en réchapper.

— Soit !

Mais l'orage a renversé ce projet ; les terres doivent être détrempées et les chemins, en terrains argileux, impraticables, surtout pour quatre hommes chargés d'une civière ; la pluie tombe encore au lever du soleil : il faut y renoncer. D'ailleurs nous voyons accourir, tout crotté, trempé jusqu'aux os, un serviteur de la mission. Le supérieur fait dire à Révoil que le P. Solasol a été pris dans la nuit de la fièvre jaune, qu'il a contractée en soignant Harders. Ce n'est guère le moment d'envoyer au P. Hautecœur notre malade : il doit avoir assez du sien.

Harders est tantôt très mal, tantôt un peu mieux. Ce dont il souffre a perdu le caractère qu'on avait cru lui voir au début, de maladie foudroyante. Les jours passent, et cela s'éternise. Il est de plus en plus faible, ne pouvant prendre aucun aliment, et nous ne le soutenons plus que par des lavements de plus en plus fréquents.

Il se plaint de temps à autre de douleurs aigües que lui causent trois gros boutons : deux sur la poitrine et un au bras. Les souffrances qu'ils occasionnent devenant de plus en plus vives, Révoil se décide à les ouvrir à l'aide d'une lancette. Et il sort de chacun d'eux un gros ver blanc, sous forme de larve vivante. Ce sont, comme on les appelle au Brésil des *bichos* (chiques) et c'est la présence de ces animalcules dans l'organisme qui cause le vomito et la fièvre jaune.

. . . .

Hélas, tous nos soins, tout notre dévouement auront été inutiles. Tandis que le P. Solasol, après huit jours de souffrances, mourait à la Mission, notre pauvre Harders, naguère encore si robuste, si insouciant, si plein de vie et d'espoir, s'éteignait entre nos bras ; la maladie l'a tellement éprouvé qu'il ne reste pour ainsi dire rien de lui ; ce qui gît-là, devant nos yeux emplis de larmes, ressemble à une ombre qui s'efface.

Mais ces douloureuses circonstances ne sont pas les seuls moments pénibles que nous devions connaître à Taborah. Il semble au contraire que la mort de ces deux malheureux ouvre pour nous comme on va le voir, l'ère des plus graves difficultés. Et d'abord nous commençons dès ce jour même à être édifiés sur le véritable caractère du milieu où nous nous trouvons, et cette seule constatation suffirait pour nous faire envisager l'avenir avec inquiétude.

CHAPITRE XI

Séjour forcé à Taborah. — Révoil sauve du pillage les marchandises de M. Harders. — Le chef de l'expédition est malade et en danger de mort. — Le retour est décidé. — Départ de Taborah. — Voyage pénible. — La famine. — Conflit à Itoura. — Chez le Rév. Baxter. — M. Gleerup. — Arrivée à Bagamoyo. — Séjour à Zanzibar. — Conclusion.

Nous avons maintenant à remplir le pénible devoir de faire enterrer M. Harders. Révoil ensevelit le corps du pauvre garçon mort, loin des siens, loin de sa patrie. Au moins aura-t-il eu la consolation de se voir entouré à ses derniers moments de cœurs dévoués, de visages amis! Un charpentier arabe, mandé en toute hâte au tembé, confectionne un cercueil sur les indications de Révoil; il travaille silencieusement dans un coin de la cour à sa funèbre besogne, tandis que, dans la chambre mortuaire, un missionnaire envoyé par le P. Hautecœur prie auprès du corps du malheureux négociant.

Les derniers préparatifs terminés, nous nous disposons à faire transporter le cercueil, recouvert d'un pavillon allemand, et déposé sur un brancard que six de nos Ounyamouésis en manteau rouge, sur la colline où reposent, hélas, les restes d'autres Européens morts à Taborah, lorsque Foundi-Sougou arrive à l'improviste et intime à Révoil l'ordre de ne pas sortir le corps de l'habitation avant d'avoir payé au sultan Siké un droit de quatre cents coudées d'étoffe.

Devant cette ignoble réquisition, Révoil a peine à maintenir sa colère. Siké a bien fait de ne pas venir lui-même : il eût sûrement passé un mauvais quart d'heure, tout roi qu'il est. Mais que dire au M' Sagira? Cet affreux coquin ne vaut pas mieux que son maître et c'est sans doute lui qui a conseillé cette odieuse vexation; cependant il n'est que le « porte-parole »; ce n'est pas lui qui ordonne : il se borne à transmettre les ordres. C'est ce qu'il s'efforce de persuader à Révoil, sur un ton cauteleux, en arrondissant le dos, car il voit la canne du blanc prête à se lever sur ses épaules et son air arrogant d'habitude a fait place, à cette vue à une attitude plus convenable.

Après une longue hésitation, Révoil envoie par la ville un homme chargé de convoquer tous les notables arabes au tembé, pour un palabre qui sera tenu sur l'heure. Ils arrivent avec empressement, et, en passant auprès du cercueil déposé sous la vérandah, ils saluent à l'arabe la dépouille mortelle de leur concurrent : s'ils ne sont pas fâchés de le savoir entre ces quatre planches, du moins ont-ils le respect des convenances, et ils se conduisent comme si le défunt était un de leurs coreligionnaires.

Révoil les réunit dans la cour et, au milieu du silence général, il prend la parole ; il leur fait connaître la misérable exigence de Siké et essaie de les gagner à notre cause en leur démontrant que la mort de M. Harders les délivrant d'un concurrent qu'ils redoutaient, ils n'ont plus aucune raison de ne pas avoir tous les égards pour celui qui vient de disparaître. Il voudrait qu'ils se missent en travers des prétentions de Siké :

— Le cadavre de mon ami, leur dit-il, devient ma propriété, tout comme le matériel et les marchandises de M. Harders, parce que j'en prends possession au nom du sultan de Zanzibar, mon ami et votre maître. Vous devez voir en moi un ami, puisque je suis l'ami de Saïd Bargasch. C'est pourquoi je vous demande de me soutenir en cette circonstance. Si je me refuse à payer ce que demande Siké pour la levée du corps de M. Harders, c'est parce que ce desposte verra là un acte de faiblesse dont il se prévaudra pour exiger autant lorsqu'il va falloir inhumer le Père Solasol. Nous ne sommes pas musulmans ; mais nous avons comme vous reçu le Livre ; notre religion a été fondée par Issa, que Mohammed révérait. En pays idolâtre nous pouvons nous regarder comme frères. Je vous le demande, nous laisserez-vous molester par ce païen ?

Ce discours est fort goûté des Arabes, qui y répondent par des gestes et des paroles d'approbation ; nous avions déjà, d'ailleurs, conquis leurs sympathies par nos visites cérémonieuses ; enfin, nous ne vendons ni n'achetons de l'ivoire. Malheureusement, ils savent que nous ne séjournerons pas éternellement à Taborah ; ils sont pleins de respect pour Saïd Bargasch, mais Zanzibar est loin. Tandis que Siké réside près de Taborah, et est le maître des routes ; ils redoutent des représailles et n'osent pas se faire une affaire avec le vieil ivrogne. Ils se montrent donc peu disposés à intervenir. Cependant Set bin Juma, grâce à son éducation et à sa situation quasi-officielle, comprend mieux que les autres ce que les circonstances ont de délicat. Il sait par l'exemple de son prédécesseur que Saïd Bargasch fait chèrement expier à ses agents l'abandon de ses protégés ; mais il tremble lui aussi de se brouiller avec Siké. Il finit cependant par décider quelques Arabes à faire une démarche auprès du roi.

Contrairement à toute prévision, les délégués reviennent dire à Révoil que Siké renonce à ses odieuses prétentions ; notre chef ne peut s'empêcher de penser que cela a été obtenu trop facilement pour qu'il n'y ait pas quelque piège sous la condescendance royale. Mais le moment n'est pas aux hypothèses ; le soir même on transporte le cercueil avec tout le cérémonial possible à la colline de Cham-Cham, où un énorme tumulus de pierres amoncelées symétriquement, recouvre la sépulture du malheureux Harders. Cette pénible cérémonie accomplie, nous avons encore à rendre les mêmes devoirs au Père Solasol. Ses obsèques sont fixées au lendemain matin. Dès l'aube nous partons pour Kipalapala avec tous nos Askaris en tenue et èn armes, et le drapeau français roulé voilé d'un crêpe, en tête de notre petite troupe.

En passant auprès de Konikourou, l'on fait halte; et Révoil ne prenant avec lui que quelques hommes d'escorte se dirige vers la demeure du roi. Domptant la juste irritation qu'il ressentait encore à la pensée de son entrevue avec le M' Sagira, Révoil remercie le vieux monarque d'avoir renoncé à percevoir un droit aussi odieux qu'abusif. Notre chef s'est muni à dessein d'une superbe épée, qui ne tarde pas à exciter, comme il fallait s'y attendre, la convoitise de Siké; nous supposions bien qu'un homme aussi intéressé que ce noir n'avait pas renoncé à nous soutirer quatre cents coudées de toile, sans avoir l'arrière-pensée de se rattraper en une autre circonstance. Révoil détache l'épée de sa ceinture et la fait admirer au chef, tout en la tournant et la retournant de toutes les façons, et tout en en faisant valoir le prix. Enfin, voyant que Siké grille d'envie de posséder cette belle arme, Révoil lui en fait hommage; il espère du reste que ce cadeau nous délivrera des importunités du despote lorsqu'il faudra régler les affaires de Harders et du P. Solasol.

Arrivés à Kipalapala, nous aidons les Pères à mettre en bière le corps de leur compagnon. On le transporte dans la chapelle de la Mission, où nos hommes sont rangés et présentent les armes sur le passage du cortège. Enfin, après le service religieux, auquel assistent des noirs du voisinage et quelques Arabes de Taborah, les restes du missionnaire sont descendus dans une tombe ouverte derrière la chapelle, et où un autre religieux a déjà pris place l'année dernière. Le père Solasol était âgé seulement de vingt-six ans et c'était un des collaborateurs les plus actifs du père Hautecœur.

Qu'ils reposent en paix sous le grand ciel d'Afrique, les deux jeunes hommes si vite emportés par le climat meurtrier, et qui sont tous les deux morts trop tôt pour la civilisation et la pacification de ces contrées barbares!

Notre mission n'est pas terminée; de concert avec le P. Hautecœur, nous allons tâcher de sauver du pillage les marchandises de M. Harders.

On sait quelle animosité les négociants de Taborah nourrissaient contre leur concurrent ; maintenant qu'il est mort, que va-t-il advenir de ses biens — ou plutôt des biens de ses commettants ? Peut-être les gens de Siké n'attendent-ils que notre départ pour se les approprier. Et sans doute alors l'Allemagne, désireuse si nous en jugeons par de récents événements, de mettre la main dans les affaires de Zanzibar, saisira-t-elle ce prétexte pour inquiéter Sa Hautesse et lui demander de grosses compensations? C'est cette dernière considération que Révoil fait principalement valoir aux yeux des Arabes, convoqués de nouveau à un palabre général dans l'habitation Harders. Notre chef fait de pressants appels au patriotisme, au loyalisme et au dévouement des sujets du Saïd Bargasch ; ils sont partagés entre la crainte de déplaire à Siké et le désir de servir les intérêts du sultan ; ils sont d'ailleurs relativement honnêtes, et beaucoup plus scrupuleux que la canaille de Konikourou ; ils en voulaient au négociant qui leur faisait concurrence ; ils n'en veulent pas à ses marchandises dès qu'il n'est plus là pour les exploiter à leur détriment.

Enfin, après des négociations qui durent trois jours, Révoil obtient qu'ils feront une bonne garde et ne laisseront pas violer le domicile du défunt.

Un dernier argument les a convaincus :

— Vous autres Arabes, vous êtes des négociants, vous n'êtes pas des voleurs; le Koran vous défend de vous approprier le bien d'autrui, hors le temps de guerre, où la confiscation des biens de l'ennemi est licite. Or Siké, qui est un idolâtre, n'a pas les mêmes scrupules que vous, parce que c'est un homme sans foi, et qui n'a pas reçu le Livre. Si vous ne veillez pas sur les marchandises de Harders, il s'en emparera. Et alors que Harders les eût échangées contre de l'ivoire au cours du pays, Siké, lui, les échangera contre cette même denrée, mais sans tenir compte du cours parce que les marchandises, ne lui coûtant rien, tout ce qu'il aura en échange sera pour lui du bénéfice. De sorte que, au lieu d'avoir à lutter contre la concurrence que vous faisait loyalement le blanc, vous souffrirez d'une crise qui bouleversera de fond en comble, à votre détriment, les conditions du marché !

Les Arabes comprennent combien ce raisonnement est sensé ; et ils souscrirent sans plus discuter aux conditions suivantes, que toutes sont ensuite ponctuellement exécutées :

1° Ils se joindront à nous pour faire un inventaire en français et en arabe, des marchandises et valeurs laissées par Harders.

2° Il sera apposé sur les portes des magasins des scellés aux sceaux de Révoil, du P. Hautecœur et de deux notables arabes.

3° Tous les notables, par un acte que rédigera Set bin Juma faisant office de Cadi, se porteront solidairement garants de la conservation du tembé et des marchandises jusqu'à l'arrivée du successeur de M. Harders, ou jusqu'à ce qu'ils soient relevés de leur serment par une lettre de Saïd Bargasch ou de son grand-vizir.

Ces arrangements pris, on allait les mettre à exécution, lorsque ce gredin de Foundi Sougou pénètre dans l'habitation et se plaint aigrement de ce que ni lui ni son maître n'ont été appelés comme témoins dans les conventions que Révoil fait avec les Arabes, et que Siké n'a pas autorisées.

Révoil se contient encore : il faut éviter un conflit qui dégoûterait les Arabes de nous prêter leur concours ; mais la main lui démange de corriger ce nègre comme il le mérite.

— Écoute, lui dit-il d'un air bonasse ; ton maître et toi devez savoir que nous ne vous craignons pas beaucoup, hein ?

— Oui fait naïvement le noir, après une légère hésitation.

— Si je ne craignais pas d'être désagréable à mon ami Saïd

Bargasch, avec les soixante soldats qu'il m'a donnés, je m'emparerais de Taborah, de Konikourou, de Siké, de toi, de toute votre bande ; je brûlerais le tembé de Siké et je vous emmènerais, ton roi et toi, pour servir de domestiques à mon cuisinier. Crois-tu cela, ô Foundi Sougou?

— Oui, répond le coquin, qui sent Révoil homme à faire comme il le dit ; et qui sait bien que Siké avec ses Rouga-Rougas ne tiendrait pas dix minutes devant les soixante Askaris de bonne mine et les soixante fusils gras que Konikourou vit naguère dans ses murs. Et le M' Sagira qui n'est pas un foudre de guerre, se figure déjà le tembé flambant au vent, et Siké et lui épluchant les patates sous l'œil de notre cuisinier. Il surveille du coin de l'œil la canne que des mouvements fébriles agitent dans la main de Révoil ; son toupet l'abandonne ; il aimerait autant ne pas être venu.

Révoil, dont le regard pèse sur lui, le voit mûr pour une capitulation honorable :

— Tu diras à ton maître que les affaires des blancs et les affaires des Arabes ne le regardent pas nous ; acquittons les taxes, et nous payons ce que nous demandons aux habitants. C'est tout ce que nous devons. Le règlement des biens de Harders ne regarde que nous. Cependant, je reconnais que Siké est le roi ; je veux bien lui faire un cadeau, et aussi t'en faire un à toi, afin que vous nous laissiez tranquilles, car si vous continuez à m'importuner, cela finira mal ; et il me serait désagréable de faire de mon frère de sang et de toi les valets de mon cuisinier, et de brûler votre tembé avec vos femmes et vos enfants dedans.

Ici une pause ; les Arabes, un moment déconcertés, reprennent leur assurance ; ces gens-là aiment les mâles discours et les décisions énergiques. Quant à Foundi Sougou, pleutre comme tous les nègres quand ils sentent le bâton levé sur leur dos, il n'a plus rien dans son attitude d'un homme d'État considérable.

Révoil reprend.

— Écoute ô Foundi Sougou, Siké est mon frère de sang, et tu es le M' Sagira de Siké; ce qui sort de ta bouche, c'est Siké qui le dit; est-ce vrai?

Le porte-parole s'incline affirmativement.

— Eh bien, je ne veux pas déclarer la guerre à mon frère de sang. Si tu t'engages au nom de ton maître à nous laisser vaquer tranquillement à nos affaires, je vais te remettre un cadeau pour toi. Est-ce convenu?

— C'est convenu! fait joyeusement le coquin, enchanté de cette solution.

— Tu t'engages, au nom de Siké?

— Je m'engage au nom de Siké, à vous laisser vaquer à vos affaires!

Révoil se tourne vers les Arabes :

— Je vous prends tous à témoin; le M' Sagira a donné ici la parole du roi!

Un murmure de satisfaction et d'approbation lui répond, Set bin Juma confirme que tous les Arabes sont témoins de l'engagement pris par le roi — et on délivre alors à Foundi Sougou, pour son maître et pour lui un lot de marchandises diverses prélevées en présence des Arabes sur les approvisionnements de Harders, et dont la liste détaillée sera jointe à l'inventaire. Le porte-parole se retire, la tête haute, l'air de plus en plus vainqueur à mesure qu'il s'éloigne de la canne du blanc.

Cet incident vidé, nous enfermons dans une caisse les papiers de M. Harders ainsi que le pavillon de la maison; on dresse l'inventaire, on appose les scellés, etc. Tout se termine sans difficultés.

Grâce à l'énergie de Révoil, nous avons ainsi sauvé d'un pillage certain pour environ quatre cent cinquante mille francs de marchandises appartenant à la maison Mayer et Cie de Hambourg — et nous avons sûrement évité à Saïd Bargasch quelque mauvaise affaire. Le jour même, du reste, Set bin Juma expédie par un courrier spécial à Zanzibar le compte rendu des événements qui viennent de se passer.

Revenons maintenant à nos propres affaires.

Malgré les mesures prises avant le départ afin que nos courriers nous parviennent à Taborah, Révoil n'a encore reçu qu'un paquet, contenant des lettres privées, parties de France en décembre; mais il espère recevoir d'un jour à l'autre de nouveaux plis; on sait qu'il attend aussi des nouvelles de Mgr Livinhac qui se trouve à Oukoumbi. D'autre part, il a à reconstituer ici une caravane, pour se rendre par quelle voie que ce soit dans l'Ouganda. Ce sont là les deux raisons qui nous retiennent à Taborah, où notre séjour se prolonge au delà de nos prévisions, et contre notre gré, car la fièvre jaune est maintenant à l'état épidémique et peut, si elle s'abat sur notre personnel, nous créer de sérieuses complications.

Cependant nous occupons de notre mieux nos loisirs forcés; tandis qu'au tembé de M. Harders où nous logeons toujours, faute d'en avoir trouvé une autre appropriée à nos besoins, on remanie toutes les charges, qu'il faut faire plus légères pour les porteurs Oussoukoumas, moins robustes que les Ounyamouésis, Révoil négocie avec des entrepreneurs, pour le recrutement d'un nouveau personnel. Peu à peu, nous nous organisons; nous serions même prêts à partir si les nouvelles d'Oukoumbi étaient favorables.

Révoil est toujours souffrant; il a des accès de fièvre plus courts que dans le pori, mais plus fréquents; il souffre de douleurs dans les jambes et a perdu tout appétit. Il dort à peine. Le délabrement de sa santé ne l'empêche pourtant pas de vaquer aux affaires de la mission avec une activité que lui envierait un homme valide. Sur pied du matin au soir, il passe ses journées en visites aux Arabes, avec lesquels il est nécessaire de continuer des relations cordiales, en démarches de toutes sortes. Il va fréquemment à Kipalapala, et enregistre avec soin par écrit tous les renseignements qui peuvent lui être utiles pour conduire dans l'Ouganda la caravane en formation. Le M' Sagira a dû rapporter à son maître la scène de l'inventaire d'une manière très habile, car Siké ne nous témoigne aucune animosité. Nous sommes allés le voir plusieurs fois, et il nous a toujours bien reçus. Il est très disposé croyons-nous, à tenir ses promesses au sujet des missionnaires ; d'un autre côté, nous avons usé de la sympathie qu'on nous témoigne en ville, en leur faveur. Nous pouvons partir sans rien craindre pour nos compatriotes ; nous constatons que la bienveillance que leur portait la population à notre arrivée, n'a fait que se fortifier.

Enfin, un beau matin, le courrier impatiemment attendu est signalé comme d'habitude par une fusillade ; nous courons au devant de la petite troupe, dont le chef nous remet le paquet préparé à notre intention par Sewa. Hélas, quelle déception! Au lieu des encouragements que Révoil attendait de France, il reçoit l'ordre de s'en retourner.

Il n'en peut croire ses yeux : il relit plusieurs fois la lettre officielle. Mais il n'y a pas à en douter ; c'est bien un rappel formel. Il est vrai que ce rappel est justifié par des raisons que l'on pouvait trouver excellentes, à Paris. La nouvelle du meurtre de l'évêque Hammington, et, il faut le dire aussi, des rapports de diverses sources, représentant la situation de l'Ouganda comme très troublée, y ont causé une émotion légitime. Il est naturel que les choses de l'Afrique centrale, vues de Paris, paraissent quelquefois avoir une gravité qu'elles sont loin d'avoir en réalité.

Nous ici, sommes mieux placés que les bureaux pour juger de ce qui se passe : Révoil, parfaitement éclairé, tenu au courant de tout par les gens des Pères, estime que si Mgr Livinhac confirme ce que nous savons déjà, nous pouvons nous aventurer sans danger dans l'Ouganda ; nous courrons évidemment le risque d'y être un peu plus tracassés que si M' Tésa régnait encore. Mais à la condition de voyager honnêtement, de ne pas nouer d'intrigues politiques et de ne spolier personne, nous pourrions parcourir tout le pays et l'étudier sérieusement au point de vue géographique. Nous y serons toujours plus en sûreté que dans l'Ouagogo ou la Maganda M' Kali. Quant au côté officieusement politique du voyage, il n'a rien de compromettant pour personne ; en somme, nous ne chercherons qu'à nouer avec Mouango de simples relations d'amitié, sans lui demander aucun privilège territorial ; et nous lui apportons des cadeaux considérables.

Dans ces conditions, on ne voit pas pourquoi le roi de l'Ouganda ne nous accueillerait pas bien — étant donné surtout que nous lui serons présentés par son ami et ancien précepteur Mgr Livinhac. Mais il paraît qu'à Paris on ne pense pas de même. Peut-être y a-t-on appris des choses graves que nous ignorons encore, sur l'état actuel du pays ; sans doute craint-on pour nous des mésaventures qui obligeraient la France à intervenir ?

Quoiqu'il en soit, l'ordre de rappel est là, et il est formel. Malgré qu'il nous en coûte, si pénible que ce soit pour Révoil, de rebrousser chemin au moment d'atteindre le but, il faut se soumettre.

Nous avions rêvé d'une grande et belle campagne d'exploration ; nous voulions ne revenir que les mains pleines de documents précieux, de renseignements inédits ; après avoir conquis à la France, par nos bons procédés, l'amitié de tous les chefs noirs ; nous nous étions promis de jeter en Afrique, comme le semeur fait du grain dans son champ, le renom et l'influence de notre pays. Mais où sont les neiges d'antan !

Adieu les grandes scènes de la nature, les contrées merveilleuses, les mystérieuses forêts et les fleuves inconnus que nous comptions voir ! Nous aurons vu surtout les marécages de la Chamba Gonéra et la broussaille roussâtre du pori !...

— Enfin, il n'y a rien à dire : *ita lex, sed lex*.

Il faut refouler ses regrets et songer au retour. D'ailleurs, faut-il le dire, le retour s'impose, maintenant. Si nous étions passés tout de suite dans l'Ouganda, au lieu de séjourner par force dans le pays malsain où nous sommes, Révoil se fût peut-être remis, car le climat ougandéen est sain et réparateur.

Mais Taborah est pour les Européens déjà malades le vestibule du tombeau. Jour après jour, l'état de Révoil a empiré, à son insu A présent, peut-être est-il trop tard pour demander au ciel de l'Ouganda un miracle en faveur de notre chef. Le ministère le rappelle : tant mieux !

Précisément, dans le jour où le rappel est arrivé, une crise s'est produite, menaçante, terrible, dans l'état de Révoil. La quinine ne le préservant plus de la fièvre, il s'est réveillé au lendemain d'un violent accès, pris d'une décomposition du sang, avec arthrite, infiltration des tissus, avec, en un mot, tout ce que Harders et le P. Solasol ont éprouvé au cours de la terrible maladie qui les emporta. L'amertume de la déception que lui cause son rappel n'est pas étrangère à cette soudaine invasion du mal. Avoir à la fois le physique compromis et le moral affecté, c'est trop pour un homme dont la santé s'est émiettée sur tous les sentiers du continent noir. Il faut regagner la côte ; Révoil finit par se rendre à l'évidence ; mais avant de songer à fuir le foyer d'infection, où sa vie est maintenant suspendue à un fil, il veut encore s'assurer que les sacrifices faits en vue de sa mission, que ses efforts même, ne seront pas perdus pour notre pays.

Qui sait ? Les événements dans l'Ouganda seront peut-être un jour de nouveau favorables aux projets de la France. On sera sans doute bien aise alors, d'avoir à portée du Nyanza tout ce qui est nécessaire pour pénétrer pacifiquement dans le royaume de Mouango. Révoil décide donc de laisser à la garde des Pères tout le matériel que nous avons eu tant de peine à conduire à Taborah.

Ce dépôt facilitera singulièrement la tâche du premier pionnier que l'on enverra répandre l'influence française dans ces régions, quand le calme y aura succédé à l'agitation. Celui-ci pourra ainsi venir jusqu'à Taborah sans encombre, rapidement, et de là, commencer le voyage projeté. Et, puisqu'il faut renoncer à pénétrer avec Mgr Livinhac à la cour de Mouango, plutôt que de remporter ou d'immobiliser ici les cadeaux destinés à ce monarque, Révoil charge le P. Hautecœur de les faire parvenir au vicaire apostolique qui les remettra au nom de la France à son ancien élève, en temps opportun. Le don sera bien accueilli et ne fera que disposer plus favorablement le roi à l'égard de nos compatriotes.

Ce sont là les résolutions les plus sages ; si Révoil pour redescendre à la côte à travers des pays infestés de malfaiteurs, s'encombre d'une caravane lourdement chargée qu'il ne pourra ni surveiller ni défendre dans l'état où il est, tout sera dilapidé, perdu ou volé avant que l'on soit à la moitié du chemin.

Tout étant donc ordonné ainsi, Révoil se prépare au départ ; il reçoit la visite et les adieux de Siké, de Set bin Juma et des Arabes ; des condoléances, des marques d'amitié et les bons souhaits de tous.

Enfin, le samedi saint (avril 1886) nous partons de Taborah. emportant dans un hamac notre chef, qui serait incapable de faire plus de quelques pas.

Malgré tout, Révoil ne perd pas courage ; par moments même on le croirait insensible au mal ; c'est que l'amertume de ses déceptions dépasse ses souffrances physiques.

Nos hommes semblent consternés. Durant la route, ils ne cesseront de donner au malade des preuves de fidélité et de dévouement, et ces natures d'ordinaire ingrates témoignent par leur recueillement la part qu'elles prennent aux peines du maître.

Nous avons atteint Taborah sans avoir eu à constater plus d'une seule désertion ; nous regagnerons Bagamoyo sans qu'un seul homme abandonne Révoil qui cependant débile et malade, est à la merci de son escorte ; tous nos engagés se rappellent avec émotion avec quelle bonté il a soigné quelques-uns de leurs camarades que le fléau a frappés à Taborah, et il se les est attachés pas sa fermeté et sa justice, égale pour tous.

Et quand le chef de caravane, au moment de partir, a donné l'ordre d'enlever le hamac où Révoil est étendu, chaque porteur, chaque Askaris est venu avec un respect touchant baiser la main du maître, comme pour lui souhaiter bon voyage et lui jurer fidélité.

Les sentiers succèdent aux sentiers, par monts, vaux, bois et plaines, par la forêt ombreuse et le pori désolé ; nous repassons par les mêmes paysages, souffrant de la chaleur, de la soif, aux mêmes endroits que naguère.

Les hommes changent, et leurs projets ; mais la nature n'a pas changé, et nous reconnaissons presque toutes les places où nous avons campé.

Révoil, maintenant, ne voit, ne sent plus rien ; la fièvre et le délire, bientôt suivis d'atroces hallucinations ont eu bientôt raison de ses forces ; les changements fréquents d'altitude occasionnant des changements de température fréquents quasi-soudains, continuent à aggraver son état ; c'est un paquet que l'on emporte ; et il restera dans cet état de torpeur jusqu'à M'Pouapoua.

A Kingoua, le ruisseau s'est changé à la suite de pluies torrentielles en un fleuve rapide et écumeux. Nous n'avons aucun moyen de le passer. Il faut rester plusieurs jours campés sur ses bords. Et là, nous sommes éprouvés par une famine atroce. Nous avons épuisé nos provisions ; la contrée est inhabitée. Une caravane arabe, qui nous précédait, mais qui a dû camper, elle aussi, en attendant la baisse des eaux, a perdu cent douze hommes, qui sont morts de faim! Heureusement que nous sommes moins nombreux; il nous faut relativement peu de vivres ; quelques-uns de nos hommes les plus sûrs partent avec des marchandises au petit bonheur ; ils reviennent après trois jours de recherches, rapportant de quoi ne pas mourir d'inanition. Mais à quel prix ! Cette halte forcée nous aura coûté à elle seule presqu'autant que le voyage,

Notre caravane, cette fois, ne se compose que de deux cent vingt hommes ; pas de femmes ni d'enfants ; nous ne pouvions, vu les circonstances, traîner avec nous des familles entières comme on le fait d'ordinaire. Mais sur ce nombre, soixante, partagés en « relèves » sont exclusivement affectés au transport de Révoil, afin de pouvoir, en forçant les marches, tripler les étapes. C'est qu'il est de toute urgence d'arriver à la Mission anglaise de M'Pouapoua, où nous retrouverons l'excellent Dr Baxter sur le savoir et le dévouement duquel nous fondons des espérances justifiées.

Mais, arriverons-nous à temps pour en profiter !...

. . . .

A Itoura, le vol d'un de nos fusils est la cause d'un engagement entre nos hommes et les habitants ; et Révoil a la douleur de voir amener auprès de son hamac deux de nos meilleurs sujets grièvement blessés. Surmontant ses propres souffrances, il trouve encore la force de les soigner ; bien mieux, alors qu'il n'a que le souffle, il faut qu'il s'interpose pour éviter un nouveau combat, que veulent livrer nos Askaris altérés de vengeance ; mais nous ne sommes pas en force, et ce n'est pas le moment de cueillir des lauriers ; le temps est précieux. Les gens d'Itoura demandent une compensation pour le meurtre de l'un d'eux qui a été tué dans la bagarre ; le chef de caravane redoutant des représailles insiste pour que Révoil leur donne satisfaction, et notre chef leur accorde ce qu'ils demandent, pour obtenir d'eux le passage.

. . . .

La traversée de la Maganda M'Kali et de la région de l'Ouagogo par la route de Nangouma est des plus pénibles ; Révoil en a beaucoup souffert ; de jour en jour ses forces l'abandonnent. Il est réduit, en arrivant à M'Pouapoua, à l'état de fantôme.

La caravane est sur les dents ; les hommes se traînent péniblement, exténués par des marches forcées de dix à quatorze heures chaque jour. Et il est temps d'arriver, car nous n'avons plus un atome de provisions ; sous forme de tributs ou à force de larcins, les Ouagogos nous ont tout pris !

A peine Révoil peut-il parler. Ce n'est qu'après un long effort de mémoire, et avec une grande tension d'esprit, qu'il arrive à reconnaître le Rév. O'Flaherty, qui se trouve à la Mission, en convalescence ; et le Dr Baxter, en venant recevoir notre chef ne peut cacher l'émotion que lui cause la gravité de son état.

. . . .

Disons-le tout de suite ; la Mission de M'Pouapoua aura été pour Révoil le port du salut ; accueilli avec une cordialité parfaite, il est soigné avec un dévouement sans égal, une compétence exceptionnelle, car le Dr Baxter comme le sait, est un savant médecin.

Malheureusement il ne faut pas songer à achever le voyage pour le moment. Révoil est hors d'état de continuer sa route : il n'arriverait pas vivant à Bagamoyo. Du reste, le docteur ne le laissera pas partir : il doit rester à M' Pouapoua jusqu'à ce qu'il ait repris quelques forces — et cela pourra être assez long...

Dès lors, il n'a plus que faire de sa caravane ; on ne peut l'héberger à la Mission, et le compte de la solde et des vivres continue à courir ; les hommes, eux-mêmes demandent qu'on leur rende leur liberté qui leur permettra de trouver un autre engagement. On les libère donc, et on les renvoie à Bagamoyo sous la conduite du chef de caravane, qui emporte une lettre écrite par le Dr Baxter, pour prévenir le consul de France à Zanzibar du fâcheux état dans lequel se trouve le voyageur.

. . . .

Ce qui s'est passé ensuite peut être raconté en peu de mots.

Révoil n'avait conservé auprès de lui que son domestique et six hommes de l'escorte, espérant, s'il se remettait, trouver les porteurs nécessaires pour le ramener à la côte parmi les caravanes qui passent fréquemment à M' Pouapoua en descendant vers Bagamoyo ou Dar es Salaam.

Quelques jours plus tard — on était à la fin de mai — il reçut par l'intermédiaire du consul de France une dépêche du ministre, dont les témoignages de bienveillante sollicitude vinrent atténuer quelque peu son chagrin, encore vivace, de n'avoir pu mener à bien une entreprise pour lui si passionnante. Le ministre approuvait les mesures prises à Taborah en vue de la continuation possible de l'œuvre de pénétration amicale dans l'Ouganda. Et Révoil se félicitait d'avoir mérité cette approbation. En somme il avait conscience d'avoir rempli son devoir jusqu'au moment où ses forces l'avaient trahi. Rien ne l'avait rebuté, ni découragé; n'eussent été les événements, indépendants de sa volonté, et que connaît le lecteur, il eût accompli, et au delà, la belle mission que le gouvernement lui avait confiée. Il ne se reprochait rien.

Un mois s'écoula. L'état du malade s'améliorait visiblement, bien que les accès de fièvre fussent encore fréquents. Il reprenait des forces; un peu d'appétit lui revenait; il était hors de danger, mais il fallait se méfier des rechutes.

Le D' Baxter le trouva assez fort pour entreprendre la fin du voyage à la côte. On attendit donc l'occasion favorable pour former une caravane.

Sur ces entrefaites, arriva M. Stokes, un missionnaire anglais résidant à Ohoyouhy, dans l'Ounyanyembé et qui se rendait à Dar-es Salaam avec un convoi de quinze cents hommes. M. Stokes consentit à se charger de notre compatriote. Mais, alors que tout était convenu entre eux et le jour du départ fixé, Révoil fut frappé d'un accès pernicieux qui le cloua sur son lit, les forces paralysées, l'intelligence éteinte, pour de longs jours encore.

Comme il se remettait de cette rechute, un autre Européen vint heureusement à passer par M'Pouapoua; M. Gleerup, officier suédois au service de l'État libre du Congo, venait de Stanley-Falls, par

Manyéma, Oudjiji et Taborah. Il était en route depuis sept mois seulement.

Malgré le désir bien justifié qu'il avait d'achever au plus vite la traversée du Continent africain, M. Gleerup ne voulut pas qu'un Européen incapable de voyager seul ait fait en vain appel à son concours. Il eut donc la complaisance — pour ne pas dire la bonté — de rester huit jours à M'Pouapoua, pendant lesquels il s'occupa en personne d'organiser une caravane pour Révoil et de la pourvoir des vivres nécessaires, ce à quoi d'ailleurs contribua généreusement le Rév. Baxter. C'est ainsi que notre voyageur quitta la Mission anglaise où il avait reçu des soins si touchants et si efficaces. En compagnie de M. Gleerup, il refit le trajet par Kondoa et M'Rogoro, où les Pères du Saint-Esprit les hébergèrent.

Enfin, vers la fin de juin, ils arrivèrent à Bagamoyo, où ils reçurent l'hospitalité à la Mission des PP. du Saint-Esprit.

Mais Révoil se trouvait, par suite de la fatigue inévitable du voyage, dans un état de faiblesse qui ne lui permit pas de prendre immédiatement la mer pour gagner Zanzibar.

Ce fut seulement le 2 juillet que notre compatriote, quoique bien abattu encore, se décida à faire la traversée dans un boutre; et à peine avait-il mis le pied à terre qu'un accès violent le saisit; pendant quelques jours, les médecins appelés à son chevet désespérèrent presque de le sauver.

Enfin, le désir de revoir sa patrie, les soins du D^r G***, le médecin de Sa Hautesse, les prévenances affectueuses de M. Greffulhe et des officiers du navire de guerre qui se trouvait en rade, eurent raison du mal. L'état de Révoil s'améliora, les petits accès s'espacèrent, les forces revinrent. Une fois de plus, il échappait à la mort. Notre voyageur resta encore quelques jours à Zanzibar; tout le monde lui prodiguait des marques d'estime et de sollicitude, qui contribuaient à hâter sa convalescence. Il profita de ce retour graduel à la santé pour mettre définitivement en ordre ses affaires, restituer au consulat les armes qui lui avaient été confiées, et régler ses comptes avec Sewa. Il ne voulut pas quitter la capitale de Saïd Bargasch sans remercier le souverain des recommandations qui lui avaient été si utiles dans l'Ounyanyembé — et il eut la satisfaction d'entendre le sultan louer la conduite qu'il avait eue à propos des affaires de M. Harders, à Taborah.

Vers la fin de juillet, il fut autorisé à prendre passage sur *La Nielly*, un croiseur français qui se rendait à Madagascar et le déposa en passant à la Réunion, où devait d'après l'avis des médecins, s'achever sa convalescence qui du reste fut longue et laborieuse, tant le malheureux avait été profondément atteint par les fièvres et autres maladies consécutives.

*
* *

La France ne doit pas regretter l'insuccès de la mission Révoil dans l'Ouganda; elle avait été décidée quatre ans trop tard pour avoir un résultat utile.

Du reste cette vaste région de 77 000 kilomètres carrés environ, placée entre l'État du Congo et les territoires qui étaient appelés à devenir l'Afrique orientale allemande, éloignée de trois mois du point le plus rapproché de la côte, était appelée à subir l'influence de la puissance européenne qui serait prédominante à Zanzibar et à la côte orientale. Or, en admettant la réussite de la mission Révoil auprès de Mouango, notre prudente diplomatie n'eût pas osé imposer, au mépris de la convention de 1862, le protectorat français à Saïd Bargasch. Ce rôle audacieux ne pouvait convenir qu'à la politique envahissante de l'Angleterre; aussi, malgré l'œuvre des missionnaires français, malgré les services rendus au pays et à ses rois par nos missions, l'Ouganda est depuis 1890 sous le protec-torat britannique.

TABLES.

TABLE DES GRAVURES

Chefs zanzibarites, à Taborah 2
Georges Révoil 9
Sextant. 11
Plan du canal de Suez. 15
Huître perlière 17
Rade d'Obock. 18
Vue de Steamer-Point, à Aden 19
Tunnel d'Aden 20
Citerne d'Aden 21
Poisson volant 23
Marsouin 25
Saint-Denis de la Réunion 27
Tamatave. 33
Vue de Diégo-Suarez. 37
Vue de Zanzibar. 39
Les quais à Zanzibar. 49
Négresse de Zanzibar 53
Boutre arabe 59
Bagamoyo. Vue de la Mission 63
Bagamoyo. Rue du village chrétien. 69
Lion 87
Hippopotame 95
Crocodile. 97
Les nègres sont friands de la chair de l'hippopotame 99

Traversée du Kingani par la caravane	103
Nyampara et porteurs	119
Gazelle	136
Antilope counou	137
Écureuil	139
Buffle	143
Antilope chevaline	145
Le pombé	147
Canne à sucre	151
Nous débouchons bientôt dans une plaine immense où s'étend le village de M'Rogoro	157
Cocotier	161
Truite	165
Cynocéphale	167
Girafe	169
Marabout	172
Arachide	183
Manioc	191
Baobab	192
Rhinocéros	193
Serpents boas	194
Vue de Kondoa	205
Chacal	213
Pintade	215
Bupreste	217
Autruche	221
Hyène	225
Le *pori* sur la route de M'Itenga-M'Kali	233
Perdrix	237
Maïs	239
Guerrier Ouagogo	241
Criquets	245
Éléphant	249
Pluvier doré	274
Aigrette	275
A travers les acacias	289
Zèbre	291
Guerrier Ouahéhé	301
Nénuphar	313
Le camp de Mobalé	317
Noisetier	325

TABLE DES GRAVURES

Termites	326
Nid de Termites	327
Taon	329
Village de l'Ounyanyembé	349
Vue de Taborah	361

TABLE DES MATIÈRES

CHAPITRE PREMIER

Départ de Marseille. — But de la mission. — A bord du *Calédonien*. — Traversée du canal de Suez. — La mer Rouge. — Obock. — Aden. — Promenade dans la ville. — En route pour la Réunion. — Mahé. — Saint-Denis de la Réunion. — Les cyclones de l'Océan Indien. — Tamatave. — Diégo-Suarez. — Mayotte. — En vue de Zanzibar. — Intrigues allemandes et anglaises. — Mme Ruete. — La ville. — Les habitants. — Organisation de la caravane. — Sewa Hadji, pourvoyeur de la mission. — Départ de Zanzibar. — Débarquement à Bagamoyo. — Répartition des charges aux porteurs. 5

CHAPITRE II

Départ de Bagamoyo pour la Chamba-Gonéra. — Première étape; le campement. — Chasse à l'hippopotame dans le Kingani. — Rencontre du voyageur allemand baron Albert de Bulow. — Toujours la pluie. — Arrivée de Sewa. — La vallée du Kingani. — Bighiro. — Construction d'un pont. — M'Bouyoumi. — Révolte des Ounyamouésis. — Le M'Bighi. 73

CHAPITRE III

Nouvelle année. — Arrivée à Sagati. — Révoil part en avant en flacon. — Le sorcier de M'Kési. — Le pays des rats. — Révoil tue une antilope chevaline. — Le pombé. — Kniougouia. — La reine Simba-Mouéni. 123

CHAPITRE IV

M'Rogoro. — La Mission des Pères du Saint-Esprit. — Mianzi. — Le désert de M'Kata. — Kingo et ses habitudes. — Une fête au camp. — Kimanga. — Niguéré. — Séjour à Kondoa........................... 155

CHAPITRE V

Le cours de la M'Kondoa. — Le chef Makrimoura. — Les Ounyamouésis rallient la caravane. — La région des pillards. — Angelvy tombe gravement malade. — M'Pouapoua. — La mission anglaise. — Le Dr Baxter. — Volés et mordus par les hyènes. — Famine. — Le départ d'Angelvy est résolu. — Triste séparation. . 203

CHAPITRE VI

En route pour la M'Renga M'Kali sur Mouarah. — Le *pori* avec ses grandes plaines désolées. — Fausse alerte. — M'Voumi. — Les Ouagogos. — Les chasseurs d'éléphants. — Le *Ougo* ou *hougo*, plaie de l'Afrique centrale. — Pillage et négociations; présents forcés. — Chaloula. — Révoil tombe malade........ 231

CHAPITRE VII

Matoumbourou. — Kira Maganza. — Révoil est toujours très souffrant. — Encore la question du Ougo. — Le M'Sagira. — Le chemin de Kanyenyé. — Ouahéhés. — Nyaguiré. — Chasse au zèbre. — Les Rouga-Rougas. — Arrivée à M'Dabourah............................ 259

CHAPITRE VIII

M'Dabourah. — Ouassango. — Mounié. — Moutouana et ses onze femmes. — Toujours la fièvre. — Ethnographie. — Trophée humain. — Les Gombozis. — Heureuses nouvelles. — Massoungou. — La Maganda M'Kali. — Le camp de Mohalé. — Rencontre du Rév. Philipp O'Flaherty. — L'étang de Tchaïa. — Arrivée à Itoura............................ 295

CHAPITRE IX

Itoura. — Départ difficile. — L'étang de Mavensi. — Mouningua. — Un courrier de M. Harders. — Révoil est de nouveau malade. — Rabouga. — La roche de Loukoua. — Kigoua. — Cyclone. — Nous tuons une girafe. — Ouallah-Moutoui. — Attaqués par les Rouga-Rougas. — Rencontre de nos courriers. — Nous arrivons dans l'Ounyanyembé. — Le tembé de Kasoui. — Arrivée à Taborah. . . . 335

CHAPITRE X

Séjour à Taborah. — Chez M. Harders. — Visite aux Pères de la mission Saint-Joseph à Kipalapala. — Le favori Foundi-Sougou. — Konikourou. — Entrevue avec le sultan des Ounyamouésis. — Révoil devient « frère de sang » de Siké. — Set bin Juma. — Au tembé de Kouira. — Le Vomito-Negro. — Mort de M. Harders et du P. Solasol. 359

CHAPITRE XI

Séjour forcé à Taborah. — Révoil sauve du pillage les marchandises de M. Harders. — Le chef de l'expédition est malade et en danger de mort. — Le retour est décidé. — Départ de Taborah. — Voyage pénible. — La famine. — Conflit à Itoura. — Chez le Rév. Baxter. — M. Gleerup. — Arrivée à Bagamoyo. — Séjour à Zanzibar. — Conclusion. 387

Paris. — Imprimerie Alcide Picard et Kaan, 192, rue de Tolbiac. — 51900. K. P.